新編 かみくにく

櫻井 勝之進

新編　カミ・くに・人

目　次

第一編　伝統を支えるもの　―神社・祭祀・神道ほか―

第二編　神宮・遷宮

第三編　神社本庁のあり方

第四編　いまを語る

第五編　人生を省みて

第一編　伝統を支えるもの

―神社・祭祀・神道ほか―

村の伝統

「菊池新報」昭和二十六年一月（『カミ・くに・人』収録）

その日、正月十五日は恰かも龍門村長野では氏神菅原神社の例祭日で、私が村の北端の社頭に着いた時にはもはや拝殿に人々がぐるりと座を占めて所謂お座が始まろうとしているところであった。座《ざ》前《まえ》に当たった人たちであろうか、前庭に竈をたてて酒をわかしたり吸物を運んだりしている有様なので、私は遠くから参拝をすませると近所の家へはいって暫く待つことにした。その間に村の老人から聞いたのであるが、ここの例祭には一枚の莫蓙を年々新調して神前最も近い所の敷物として捧げることになっている由で、これは此の地方としては珍しく古い仕来りを伝えるものと思われた。というのはその畳表の敷物はとりも直さず御神座を意味するものであるから、年々、御神座を新たにすることであり宮そのものを造替更新することに通うのである。それにしてもあの戦時中ただ一枚の畳表といっても、その入手はなかなかの困難であったに相違ないのに、よくも中絶せずに続けられたものと感心すると同時に、これをしも伝統と名づけるにふさわしい一つであると考えたことであった。

待つ程に、座も終ったとみえて「さあオハカへ行きまっしゅ」と村の人が呼びに来た。実は年の神さんの祭に珍しい儀式があると聞いたので、それを拝観しようと出て来たのにオハカとは一寸変だなあと思いながら、ともかく私は人々に従った。往還を少し下ったところに、長野川の河谷を指して流れつつこの村の耕地をうるおしている小川があって、その南側が一寸した丘になっている。椋だか榎だかの巨木がうつ然と蔭をなしていると言えば、ああ、あそこかと思い出される人もあるだろう。それが墓地であるが、私たちは一番端っこに立っている二基の板碑の前に行って、シトギとおミキを供えておがむのであった。石の屋根を持つここの板碑は肥後国誌にも出ている通り、原田大和守大倉種房が恐らくその両親に供養したと思われる逆修の碑であって二つともに天文年間の建立である。村人は寒空にもかまいなく皆、左の片肌を脱いで集まるのだとかねて聞いていたので、見まわすと素肌を出している者は十四、五人の中に一人も無いが、とにかく着物の片袖をはがす程度にでもして形のみは留めている。

　三拍手を重ねて一拝するという独特の拝礼をするだけで、オハカの行事は終るのであるが、村ではこれはご先祖のお墓として崇められており、さればこそ年神の祭に先だって此処におまいりするのであろう。

　平安朝の歌集によると、中央貴族の間では早くから大晦日の夜は亡き人の魂まつりをしたことが見えているが、地方の常民が新年に祖霊をまつったり、或いは正月の歳神をご先祖様と称したのと、果して何れが古いのであろうか。さてそのオハカからものの五メートルもへだてぬ大樹の下に高さ二尺ばかりの何の人工も加えない石が傾きかげんに立っている。これこそ今日の祭の対象となる年神さんの聖体である。これを取りまいて並んでいると、何時の間にか一人の若いしが半裸の姿で現われている。きけばかの小さな流れの長野川で水ごりをとってきたのだそうな。みんなも曲がりなりにも肌ぬぎの姿をしているのは、かつては素裸になってミソギをして集まった記憶の名残りであろう。若者は用意のシトギを石のご神体の上で押しつぶし、手桶の一夜酒を柄杓で汲んでそれに注ぎながら、次第にドロドロに溶かして石全体を丹念に塗りたてている。すると誰かが「鼻の高かつが欲しけりゃ、鼻ば、しっかり塗っとけよ」と声をかける。若者はその年に結婚する予定の者が選ばれているからである。また違う声が「尻は念入れて塗っとかにゃならんぞ、嫁御な尻の太かつがよかろ」などとはやし立てる。誰彼となく嫁御に関係した冗談を飛ばしその都度どっと高笑いがあがる。いかにも和やかである。

たとえ私も村人にならって片肌ぬいでいるとは言え、ヨソモンが居ることは真珠貝にはさまった砂の思いで相すまなく思っていたけれど、恒例のだんどりは次々に、そんなことにはおかまいなく進められているらしいので砂の罪もいささか軽くなる様に覚えた。その裡にも石体はすっかり純白に塗りたてられて、一種のただならぬ面影を呈してきた様である。もはやそれは其処にもかしこにも在る石ではなく、まがう方なき神のみ姿である。しかも今ここに集まっている者のみがまざまざとその威に触れ得る神そのもの——。そこで「さあよいか」と年寄りの人が謡い始める。その歌詞は、

赤松権現真徳寺　やわた八まん年の神　浜松の音はずだんずだん　浜松の音はずだんずだん

と歌い伝えており、これらの固有名詞は地図を拡げてみると、なる程と合点のいくものがある。権現山もやわた山も長野川の水上の山々だからである。

うたが始まると同時に、若者は更めてご神体の表面を塗りはじめる。その右廻しに三度半撫でまわして、塗り終るのと歌の終りとをピタリと一致させねばならぬ仕来りを間違えまいと緊張して静かに両手を運んでいる若いしと、今はもうゾウくることをやめて一心にその手許を注視している村人との胸を、村の老人のものさびた声調が珠を連ねる一すじの緒となって流れるひと時こそは、時計ではかれば三分かそこらの間であったかも知れないが、私にとってはまさに悠久を思わせるに足るひと時であった。今これを書きながら三年前のあの情景を思い浮かべて、儀礼というものの在り方についてもいろいろと考えさせられることが多く、言ってみたい事も少なくないが、唯一つだけ書き留めておくならば、参加者全員が完全に一体になるということが凡ゆる儀礼の第一要件であるということ。その意味で長野のそれは実に完璧というべき好個の手本をわれわれに示してくれると思う。

さて、年の神さんのサイシキが斯くして終ると、その聖なる若者の手によってシトギのドロドロを一同の額につけてもらう。「祝うて上げます」といって私にも付けてくれた。丘を降ると来合せたトラックをとめさせて、運転手たちにも皆と同様にシトギの一片とオミキを振舞い、額に祝うてやるのであった。

農村社会の閉鎖的性格について、多くは封建性即非合理といった単純な考え方から、このごろまたやかましく言われているが、本当の意味での伝統というものは、偏《ひとえ》にかかる閉鎖的社会によってのみ維持せられてきたのであり、そして此の村、彼の里のそれぞれの伝統を貫いて民族の文化の本流はひそかに保たれてきたのではあるまいか。

そこで思い出されるのは、T・Sエリオットが伝統を成長せしめる一つの要件として次の様に言っている言葉である。

「地方的共同社会の重要性が、つねに国家国民などの如き不安定な概念に先行しなければならぬ」と。民族の文化とか伝統とかについて考えるときには、この命題の前の方を国家国民におきかえ、後の方を世界とか人類という言葉と入れかえてみることは読者のご自由であるが、それはともかくとして、地方文化、郷土文化――その根源となる伝統について、私は今年も、もっと考えたり調べたりしてみたいと思っている。

公民館の使命と神社の機能

「熊本県神社庁報」昭和二十九年一月（『カミ・くに・人』収録）

本年度の実践目標の一つである「社会教育機関との連絡」の第一歩として、熊本県教育庁の公民教育係長松永末次氏を講師に、教化委員の研究会が九月六日、神社庁で開催された。主題は「公民館活動の現状」であったが、私は之を聴講しながら、大多数の神社即ち氏神の社の本来の機能は氏子のための公民館たる点に在った歴史を回想し、他の宗教と異なった神社独自の社会的使命は今後においても此の公民館たる機能を発揮することによって達せられるという感を深うしたものである。これは神社の施設を公民館に転用するとか兼用するというのではなく、祭典そのものを含めて神社が公民館としての働きを持たねばならぬし、現に僅かながらその様な意義を持つものも県下の神社の中には生れてきているのである。

今日、当局者が県下の公民館に要望している事項は凡そ次の四点である。即ち㈠専任主事をおく。㈡本館の設置。㈢分館活動の促進。㈣事業の中心を定期講座におくこと。これを神社の問題に換置して考えてみると㈠は専任宮司をおくこと、となるがそれにしては遺憾の多い現状である。㈡の点では神社は何れも古くから独立の、しかも独自の雰囲気をたたえた施設を有しないものは無い。併しながら、神殿ばかりを宏壮に構えて「八十氏人《やそ》のまどい」する場を軽視する近代の神社観が与えた弊害が施設にも現われて、氏子をして敬遠せしめる嫌いなしとしない。㊂の分館は村社の下にある無格社―今日では飛地境内神社のようなもの、或いは本務社に対する兼務社の類に該当するが、かかる分館的神社に対する宮司の関心が過少でないか否かは更めて検討を要するであろう。㊃の、事業の中心が神社の場合は定期の祭典にあることもちろんである。しかし定期講座というと知的要求を満足させるだけと考えるのは危険で、いやしくも定期的な集会となると主目的は何にせよ自ずからにして宗教的な機能を発揮するものであるから、総代や役員の数名がお義理で年に一、二回集合して行う祭典よりも、もっと人々がたのしんで集会する何かの講座の方が、はるかに祭礼的であるかも知れない。

公民館はその発足当初は看板をかけるだけで満足した時代もあった。そして次の段階では何かの事業主体となることがはやり、再転して各種団体から行事を取りあげて了ってその主催、若しくは共催者となり、三転しては生産増強の音頭取りとなったが今やかかる表面的な或いは部分的なまた華やかな動きは各専門機関に返上して、「村づくりの原動力」たる方向を掘り当てた。つまり公民館は地域内の各々の機関の本質を充分に発揮せしめる促進機関としてのすばらしい役割を果そうとしている。いわば、氏神様の下請けが氏神様と別個に行われようとしているのである。神の御名を口にしない神職の役目を専任主事は要請せられているとも言える。氏子総代に当たる役員としては「郷土智能の総起用」を目ざして選ばれた運営審議会委員なる者がある。これによって公民館の教育的管理が志向せられ、「人づくりによる村づくり」を企てているのが現状である。そして公民館にいそいそと喜んで村人が集まるようにと「人集めの動機づけ」に配慮を怠らない。図書や図表、婦人のための型紙など備え付けるのもその一手段であって、目的は人を集めて村づくりの意欲を喚起するに在る。そこには「愛郷楽業」の扁額がかかり、或いは『和（調子を合せてむつまじく）、熱（気乗りして一心に）、誠（まごころでいつわりなく）』といった綱領が示されている。この三綱領の如きは清新簡潔な表現でもって、神社神道の教えをズバリと尽くしていることに注目しなければならない。

公民館にも学校やその他の公的機関と同様にその神聖を護持するためのタブーがある。例えば営利事業に利用させないとか特定の政党や教団を後援しないなど。神社ばかりが神聖であると過信してはならないし、神聖性の内容についても今一度反省するの要があると思われる。何が聖で何が冒瀆であるかをもっと具体的に再検討してみたい。

以上、公民館の在り方に照らして神社の現状を省みたのであるが、今日すべての公民館が必ずしも理想的のものでもなく、また公民館活動については批判すべき点も多々あるであろう。しかし将来、大多数の神社の在り方が公民館的でない限り次第に社会生活から浮き上がり、従来の神社の位置に新しい公民館がとって代らないとは保証出来ない。

女性とけがれ

「敬神婦人」第十二号、昭和二十九年十一月

女性とけがれの問題について書けと言う御注文である。それは此の夏さる体育大会の選手に宿舎を提供した某神社で、男の選手には神聖な潔斎所を特に開放して入浴のために使用させたが、女は穢れているという理由で女子選手一同に対しては入浴を拒否したという出来事があり、これが新聞にも大きく取扱われたので、そんな事がきっかけとなって女性と穢の問題を一般的な立場から考えてみたいという事になったのだと思う。

宗教生活に限らず凡そわれわれの生活は先人によって型作られた様式を踏襲することによって安全且つ円滑に進められてゆくものであるから、慣習乃至伝統を軽視することは危険である。危険は誰も出来るだけ回避したい。そこに慣習が自然に尊ばれ維持されてゆく所以がある。ことに安心感、信頼感の最も大きい拠りどころとなる宗教行事における伝統維持の比重は何ものにも比べて重大でなくてはならない。

併し翻って考えてみると、慣習や伝統というものも具体的な内容を離れては、それが人生に持つ価値とか意義とかを考えることはこれ亦不可能である。徒らに形骸化し更には手足まといとなる様な慣

習が「旧来の陋習」として、或る時代には反省され棄て去られてきた歴史的事実を顧みなくてはなるまい。今の時代もまたそうした反省によって伝統のもつ真の精神を更正させるべき時に当っているかと思われる。

神は不浄をにくみ給う。清浄を尊び不浄を回避することは古今東西をとわず人間生活における普遍的真理であることは今更言うまでもない。神道においてもこれが強調せられたことは当然である。が、問題はその先にある。何を以て清浄とし不浄とするか。そういう具体的な内容になるとこれは極端に言えば一人一人の主観によって、しかもその時々で異るということになるかも知れない。しかし現実には決してそれは人々勝手々々な判断によって決まるのではなくて、その時代その社会が決定する、と言うよりも、御神意によって決まると言わねばならぬ。

古来の習慣を見ると一般に女人は神事に関与することが極めて稀れである。神仕えをする者が物忌みの生活に入ると先ず炊事を別にする。これには忌火の信仰があるのだが、それにしても兎に角男手を以て煮炊きをする。さらには家人と別居する。精進屋入りと之を称している村もある。当屋とか頭人とか言われる人々は時には一年間の永きにわたって此の様な物忌の生活をつづけるが、その間は決して女人を近づけない。こういう女人禁制は神社に限ったことではなく、先年新聞でもさわがれたから皆さんもよく御承知の様に高野山でも女人禁制の神聖区域を厳格に守っていた。注連縄を作るのも神供の品々を調えるのもすべて男の手ばかりであるし、祭礼当日の儀式にも、前後の饗応にも女人はすべてオフリミットである。何故女は神事から忌避されねばならないかと問われた時に、一言にしてこれに答える為に用意される言葉が、穢れだ、ということになるのは自然の成行きでもあろう。

ところが古典に就て調べてみても女性なるが故にそれは穢であり不浄であるとした記事は絶対に見当らない。女性にだけ関係した事柄では出産、妊者、月事が不浄な事象として挙げられているが、これは女性の常態でなくてその一時的な現象であるから之を以て直ちに女人そのものを不浄としたとは言えない。それなのに、どうして前述した様に神事にたずさわる事が無かったのであろうか。

事を神事に限定するから納得がゆかない様であるが視野を拡げて政治、経済その他あらゆる部門を見渡してみると、凡そ公共的性格を帯びた生活からは全て女人は姿をかくしているのが前代までの社会生活の実情だったのである。「女子供の知る所に非ず」で通っていたのである。いや、それでなくてはならないとされて居たのである。

日本の文化に深い影響を直接に与えた儒教仏教何れも女人を男子の列から一等下げているが、それの発生した大陸の社会にしても、それを受容した日本の土壌にしても何れも社会機構が男性中心に出来て居り、女性はあくまで私のもの裏のものとして社会生活の表面に現われないことを以て正常な状態としていたからに外ならない。

敢て神事にのみ忌避されたわけではないのだが、最も重大な従ってまた神聖な、宗教生活にはその点が殊更に強調されたのも当然としなければなるまい。

このことは、等しく男性であっても、農耕生活を以て正常態となすわが国の農村では農民以外の諸職人が屡々神事に携わる資格なしとせられた例とあわせ考える時、一層ことの次第が明瞭に了解出来るであろう。

さて次に一つ当然起ってくるであろう疑問に答えておかねばなるまい。それは、豊鍬入姫命《トヨスキイリヒメノミコト》様や倭姫命様は女性でありながら最も尊い大御神様に御杖代として奉仕なさったではないか、ということ。このお二方に限らず爾来後醍醐天皇の皇女祥子内親王様に至るまで七十余名次々に斎王として伊勢に御奉仕遊ばされたのはすべて内親王又は女王様であった。そのほかでも賀茂の社を始め諸大社の斎女、巫女などを挙げてくると、忌まれるどころか頗る重い任務を神社奉仕の上に果している女性の少くないことは歴然たる事実である。ところが、これら斎王様にしろ巫女にしろすべて未婚であることが何よりの条件であったことを忘れてはならない。即ち男性の対偶者としての女性ではないと言うことで、女性的ならぬ女性、言いかえると性を超越した人々であったということである。だから万一にも斎王様が一個の女人としての自覚に立った行為をなさると、それは穢として退けられ給うたわけである。

ミカンコ（神子、巫）とか、カンナギ（覡）の語尾のコやギは何れも古語では男性を表わす語であるのを見ると、或はこれらも古くは男性の職務であったかも知れないとしている学者もある程で、之を要するに、神仕えは原則として一般公的生活に参画する男性を以てし、或る特別な女人達は女性としてでなく全く性を超越した立場でならば神仕えに任じ得たと言うことになるであろう。何れにせよ女性、ことに何某の妻とか何某の母とか言う立場の女性の名前は公の記録にも留められなかった様な前代にあってはこれも止むを得ない次第であった。

しかし、もはや時は移り社会は大きく旋回した。男女平等は単なる理念であるばかりでなく現実の社会に同等の権利と責任とを担って女性は進出してきている。単なる性別を以て清浄と不浄の区別を立てることはもはや許されないであろう。不浄とは、罪穢とは、何であろうか。憲法の辞句を用いるならば「公共の福祉」のために専念力行する此の現実の日々の生活に何が障碍となり何が不幸を与えるか。それをこそ仮借なくお互の生活から排除し、悪しきものから善きものへと転換させてゆかねばなるまい。お互が純一無私の行を追及するとき神様は必ずや性別などにかかわり無く広大な恵みを垂れ給うにちがいない。男性は本来すべて清浄で女性はすべて不浄だという様な考え方に安住することの危険にわれわれは気が付かねばなるまいと思う。

門口の榊

「瑞垣」第二十六号、神宮司庁、昭和三十一年一月

天児屋命・太玉命が天香山の五百箇真坂樹を根こじにして相与に祈《の》み申して已来「久方の天の原より生れきたる神のみこと」を斎きまいらせるに「奥山の賢木の枝」を用いることは、わが民族の歴史と共に久しいことと思われる。

神風の伊勢にあっても無論のことサカキは重い役目を以て用いられている筈である。しかし、移り住んでまだ半歳にも満たない私には土地の習俗もよく判らないし、ましてや大宮におかれて果してどんな榊の用いざまのあるものか、到底理解すべくもない。ただ、八重榊と言い、太玉串と言い、或は「馬工記」などによって窺われる心御柱の御飾と言い、或は「外宮宮中之図」などにも描かれている北御門の丸榊と言い、さては近世まで高宮の西側の壇上で行われた二月と十月上午日の飾山と言い、地上に立てたり或は捧持したり或は進置いたし或はこれで覆うたり或はこれを束ねたり、さまざまの名で、さまざまの行事に、さまざまの用い方によって、斎いの料となっているらしいことが、凡そ推察出来るにすぎない。

が、それはさておき、ここには私が旦暮の通い路、桜木町から宇治浦田町への旧街道沿いで見受け

る家々の門口に飾られた榊のことだけを考えてみようと思う。

「蘇民将来子孫之門」とか「笑門」などと墨書した木札を中央に附けた門注連――これは伊勢や志摩の地方では、大晦日に掛けられたならば次の正月が訪れるまでそのまま掛けられていることは既に周知の通りであるが、その注連縄の左右に当る柱か框に、一尺乃至二尺ばかりの榊の枝が一対、釘か何かで止めて挿立てられているのは、果たしてどの位の地域まで及んでいる習俗であろうか、まだ探索してみる暇もないけれども、珍らしいように思われる。この榊は、大晦日に注連飾と一緒に買求めて立てるのだそうであるが、サカキと称するだけで特別の名辞は無いらしい。しかし、何れは門松の様なものであろうかと考えている裡に、或る時、月読宮の御鎮座地である中村という集落で図らずも門神まつりの話をきいた。ここは昔の宇治六郷の一村で昨年までは四郷村に属していたが今は市内の一部、内宮さまに程近いだけに由縁も浅からぬ土地柄である。そこでは門松は全然立てないで、大晦日に当って家々の庭先に榊を二本、三尺許りの間隔に刺し立てこれに注連縄を曳きわたし、それを門神さん或は寄せ神さんと呼んでいる。そして門口か又は出居の間に、新莚を二枚重ね（北に莚の耳を向けるのを忌む）にした上に餅（セチ）を供え、これを門神まつりと称える。セチの数などは家々で多少の相違があるけれども、大体において、中央に一番大きいセチを二重（これには串柿などを飾る）、また、月餅と称してそれより小さいめのセチを十二重（閏年は十三重）、俵餅と称して米俵をかたどったセチを十個乃至三個（重ねるか或は並べる）、凡そこんな風に取りそろえて七日間お供えしておき、七日目にセチと庭先の榊を撤するということである。今はこの古い農村の心意にも激しい変化が起りつつあるのか、漸く門神祭を怠る家も出て来たそうではあるが、かの「古老口実伝」に「十二月晦日夜門神祝詞文不可有疎略之儀也以文可申上也」と、平安の末頃度会行忠神主が記しておかれた年中行事が、常民の間ではこんな形で古来行われてきたのかも知れない。

尤も口実伝でも、また近世の随筆物、例えば「毎事問」「郷談」などの門神祭の項にも、榊を刺立てることには全く触れるところがない。ただ、享保年中に度会常彰神主が書きとめておかれた「外宮神事著略」十二月の条には

除夜　燈油

亥ノ時許役人榊樒ノ枝ヲ廻神ニ供シ又榊樒各一本ヲ各館ノ左右に樹テ花榊進ルト言元ト廻リ神進《マイ》ルト言

と見えており、一本がシキミになっているだけの相違で、神主等の宿館ではやはり除夜の行事として榊を門に立てたことが判る。農を離れて神仕えに専ら従うことが家職となると、恐らくは月餅も俵形のセチも供えなかったであろうし、それよりもむしろ宮域内の廻り神（四至神）と称え申す神々に供する榊と同様に考えられるか、或は御門を守護し給う「豊石間戸奇石間戸ノ二神」（毎事問）を斎く榊と信じられたことは尤もの次第であった。

さて、中村における場合には、庭先の地面に刺立てると同時に、門口の注連飾の両側にも挿すのであるが、後者は一年中そのままにしておくこと、先に挙げた町家の場合と同様である。神を斎う場合、同一の設けが屋外から門口へ更に屋内にと重複されて行われる例はよく見る所であるが、それも日常生活に便宜のよくない方は設けられる期間が短くなったり或はすっかり脱落してしまうものらしいか

ら、此の場合も事情は同様であったものと思われる。何れにしても、新年を迎えるに当って榊を設けて人々が乞願うところは、新らしい年の仕合せということに在ったことは勿論である。そして、それ以上にとやかくと理屈めいたことを言ったところで、これを心をこめて斎いてきた人々の信仰からは反って離れてしまうのかも知れない。

この秋、皇学館生徒と一緒に志摩の国崎に見学に赴いた折、バスを待つ間のつれづれに村人から聞いたところでは、ここでも門松は立てないで、三本の榊を一とまとめにして門口の片側の柱に附けるとのことであった。到るところ松に掩われた志摩の海辺の村でも、新年の神を斎うに松を以てせず榊を用い、それも型通りの左右一対でなかったことに興を覚えたことであったが、何れにせよ、こんな風に常民の家毎において各々が歳の神を斎きまいらせる風儀の本縁は、所在の神の社において年々繰返されてきた「てぶり」であった筈であり、伊勢や志摩の神郡神領の地に在っては、何と申しても大神の宮居の御儀に神習い習い奉ったに相違はあるまい。即ち、両宮におかれて、榊というものがどんなに重く、しかも印象的に、用いられ来ったことかを、こういう民俗の一端からも推測せられるわけである。

それにしても、あの町並みの家々の門に一年を通じて立てられている榊の枝葉を見ると、それは枯れていると言うよりもむしろ乾からびていると言った方が適切で、その上に街道の埃を真白に浴びているのであるが、それでも汚いから取り外ずそうと言う人はいないのである。

二見の町外れにある松下神社は蘇民の杜とも呼ばれ、素戔嗚尊を主神として奉斎せられているが、その御神殿の御床下には榊の枝を夥しく束ねた形が拝された。境内にはその他にも同様の榊の束が大小凡そ十一ケ所ばかり、或は一対として或は単立して拝されるのであるが、これらはそれぞれ、八幡さまとか山の神さまなどとして村人に斎かれ給う、謂わば御末社である。畏多いけれども単なる植物として見るならば粗朶を束ねたものと変らない程に枯れている。現に私は最初に裏参道から詣って、そこの石の上に横倒しになっているそれを見かけた時は、枯木拾いが置き忘れたものかと疑った程である。しかし、これを斎き奉る松下の村人にとっては決して枯れ榊ではない筈である。此の榊の束には年々に新らしい榊を添え立て、これに注連縄を巻きめぐらすということであるが、それにつけて思い起すのは志摩のあちらこちらで見受けた門注連である。これは度会郡内でも同様の由であるが、そこでは柩が門口を出る様な事態の起るまでは、古年の注連縄の上に年毎に新らしいそれを掛け添えてゆくので、多い家では十年分でも二十年分でもそのまま門口に残っている。(万一のことがあればこれを全部切り捨ててしまって次の新年から再び一本づつを加えてゆくわけである。)榊を枯れたと見、注連縄を古びたと感じるのが、すでにして第三者の感覚であって、恐らくこの様にして斎きつづけて来ている人々にとっては、それは自分自身の生命同様に何時になっても枯れも朽ちもしないに相違ない。そして、節毎に新たなる祈りをこめて次々に尊い霊威を、新らしい榊により注連縄によって戴いているわけではあるまいか。

(三〇、一一、一六稿)

国造さまの座

「幽顕」昭和三十三年八月（『カミ・くに・人』収録）

父母が存命中の〈かたりごと〉の一つに、国造さまをお迎えした話がある。むろん私など生まれない昔のこと、石州浜田在の久佐八幡宮の御年祭《ごねんさい》が斎行せられた折、はるばると出雲の大社から千家尊福先生がお出まし下さったのだそうである。

この式年祭は父の奉仕生活五十年間における無双の盛儀であった筈であるが、祭そのものについては、ついぞ私もつまびらかに聞いた記憶はなく、その折に国造さまがお駕に乗って神社へお着きになったことと、拝殿に布かれた真新しい薦の上を国造さまがしずしずとお通りになると、拝殿を埋めた参詣人が争ってその薦の藁を抜きとってしまって、あとかたもなくなってしまったということと、この二つばかりが父からも母からも繰返し語られたのであった。

そうして、式年祭の賑わいも専ら『国造さまがおがめる』というところにあった、という。だからこそ、生涯に再びは会い難いであろう感激、まのあたり歩一歩とふみ出されるお姿を仰いだ感激のあまりに、み足もとの藁しべを一人が抜いておしいただけば、われもわれもとこれに倣ったというわけであろう。

今どき、こんな話をすると人々はきっと、それは素朴な昔話と一笑に付することであろう。しかし、実はそういう人々でも、例えば郷土の高校選手が甲子園の野球大会で勝利を収めたとしたら、どんな熱狂をもって選手一行を迎えるであろうか。

恐らく、この時ばかりは彼ら選手は単なる一高校生ではなく、まさに郷土の栄誉のシンボルであり、大優勝旗はその輝かしい王冠であろう。人々はこの王冠を戴いた勇者を迎えて、よみがえったような生きがいを覚えるのである。いのちふくらむ歓喜に身を慄わせるのである。

たとえ、其の日一日の生きがいであるにしても。まことその日一日だけの生の歓喜であり、一日限りの郷土の象徴であって明日はない王者。明日は明日でまた別の勝利者がうまれるであろう。器量によって克ち得た王座というものは、花火の如く華麗で、そしてもろく、はかない、たまゆらの夢。

しかし、農村的な社会生活のくり返しの中から自然にその座位の定まった場合は全くこれと趣を異にしている。永遠の安定を求めずにはいない。しかも血統こそは唯一絶対で、その故に純一な清浄性を保持し得る条件とされるならば、神聖なるものの座は永続する。

出雲の国造家もその一つの典型である。しかも、まつりごとの座にあって、出雲大神の御神威をその身一つに負い奉る国造がただびとであろう筈はない。

まして天皇の思召を畏み奉じて出雲大神に朝に夕に奉仕なさるとなれば、かかる座位の根元は、まぎれもなく天つ神に由来するとしなければならぬ。いよいよ以て、生き神さまと仰ぐ所以である。

それはともあれ、少なくとも明治の御代までも、出雲ならぬ石見の国の草深い片田舎である私の郷里の人々すら、国造さまを生き神さまとわきまえていたことは、両親の話であるからまちがいはない。この事実を何より尊く思うのであるが、さて私にはこの〈かたりごと〉と共に国造さまの一幅の書が遺されていることはいよいよ有難い。もとより国風である。

何処かに　こころの柱つき立てむ　神ぞ動かぬ国のいしずゑ　　尊福

これは私にとって、郷土を懐い祖国を懐うに何よりのよすがでもある。

「神社新報」昭和三十四年八月二十二日号（『カミ・くに・人』収録）

神職から神主へ

これは一人の壮年神職がたどってきた「神主」への険しい道程の記録である。彼の奉仕神社は海辺の農村で氏子五六〇、外に兼務社氏子二〇〇。

「鯖釣って暮らしをたてて神仕へ」これは昭和十九年に満洲から引揚げて以来、数年間の状況。老父の兼務社を譲りうけたものの妻子をかかえて前途に光明も見えぬままに五年間を悩みつづけた末、母や氏子の反対をおして退職、姉をたよって都会に出て、さる製鋼所にはいり妻子を招く。赤旗をふり革命歌をどなる生活がはじまる。二十七年春、父は心痛の中に病歿。葬りの為に帰省した彼によせる氏子の期待、母の懇願。しかし村の神職の苦しい生活に一旦みきりをつけた彼は翻意しない。孤独となった母をおいて再び会社に戻る。しかし頑《かたく》な心もついに溶ける日がくる。のぞみをすてない氏子からの呼びかけと、うからやからの説得の故である。義兄さんが後をつがないならば、私が大学院を卒《お》え次第村へ帰る、とまでいう妹婿の言葉に愕然と反省が起こる。たたみかけるように郷里から姉がもたらした母の消息。それは神経痛で歩行困難の父をリヤカーにのせたり乳母車で押したりしながら最後まで神勤を完うさせた母の神忠である。父なき後は父祖代々の伝統を絶やさじと早暁五時の太鼓を、一日も欠かさず奉仕しつづけている老い母の神忠である。しかも、今まで母はこれらのことを一言も息子には洩らしたこともない。

満洲引揚以来、十年間の迷いがさめた思いであった。回心とはまさにこれであろう。直ちに会社を辞して帰郷し、亡き父にわび、氏子にわび、とみに霜を加えた母に泣きながらわびた。二十九年六月のことである。さて帰郷はしたものの年中行事のくりかえしだけで満足できる彼ではなかった。村の郵便局や農協からもかつては誘われたけれども往々にして神務を二の次にしなければならぬという理由で気が進まなかった。今もその考えに変わりはない。神勤と並行し、神勤にプラスする仕事、それは氏子へのサービスだ。サービスとは相手の最も欲しているものを提供することだ。氏子の声に耳を傾けた。きこえてきたのは主婦たちのかそかな願い、せめて季節托児所でもあれば――という声である。これだと膝をうった。総代、区長、村の有志の諒解を求め意見を尋ねた。県内にある神社経営保育所の見学もした。細密な計画書を作りガリ版にかけた。

しかしこれを配るまでもなく噂はひろまり予定の倍近くの申込みがあって断るのに当惑した。資金は初めから他を当てにしなかった。会社の退職金を投出して境内にブランコや砂場を作った。便所も建てた。しかしあれこれと揃えたいものは尽きぬ。乏しい家の貯えもはたいてしまった。彼が筆者によせた手記によると――幼いこどもの煖をとるため拝殿の裏窓から異様な煙突がたちました。ストーブの燃料貰いに、まだきよりリヤカーをひいて通いました。園児らのことを思うと全く雨に泣き風に泣き青空を仰いでは溜息をつきました。金のない神主のつらさ――。しかしその間にも彼は本庁主催の児童指導者講習をうけたり林間学校や、大人のための朝詣会を始めたり、社殿の改修築、神幸式の整備その他、毎年何かをやって成功している。かくて五年目、彼の労苦はやっと酬いられる時がきた。かねて約束せられてはいたが実行されなかった宮司報酬が五ヵ年分一時に支払われたのである。その五十万円に加えて区より十五万円の寄付、父兄有志からも八万余円が総代たちの世話で寄せられた。これで保育所が建つ。旧い役場庁舎が安く払下げられた。これは先祖が大庄屋をしていた時代の建物である。敷地は彼の畑を提供した。諸設備も揃った。晴れて公の認可もとれた。三十三年晩秋のことである。民生委員、保護司、ＰＴＡ会長など公職も忙しく、今は夫婦げんかの仲裁までたのまれる。

——しかし祭のときは誰にもまけぬシャンとした衣冠で奉仕します。これも氏子がつくってくれたものです——と、宮崎義忠神主はほほえむのである。

「神社新報」昭和四十四年一月四日号（『カミ・くに・人』収録）

二つの次元

先年アメリカに行ったとき、彼らのいわゆるステイツの土を踏んだ最初の町サンフランシスコのYMCAホテルは、ひどく古びた建物であった。早朝のことであったからチェックインまでの時間をロビーで長いこと待たされた。退屈まぎれと好奇心であたりを見まわしているうちに、ふと壁の上の大きなレリーフが目にとまった。たくましいワシが大きく翼を拡げた図である。キリスト教とワシとどんな関係があるのかしらと考えてみたが、私の乏しいバイブルの知識からは何も出てくるはずがない。しかし気になる。そこで、隣のソファに座っている一見オッサン風の男にカタコトの英語でたずねてみた。オッサンはこともなげに、ああれか、あれはステイツのマークだよ、五〇セントの貨幣にも同じマークがあるから見ろという。なるほどかつてであったが、五〇セントの大型のコインには翼をひろげた大ワシがでんと鋳込まれている。キリスト教の教義にも、YMCAにも直接の関係はないのであって、これはアメリカ合衆国の、いわば菊のご紋章にあたるのである。正面玄関のつきあたりの、この欄間に当たる高いところに、その国家のご紋章が飾られているということは、まことに面白い。

それからアメリカ各地を歩くうちに、星条旗を礼拝席の前に立ててある教会は見かけたが、ワシのマークにはお目にかからなかった。あるいは私がうかつに見落としたのかも知れない。教会と国家というテーマは論じつくされて、ついに政教分離という措置で片がついたようにもみえるが、決してそうとばかりはいえない。

往時の国家（コッケあるいはミカド）鎮護の道場という場合の寺院の問題にしても、現在の神宮や靖國神社と国家との関係にしても、これをただ法律上だけの問題として考えることはできない。法の問題として検討することは、重要にちがいないが、法を超えたところでもっと探究しなければならないことがあるように思われる。

ワシントンでは、ホワイトハウス見物客の長蛇の行列の中に身をおいて、ここでもまた考えさせられた。皇居の一部拝観が毎日許可せられたらこんなふうな行列がつづくだろうな、と語りあったりした。ホワイトハウスは、たとえてみれば橿原の都以来の皇居と現在の皇居とを一画におさめたような、アメリカ建国以来の歴史をひめたこの国の元首の政庁であるが、見物を許されるのはむろんその歴史的な部分だけである。そして、そのことが実は合衆国にとっては、きわめて重要な意味を持つように思われる。

後日、ハーバード大学の世界宗教研究所を数人で訪問したとき、小野祖教博士のスピーチにさき立って設けられた晩餐の席上、二、三の日本語の練達な、という以上に日本文化に造詣の深い教授たちの間にはさまれていた私は、これらの感想を洩らしながら、キリスト教ともユダヤ教ともちがったところに、一つの国民的な宗教がそだっているのではないか、とも話してみたことであった。

昨年の夏、ハバフォード大学のC・P・スレーター助教授（かれは前記研究所初代所長の息子さんであるが）が神宮を訪ねてこられた。私は神宮の性格をわかってもらうために前記のような話をした。また、それに付け加えて、うろ覚えではあったが、かつてのアイゼンハワー大統領時代の年頭教書の話もしてみた。合衆国の元首は、時あって建国の歴史を回想しその理念を議会を通じて国民の前に表明し、建国の理想にもとづいた政治を行うことを誓約するのではないか。リンカーン記念堂や独立記念塔なども、いわば日本の神社に相当する、国民的な宗教のシンボルではなかろうか、とも問いかけてみた。

スレーター氏は神宮の性格をそんなふうに説明されるとよく判るといってくれた。そして、ベラー教授の「アメリカにおけるシヴィル・レリジョン」という論文の話をされた。私は、同氏のご好意によってそのコピーを手に入れることができたのであるが、ここでは紹介する余裕はない。

しかし、私がアイクの年頭教書だけで知り得たことは、まったく一部分であって、歴代の大統領がその就任の宣誓式で、万能の神に誓い、この地上において神の働きは真にわれわれ自身のものでなくてならない、と国民によびかけていることを教えられた。しかも、その公式の宣誓の中で用いられる神という概念は、大統領の私的信仰の教会とは全く別の次元の神であるということが最も肝要な点であることも同時に教えられた。

神宮や靖國神社の問題をいう場合に、憲法や宗教法人法の次元における存在と、憲法を超えたところ、もっというならば、憲法を支えている、より根元的な存在と、この二つの次元を論理的には厳密に区別して考慮することは重要かと思われる。

神は何処に

「神路」第十六号、昭和五十一年八月（『カミ・くに・人』収録）

今、私の卓上にある「日本の夏祭り」という二色刷のリーフレットは日本交通公社のつくったもので、標題だけ見ると祇園祭や天神祭といった有名な夏祭が網羅されているようだが、実は仙台の七夕、青森のネブタ、秋田の竿灯といった、いわゆる東北三大夏祭――これを三大夏祭などと名付けたのもやっぱり旅行業者ででもあろうか――それに山形の花笠祭を加えて四大夏祭とふれこんだ、いわば夏まつり見物と温泉めぐりをあれこれとアレンジして幾種類かの〝商品〟にした案内書なのである。これらの夏祭はいずれも八月上旬に行われるので旅行業者にとってはお誂え向きというわけであろう。

花笠祭については知る所がないが、ネブタも竿灯も月おくれの七夕行事といわれているから、もともと神社には全く無縁のまつりである。これをしも祭の名でよぶことには神社人はいささか抵抗を覚えるらしい。むかし、河野省三先生などはそれを逆手にとって、こんな催しまで祭と呼ぶところに日本文化の特性があると講演のマクラになさったったのを拝聴したものであるが、近来の風向きは少々ちがっている。東北のどこかの小都市での商工業者中心の夏祭が、神さま抜きだと憤慨されたお宮関係者に同調した記事を、神社新報で読んだ記憶も新しい。一応無理もないとは思うけれども、ここは一歩さがって考えなおしてみなければなるまい。地域社会の人々がその準備に慾得ぬきで精魂こらし、あるいは稽古にはげみ、いよいよハレの舞台に出かけてゆく過程を考えたり、また祭の当日そこに押しかける群集と、これを迎える誇らしげな地元の人たちの気負い。そこに主客一体でかもし出される異様な熱気。そうしたところに果して神さまは降臨なさっていないのであろうか。

神の在否を既成の形態の有無だけで決めつけてしまって、果してよいものかどうか。既成の形態というのは、たとえば神威のシムボル――日本民俗学者風にいうと神の依代――に関してであり、あるいはまた招神の儀礼についてである。誰でも、いつでも、どこででも、既成の形態で招神儀礼を行いさえすれば神は降臨し給うのか。また、そうした儀礼がなくては降臨なさらないものか。単純に思いこんでしまってはなるまい。またシムボルについても、太古以来、今日見るような多様な形態がそろっていたわけではないとすれば、時の推移によっては、これまで思いもかけなかったような物象が、現実にはすでに神威のシムボルとしての社会的処遇を与えられているかも知れないのである。琴柱に膠している「専職者」の眼に映らないだけのことかも知れない。

このように考えてくると、眼を拭う努力は一生怠ることができないと、あらためて覚悟する今日この頃である。

念のために言っておくと、今日行われている降神儀礼は、神降臨の事実を確認する儀礼と理解すべきであろう、と私は考えている。咒術とちがってまつりというものには、およそこのような確認儀礼が少なくない。

「現代宗教新聞」昭和五十二年一月十五日号

祭りは国の大事

ここに標題にしたことばは、平安初期の寛平五年（八九三）の太政官符の中につかわれている文言を要約したのであるが、この千年前のことばは今の社会にもそのまま訴えかけるものを持っているように、私には思えてならない。

日本の周囲を見まわしてみると、とても、のんべんだらりと太平らくをならべているような時代ではないと思うのだが、例えば若者に関する調査を見ても、趣味に生きたいとか、マイホーム志向とかが圧倒的に多くて、世の中のためとか、日本の国のために――とかを目標に生きている人間はまことに少ない。そういう今日にあって、わずかな救いはお祭りブームである。あるいはふるさと志向である。

なぜ祭りが盛んになったのか。あるいは、ふるさとムードが歓迎されるのか。一言でいえば、みんな孤独になりすぎたからではないか。土の香から離れすぎたからではないか。

祭りのもつ地域性、地域性が自然にそなえている伝統性、この二つはヨコとタテとの連帯感でみんなをいや応なしに一体に統合する。権力による命令でもなく各自の胸の奥処から自からにわいてくるこの統合には喜びがあり、安定感があり、なつかしさという人間本来の情感があふれている。

日本国民統合の象徴ということばがあるが、その前提になるもの、基盤となるものは、祭りによる地域社会――ふるさとびとの統合以外にはない、というのが私の持論である。かかる自然発生的な統合の上に築かれた日本国民の統合こそ本ものであって、決して学習や洗脳で生み出される統合であってはならない。

祭りこそは日本国民の統合の因子となる「ふるさとの象徴」であり、「ふるさとびと統合の象徴」であるとするならば、これが国の大事でなくて何であろうか。

祭りをどうしたら大切に育ててゆけるか。去年の神戸まつりのような逸脱もないもの、それかといって昔の官製的なものでもなく、さればといって商業主義の喰い物にもされない祭り。健康な日本のまつり、ふるさとの祭りをどう盛り上げてゆくか――それがこれからの課題といえよう。

十万の聖所

「全学一体」第十八号、学校法人皇學館大学、昭和五十三年十一月（『カミ・くに・人』収録）

先日、さる民放ＴＶがモスクワの赤の広場の情景を紹介したが、中でもレーニン廟にむかう人々の長蛇の列がくわしく描写されていた。この行列の中には外国の観光客もいるけれども、大多数は連邦の各地から、中には三日とか五日とかの日数をかさねて、首都見物に来たいわゆるお上りさん達で、しかも彼らがまっ先に訪れるのが、革命の父の眠るこの聖所であると、あちらの通訳によって説明された。「たとえるのはどうかと思いますが、ここは日本でいえばお伊勢さんのような所でしょうか」。これは取材記者のコメントである。

私が十数年前にアメリカの宗教施設のあれこれを見てまわった折に、どんな新興宗教の大寺院よりも興味を覚えたのは、ホワイトハウスの見物風景であった。ワシントン見物のお上りさんたちは、無名戦士の眠るアーリントン墓地の衛兵交替式にも興味を示しているが、彼らが長蛇の列をつくるのは、ほかならぬホワイトハウスの垣の外である。私もその列のあとに加わって、かなりの時間を待っていた。やっと列が進んで構内にはいり、そこで見せてもらえるのは歴代大統領の遺品などを陳列した記念館で、民衆は建国の歴史をここでしのぶわけである。この行列の中の一人になって私が感じたことは、ホワイトハウスこそ、まさにアメリカの民衆にとっての聖所の一つにちがいないということであった。

ところで、わが日本の国には、伊勢の神宮という国民的聖所をはじめ、町々村々にとっての聖所は十万をこえるはずである。これらについて深く究めることはもとより専攻学徒の務めであるとしても、全学園の諸君がこういう聖所について全く無関心であっては、「日本」はついに理解できないであろう。

（『百船』第三号、皇學館大学卒神職会、昭和五十四年一月（『カミ・くに・人』収録）

「氏子中」は生きている

百船会の会員諸氏の住まいはほぼ全国にわたっていると思うので、ここには皆さんの身近なところで観察してもらえそうな問題について述べてみようと思う。

それはほかでもない。氏神の社あるいはそれに代る存在の実態についてのことである。

周知のように、政府は明治三十年代の末ごろから一町村一神社の実現を期待してさまざまの方策を弄した。「国家の宗祀」というからには、それにふさわしい規模と威厳を備えた境内と社殿を持つべきであり、維持管理の万全を期するためには相応の基本財産を蓄積しなければならぬなどの条件を期限つきで要求し、それの不可能な神社は合祀すべきであるとした。しかしこれらの理由は実はたて前であって、本音は別にあったとされる。すなわち、明治二十三年から新しい町村制が実施されて、従来の数か村をまとめて一行政町村として地方自治が発足したのであるが、大字すなわち旧来の自然村（ムラ）の団結が強いために、なかなか思うように地方行政が進まない。そこでムラの中核となっている氏神の社を一行政町村に一神社として合祀させるならば、ムラの垣根は自ら除かれて一体化を促進することが可能であろうというのが、この合祀政策の本当の理由であったようである。これらの経緯についてはは東京教育大の森岡清美氏（現在は名誉教授）が詳論されているので、くわしくはそれについてみられるとよい。

しかし、この政策は全国で平均的に実施されたのではなく、抵抗の強いところでは氏神級の社は全く合祀が行われなかったようである。全般として、それがどのような結果に終ったかについては、府県別の統計数字によってもおよその見当はつくが、詳細な実態はまだつかめていない。

そうした中で、三重県は神宮ご鎮座の地であり、かつは内務省所管の皇學館所在地であるから、全国に垂範すべしというので、わざわざ知事の更迭まで行なって合祀を推進させたことは、すでに有名である。隣の和歌山県においてもこの施策はかなり強引に進められたようで、かの南方熊楠が極めて激越な調子でこれを批難したことはよく知られている。彼の反対論は、合祀された社の跡地の森が無残に伐採されることによる自然の荒廃を、自然科学者の立場から憤激することから始まるのであるが、その根底には郷土そのものの崩壊に対する深い嘆きがあってのことであった。

ところで、こうして追いつめられた氏子たちはムラの崩壊をどのように切りぬけたか。それについて考えてみることはまことに興味が深い。結論的にいうと、オカミが東京のまん中で考えた理想がいかに絵空事であったかを実証してみせたといってもよかろう。すなわち、その対応のしかたにはおよそ次のような幾つかの形態がみられる。どのような条件によってそれらが選択されたかは、これからの研究課題である。

一、仮りのご神体を作って合祀神社にご遷座をし、実のご神体はもとの社にそのまま奉斎して遙拝所の名目で社殿等はもとのまま存続し、祭礼をつづけたもの。
二、実際に合祀をしたが、もとの社殿を遙拝所あるいはお旅所の名目で存置し、旧来の祭日には臨時に氏神を招神して祭礼をつづけたもの。（招神の儀式をしないで、旧社地で祭礼をつづけたものもある）
三、国家の統制下では淫祠あるいは路傍の小祠として神社の数に加えられなかったような対象を、新たに整備して氏神のごとくに、村中で祭りはじめたもの。（個人持ちの私祠をムラに譲り受けて、氏神のごとくに祭りはじめたケースもある）
四、氏神祭の行事（獅子舞など）だけを存続して、ムラ堂の庭などで演じて、氏神祭の名残りを留め、これによって氏子意識を存続しているもの。

民衆は賢明であるから、まだまだその他の抜け道を講じた氏子中があったかと思われるが、私がこれまでに見聞した諸例を整理すると、およそ以上のようなものである。抜け道というのは実は正確ではないのであって、いかなる強権をもってしても解体させることのできない「氏子中」というこの団体は、その存在をどんな形態においてか表象化しないではおかないという、この事実に私は驚嘆するのである。

さて、時はめぐって昭和二十一年を迎えると、氏子たちを拘束していた国家統制はあえなく解除された。

そこで合祀された氏神さまをムラにお帰りねがうという動きがはじまるのである。伊勢市の場合でいうと、楠部町には旧四郷村の氏神を合祀した四郷神社が明治四十二年に創設されたのであるが、戦後いち早く、昭和二十二年には氏子の中にそれぞれ復祀の話がひそかに持ちあがり、翌二十三年一月五日を卜して、楠部町民である鈴木正男氏（当時・神宮権禰宜）と鹿海町民の辻隆氏（当時・神宮伶人）そのほか、四ヵ郷の氏子総代たちが奉仕し、中村、一宇田、朝熊、鹿海のそれぞれのムラにお帰りを願ったという。形式上は宗教法人四郷神社は存続し、各大字の社はその境外末社ということに登記されているけれども実体としての四郷神社はこの夜をもって消滅したのである。

また、宇治山田駅に近い元県社箕曲中松原神社（通称ミノワさん）はその合祀神社の中からまず長峯神社が分祀した。この神社は中之町、古市町、久世戸町の氏神であるが、そこにはなお桜木町の氏神である浅間神社を合祀したままである。いいかえると、桜木町の氏神さんは中之町までお帰りになったが、まだ元の社地には復祀されていないという状態である。桜木町がなぜその氏神さんを長峯神社に預けたままにしているのか。これは私も自分の町内のことであったからあれこれと考えてみたことがある。一つには桜木地蔵堂という町内の集会場をかねた聖所があること、第二点としては元の浅間社々地には小さな稲荷社があり、あえて浅間さまのお帰りを願わなくても、神社境内というものは持っているという意識があること、などの理由によって浅間神社復興の気運は兆してこないように見受けられる。

なお、箕曲さんからは倭町が金刀比羅神社を分祀してもとに復したし、岡本一、二丁目は小田神社を新築して氏子わかれをした。

こういう趨勢は親神社からは、氏子の減少につながるとして嫌われるのであるが、「氏子中」としての意識が強く、しかも合祀神社が地理的にも離れていたりすると、いや応なしに復祀は進められたのであって、これはあえて伊勢市内だけのことではなく、三重県下全般にわたっての現象であった。私はかつて昭和四十五年五月現在で全県下の分祀の状況を宮司さんたちに照会してみた。一九六通に対して一五五通の回答を得たのは、個人調査としては稀有の回収率かも知れない。その結果、判明したことはいろいろあるが、数字だけをあげてみると、戦前に分祀されたもの二〇社で戦後に分祀されたもの一九一社。戦後分祀のうち法人として登録されていないものは一一一社もあることがわかった。もはや紙数がつきたのでこれ以上は端折らざるを得ないが、これは石川県などでも見られる現象だと、本庁勤務の森安仁君が教えてくれたから、他の地方にも大なり小なり見られると思う。

氏神の社という公的な形をとるととらないとにかかわらず「氏子中」という意識の生きている限りは、公権力も何のその、その表象として敬拝する対象を何らかの形で求めてやまないという事実をここには述べてみた。会員諸氏の身辺について、ここに述べたことに類する事例があれば、ぜひ教えてほしいものである。

女性聖職者について

「水干」創刊号、滋賀県女子神職会、昭和五十四年三月

日本における女性の聖職者というと、先ず思いうかべるのは倭姫命に始まるといわれる伊勢の斎王と、平安の京にはじまった賀茂の斎王である。未婚の内親王あるいは女王のおん身で都を遠く離れた伊勢の斎宮とか、あるいは京の片田舎というべき賀茂の斎院におこもり遊ばされて、ひたすら神宮へ一筋にその半生を、時には一生をお過ごしになられた歴代の斎王たちのご生活を考えると、その日々夜々のご心情はどのようなものであったか、とうてい思い及ぶところではないが、それはいずれにしても、上ご一人に代って大御代の御栄を祈られた明けくれは尊い限りであった。

次に誰でもが知っているのは南島の神女である。沖縄や奄美大島でノロとよばれるのは村々の神女たちの最上位の一人であるが、これは内地でいえば氏神様の神主に相当するものである。ただ異るところは、根人（沖縄）とかグジュヌシ（奄美）とかいう男性の介助が必ずあるという点である。柳田国男や折口信夫などはこの神女をもってわが古風の残存と見たけれども、それは果して如何か。古来しばしば外からの政治的圧力に屈したこれらの島々では、本来は男性が任じていた祭政の権のうち、神事についてはこれを女性の任務に転嫁することによって固有の文化のひそかなる温存を図ったので

はないかとも考えられる。

これら二者にくらべると、神社本庁が女性の神職制度をはじめたのは、全く趣意を異にするものである。男女同権の理念によって、男性神職とまったく同等の資格と任務とが与えられている。だから宮司ともなれば沖縄のノロのように祭だけ奉仕すればよいというものではなく、神社の維持経営一切の責任を負うのであって、そのためには、神社の祭をして本当の祭たらしめる根基となる氏子神道的教養に対しても神職は大きな責任を持たなければならないであろう

女子供に学問はいらぬ、といわれた時代はもはや過去となった。ましてや如上の使命をもつ聖職者ともなれば日夜研鑽をつんでもなかなか氏子の満足を得がたいかもしれない。主婦として、母としての仕事の上に、このような重荷を負われた皆さんは本当にご苦労であるが、またそこに人知れぬ生き甲斐もあろうというものである。

年たけぬれば

「滋賀県神社庁報」昭和五十六年一月（『カミ・くに・人』収録）

高浜虚子の作品の中には俳諧めいた短詩もある。季題季語を媒介として森羅万象を捉えることに一生をかけたこの巨匠にも、やはり季語からはみ出す詩情があったことは面白いが、その一つに、

少年の　夢多し
年たけぬれば　なすこと多し

というのがある。壮年のころ『ホトトギス』の誌上でこの詩を見たときは、そういうものかなあと思った程度であったが、自分が年たけるにつれて、感慨をこめてこの詩を口ずさむことが多くなった。

雪深い中国山脈のふもとの山村は当然のことに貧しかった。しかし、あのころの村祭には、夜を徹しての石見神楽に氏子中がみんなひとかたまりに身を寄せ合って娯しみをわかつ温もりがあった。私はこの貧しくはあるが心すなおな、信仰ぶかい村人たちの間で一生を過ごすものと決めていた。それ以上の仕合せはどんなことも考えることすらなかった。

あれからほぼ六十年の星霜がいつしか過ぎてしまった。その間、私はふる里を遠く離れて国内のあちらこちらと居を移しながら、村々の生活を観察し、国の行末に思いをめぐらしてきた。

そして、いつも眼に浮かべるのはわが少年の日の祭の愉しさであった。あのような愉しさ、あたたかさを今一度取り戻すことが、果して可能であろうか、いやどうしても回復しなくては国が亡びる、と思うと、学ばねばならぬことは際限もなく、究めなくてはならぬことが山ほどある。

年たけぬれば　なすこと多し

と口ずさみながら、今年もまた多忙な日夜を重ねてゆくことであろう。

「神社新報」昭和五十六年一月十二日号（『続　カミ・くに・人』収録）

原田敏明著『村の祭と聖なるもの』

「原田敏明先生なんか言っているのは、結局、天皇というのは頭屋という、田舎で今でも残っているかもしれないが、収穫祭の時に、祭を主宰する人、主役を演ずる役なんで（中略）事の起こりは、結局、頭屋の頭屋というか、大頭屋だっていうことを原田先生なんか言ってらっしゃるんですけども。事の起こりはね。（中略）それがやっぱり今の大嘗祭、つまり即位式の時に大嘗祭とか、あるいは毎年いまでも新嘗祭とかを大切にする根拠になった。」

これは去る五十二年五月二十六日号の『サンデー毎日』にのっている、牛島秀彦氏との対談記事における三笠宮殿下のお言葉である。にいなめ研究会の席で宮様と柳田国男翁を前にしてかつて原田教授が特別講演をなさった折の内容を、こんな風にご記憶に留めておられたものと思われるが、その内容、論旨がどんなものであったか、これまでくわしくは発表されていなかった。

今回、中央公論社から刊行された『村の祭と聖なるもの』は、ほぼその論旨と同一のものと思われる。あからさまではないが、そのつもりで読むことも差支えないであろう。

この新著は既刊の『村の祭祀』『村祭と座』と同様、半生をかけて足で調査された事実を積み重ねて、深い宗教学的考察のもとに論述された十三篇の労作から成っているが、中でも冒頭の「神そのものから神を祭るものへ」以下の七篇は、「神主」という存在に焦点をあてて、日本のカミの表象を縦横に解釈されており、後半の「村の祭祀の対象」以下六篇は、「神主」以外の表象を、その発展段階をたどりつつ考察することにより、カミ観念の変化を明らかにされたものである。著者はかねてから、シナ風の神や、ゴッドの訳語である神と、日本の社会でうまれたカミとが、とかくすると習合されたまま論じられていることを憂えてこられたので、この新著の表題も、カミといわず「聖なるもの」という言葉を使用するほど、その用語には極めて慎重である。そのことを念頭において本書を熟読されるならば、ウロコの落ちる思いをされる向きも少くないであろう。

「中外日報」昭和五十六年五月十二日号（『カミ・くに・人』収録）

特殊神事は継子扱いか

問　戦前、戦中を通して「国家神道」の理念から、いわば軽視されていた①古来から伝承された（教学的意味のない）土俗的・民俗的神事②生殖・生産に直結する野卑ともみられるような素朴神事③神前で行わず、自然の環境（野山・川湖等）を舞台にして行うような古い神事④娯楽的性格の強い行事――等は現在の神道神学上からどのような説明がなされていますか。現在の正統的な神道理念からいって、こうした神社独自の伝統的な特殊神事は、やはり〝本流〟ではなく〝継子〟扱いなのでしょうか。おうかがいします。

（静岡市・松前生）

答　ご高承の通り明治の新政下では例祭、祈年祭、新嘗祭等を「官祭」とするに対し一社伝来の神事を「私祭」とし、官国幣社の場合も「私祭」の経費は一社限りで賄うように行政指導が行われていましたので、建前としては「軽視」されていたようです。しかし現実には「其一社ノ例祭民俗因襲ノ神賑等ハ地方ノ適宜ニ循ヒ行フヲ得べシ」の通達（明治六年）に拠り、いわゆる特殊神事の名のもとに脈々と伝えられて今日に至っているものが少なくありません。

そこでご指摘の四つの類型に従って考察しますと、貴問「その一」は例えば年占いとか雨乞い等に類する神事を意味するのであれば、これは農村共同体の死活を左右する豊凶に関する切実な祈りに発するもので、「その二」に属する、生殖行為もどきによって豊饒を祈る田遊びの行事などと同様に、重要な公共祭祀の一つであると存じます。一般に祭儀といえば延喜祝詞式を範とするような善言美辞の祝詞を必須の要件と考えられがちですが、たとえ近代的な倫理感覚においては「野卑」とみられようとも、かの田遊びの如き行事こそは、J・E・ハリソンのいう「為《な》されごと」(『古代芸術と祭式』)であって、豊作祈願の切々たる祈りの表示そのものでありました。「その三」に掲げられましたような神社以外のある場所を年々歳々の聖所と定めて、そこで営まれる神事も、いろいろの神事がすべて神社境内へと集中化の傾向をたどる中にあって、あるいは古風の遺存と見られるかも知れません。

通念の上で「カミ」の表象として認められているのは、一般的には「神体」とか「頭人」とかに限られるようですが、民衆はそうした顕在的な、あるいは、常識的に認められている表象の有無にかかわりなく、民衆の民衆による民衆のための祭の場にはまざまざと神威を感得して、熱狂し、躍動し、他の何ごとによっても味わい得ないある種の悦楽に満足するのではないでしょうか。そうだとすれば、いわゆる神前か否かによって神事に軽重をつけることは無意味かと存じます。「その四」の「娯楽的性格の強い行事」も、前述によってご理解いただけると存じますので、神事にあってはアソビの要素はきわめて重要であることを申しそえるにとどめましょう。いわゆる神賑いをもって祭の付帯行事程度に軽視する考えも一部にはありますが、同調いたしかねます。

要するに、各地それぞれの「神社独自の伝統的神事」は決して「継子」ではなく「本流」あるいは「本流の源」としてよいものと考えます。もっとも以上のお答えが果して貴下の要求されました「正統的な神道理念」による見解となっているか否かは私の断言できるところではありません。一個の私見としてお受けとり下さることを望みます。

神社祭祀研究覚え書

「儀礼文化」第一号、儀礼文化学会、昭和五十六年十月（『カミ・くに・人』収録）

一

編集者からは、将来の神社祭祀儀礼研究の総括的な指針といったものを、問題提起の形で書くようにとの注文であるが、学問というものは他人さまに号令をかけることではなく、あくまで自分自身に対する問いかけであろうと考えるので、仮りに問題を提起するとすれば、それは私自身への課題としてではなくてはなるまい。そういうことで許してもらえるとすれば、日ごろ心の隅に抱きつづけながらも、他事にかまけてまだ果し得ないでいる課題がないでない。もしも神々がさらに若干の寿を与えて下さるならば、自身でいささかなりとも解明しておきたいという望みは、まだ捨ててはいない。

そこで、ここにはそれらの若干を述べて責めをふさぎたいと思う。もっともそのことにはいる前に、研究上の心構えといったことで私自身にいい聞かせていることの二、三を述べておくことは無駄ではあるまい。

その一つは、およそ神社の祭祀一般を論じる場合には、ありふれた、ごく普通の神社を基準において考察を進めることが、過誤を少なくすることになろうという点である。

例えば、ひとしく氏神といっても地域に根をおろした上代氏族制時代の氏神もあれば、後世の源氏の氏神のような場合もある。そういう意味では伊勢の荒木田一門の氏神、同二門の氏神といったケースはかなり性格のちがうものではなかったかと思われる。周知のように荒木田一族が本貫としていたのは、度会郡といっても宮川中流右岸山沿いの地と、その対岸の平野地帯であって、この地域には式内社も極めて多い。これは恐らく荒木田のような有力な一族があったればこそであり、その式内社もすべては皇大神宮の所管とされ、しかもその中の数社にいたっては造神宮使による式年造替さえ行われるほどの殊遇をうけていた。こういうことは、この地域に居を占める荒木田一族が、それぞれの村々においてこれらの社を氏神と仰ぎ、これを祭っていたからこそであろう。そうだとすれば、かの建久の『皇大神宮年中行事』にみえる上述の一門二門それぞれの氏神祭というものも、これら式内社のいずれかの社においてこそ行われて然るべきであろう。然るに事実はこれに反して全く違う祭場を設定して行われているのである。これは手短かに結論づけるならば、荒木田一門および二門それぞれの門流が、大神の宮の祭祀職という極めて特殊な社会的身分と職能をもった血族集団として自覚され、農耕生活を主体とする村人たちとの間に一線を画したときに、はじめて発生した氏神観の所産と考えるべきではなかろうか。彼ら一族が『皇大神宮禰宜譜図帳』を撰述するには、他姓を交えることなく祖孫一系相承《う》けてその栄職に任じていることに対する、なみなみならぬ自意識と矜持があったにちがいない。そこに族祖に対する儀礼も殊更のものを生じるとともに、門流一統の強い結束を期する思いも一入《ひとしお》のものがあったとしてよかろう。このことは氏の本系帳を撰上した度会神主においても同じ事情であって、荒木田と等しく氏神祭を、度会宮所摂の社でない特別の祭場で行なった所以である。

要するに、かつては両郷の村々を代表して大神の宮に仕えていた人々が、時代とともに専職化してゆくにつれて、顕著な階層分化を招来した結果、このような特殊な氏神祭を発生するにいたったと考えられる。大神宮司を独占する大中臣氏が次第に土着性をそなえてくると、やがて大神宮司の官舎の所在する離宮院内に中臣氏神社を移祀し、官舎神社として神名式にも編入されてくるのは、その経過において事情を異にするけれども、職能の特殊性に対する自意識においては荒木田と通じるものがあるといってよかろう。中臣大鹿嶋命の裔孫をもって任じる荒木田氏が独自の氏神祭を始めるにいたったのは、あるいはこの大神宮司家のひそみに倣ったものかも知れない。

以上述べてきたような見解に大きな過誤がないとするならば、このような特殊な氏神祭を基準として神社一般の祭祀を論じることは、極めて危険なくわだてとしなければなるまい。

そういうことは宮廷祭祀についてもいえることであって、大神宮の宮司とか禰宜などの特殊性とは比類を絶する特殊中の特殊にちがいない雲上の祭祀の中にも、水田農耕文化に根ざしているという点においては、村々の祭祀と共通するところがあって然るべきではあるけれども、相異なるところもまた著しいのは当然である。わけても主上に直接かかわりのある儀礼にあっては、他に類例を見ない要素の存することを予見しておくことが然るべきことと思われる。したがって、宮廷の祭祀儀礼のすべてをもって民間のそれを類推したり、宮廷にはよく伝承せられたものが民間ではつとに退転したというような仮定を設けることは、これまた危険きわまりないというのが、私のひそかなる自戒である。

それでは伊勢の神宮の場合はどうかということになるが、神宮もなるほど特殊な性格の斎場にちがいない。しかし、私がこれまでいささかながら考えてきたところからすれば、勅使や斎王・大神宮司などにかかわる儀礼は格別としなくてはならないけれども、神主である禰宜や内人・物忌たちが主役となって行う祭儀に限っては、もちろん神宮なるが故のいろいろの制約によって若干の変容はまぬがれなかったとしても、基本的な構造においては村々の祭祀と同じ型に属するものとしてよいように思う。憚りを恐れずあえて言うならば度会という地域の、一は高倉山麓を中心とする磯部一族（度会氏）と、一は宇治の五十鈴川沿岸を本拠とする磯部一族（宇治土公氏）の農村的な祭祀をベースとして、その上部にいろいろと加上された姿が、文献で知りうる神宮祭祀であるとするならば、その加上部分を透過して基層部分の原初的な構造を見出だすことは、決して不可能ではあるまいというのが私の見込みである。

したがって右の如き配慮を加えるならば、両宮の祀官たちが明治の改革まで累代世襲してきびしく伝統を継承したために、比較的よく祖型をとどめているものと考えてよく、神社祭祀一般の考察に資するところ少なくないと思われる。

二

祈りつつ生活し、生活しつつ祈るムラの社会生活の中で神社祭祀はいわば氷山の頭のようなものである。その氷山の頭にも大小あり強弱があって、決して一様ではない。それにはその神社がおかれてきた歴史性とか、その祭祀集団の社会性格など、いろいろの条件が作用しているはずである。

たとえば五節句のような暦本文化にもとづく中央的な祭儀が地方の神社の年中行事となっているが、これには、中央の貴族文化に対する憧憬もあったであろうが、それにもまして、より高い文化を採用することによって、さらに大きい神の加護を期待しようという切なる心情が働いたものかと思われる。近世ともなればそれはまた農民たちの公認の休業日ともされたので、社に集まって弓を引いたり、闘鶏とか競べ馬、あるいは相撲といった遊びに興ずる機会ともなった。従って一見して全国に普遍する画一的な儀礼のようにみえても、その形態や民衆のかかわりかた等は決して一様ではないはずで、それらの差異や変遷の歴史に視点をおくならば、これを支えている集団の歴史と性格の解明に役立つと同時に年中行事のもつ社会的意味を明らかにする一資料となるであろう。

政治的経済的な社会の変動が祭祀の上に変化を招来しないはずはない。その上古に属するところは資料が乏しいのでこれを詳《つまび》らかにすることは至難と思われるが、降って中世ともなると祭祀に関する文献資料もすでに幾多の先学によって発掘され、ある程度は検討も加えられているので、それぞれの地域に即した政治史経済史との密接なかかわりにおいて神社祭祀の何がどのように変化し、あるいは、何が変化しなかったかを見究めることは重要であろう。ことに祭祀組織の変化と祭祀の経済的基盤の変革は相関的なものがあり、それが年中行事の規模や内容に及ぼした影響は甚大なものがあったと思われる。

例えば出雲の佐太神社では「社領七千斛之時、神人有二百二十四人。而年祭礼之威儀太以厳重也。至於太閤秀吉公之治世、没収於七千斛之神地、僅寄附宮内本郷宮志名田分上佐田下佐田等之小邑。于

時神人減而七十有五人也」「神領七千斛之時各在祭料而勤之。社領没収之後、往々廃絶而神事朔羊而已」と『佐陀大社勘文』（宝永三年）に記している。若干の舞文はあるとしても大要は事実としなければなるまい。出雲の北島国造家所蔵にかかる延宝七年の『祭礼年中行事之事』によると「天正年中廃絶」「慶長年中廃絶」「中古以来廃絶」等の注記が八カ所もある。また香取神宮の『年中祭奠式』（明治二年）にも「諸般如此神宮之祭奠実莫大之儀御座候得共中世擾乱以来追々衰微」としている。また美濃の南宮神社の『社人神役帳』（寛永十六年）によると六月御田植の項に「御田植田検地におち申候て今ハ退転」とある。伏見稲荷大社の『稲荷社日供再興記』（正徳三年）によると「みけしろ田」関係の記録さえ失われ「天正のころよりぞ日ごとのみけはむなしく」なったとある（「稲荷神社史料」）。かかる例は際限もないのでこの程度に留めておく。

　しかし、こうした中世の廃典が寛文年間になるとしきりに反省されている。上記の南宮神社でも寛文八年十一月の奥書をもつ『神事祭礼年中行事』をみると、退転したはずの五月会や御田植についても一応の記事がある。しかし、その末尾に「右ハ往古ヨリ伝ル所ノ年中行事也。当代省略式ニシテ異ル事有之。為後鑑、令書記之者也」とするところをみると、実際に再興されたものか否かはあやしいけれども、往代の祭儀をしるして後代の規範としようと社司がこれを書記せしめたところに、その心意は明白である。

　出雲大社においても、上掲書の奥書に「寛文之営構、継レ絶興レ廃、遂復二正殿式一畢」と寛文年間に復古につとめたことを記述し「出雲臣等」と署名しているところにその思想と営為の一端は看取される。大社において神仏分離を敢行したのもこの寛文の大改革であったことは文献に明らかである。紀州の『日前国懸両太神宮年中行事』は詳細に古儀をとどめた記録であるが、その末尾には「右当宮昔日祭祀之次第大概如此、仍如件」とし「寛文五年卯月廿一日、紀伊国造第六十九代刑部少輔従五位下紀朝臣昌良」の奥書がある。そして同じ年の五月三日付の奥書をもつ『当時祭祀次第』の末尾には「右古代年中祭祀百二十余日之内、格別之祭祀之分、書出申候」とし「右等之式天正以来多断絶仕候」とも記している。そういう断絶を寛文五年にいたって国造六十九代の肩書をもって反省している点を注目すべきであろう。伊勢の神宮において式年遷宮に際しこのことに由緒深い尼僧の参与を斥《しりぞ》けたり、中世に退転した摂末社の再興につとめたのもこの寛文年間のことであった。林羅山以降の排仏思想はその反面に日本の歴史伝統に対する反省を意味している。近世、度会神道がおこり、水戸の大日本史編纂事業の始まった所似もそこにあるはずで、祭祀の復古についての関心もその潮流の上に位置付けられるであろうか。なお実態をくわしくすべきである。

明治維新はすべての神社を国家の宗祀としたので、祭祀の解釈にも内容にも一大変化を招来したことは周知のことであるが、その大きな変革についての詳細な考察があまり進んでいないのはどういうわけであろうか。

世襲の祀職があらためて新制度のもとで祀官にとり立てられるとか、あるいは氏子の間に確立されてきた制度がそのまま伝承されるとか、あるいはまた記録の詳細なものが存して、これを新時代の祀職が忠実に踏襲する等々、何れかの配慮によって伝統が守られない限りは、古来の旧儀は新しい神学のもとで大きく改変をうけざるを得なかった。伝統主義の権化とさえ見られている神宮においてすら、その変貌の甚だしさは思い半ばにすぎるものがあることは、少しでも新古の文献を照合した者の知るところである。神宮が格別の社であるだけに、かえってその改革にも神宮祭祀の学に無縁の人々のイデオロギーが大きく影響したといえよう。

その他の神社にあっても明治の変化の様相は一様ではない。当時公布された中央および府藩庁などの令達によってもおよその意図と方向は察知できるけれども、実際については個々の神社のおかれた諸条件により著しい差異があるので、この方面についての研究は今後にまつところが極めて大きい。

最後に、戦中戦後の激動期における祭祀の変化は周知のとおりである。戦時中における人手不足、物資不足に加えて倫理観の変革などによって、明治新政下の西欧的倫理観に対応した変化よりもさらに厳しい社会的規制が加えられ、祭祀は厳粛一途の方向に傾斜した。さらにまた敗戦という悪条件のもとでは自作農創設のための新しい農地法が宮田や部落共有田に適用されて祭祀の財源が失われたばかりでなく、それらの共有資産は「氏子中」という集団意識の象徴的役割をになうものであっただけに、祭祀を支える基盤たるムラ共同体の団結を崩壊させないまでもその結束力を弛緩させる一因をなしたことは事実である。そして工業化による農山漁村の社会組織の変容がこの傾向に拍車をかけたことはここに贅言するまでもない。このいわゆる近代化現象に伴う祭祀の変化については、すでに一部で研究が進められているところではあるが、この場合に重要なことは、そのような社会的、経済的あるいは思想的な一大変化にもかかわらず、なお祭祀が民衆の支持をうけているとすれば、そこには何らかの理由がなくてはなるまい。ましてや、かつての時代と等しく地域社会の精神的支柱となっているとするならば、それは祭祀のいかなる要素のなせるところであろうか。祭礼のために多大のエネルギーを燃焼させることを無上の悦楽とする人々が今の世になお少なくないことはまぎれもない事実であるからには、単に近代化による「変化」の部分だけに目を奪われてはなるまいと考えている。

三

国の中央において大陸風の名称をもつ祈年の祭儀が、善言美辞を列ねた祝詞を宣読したり、幣帛を備えるなどして厳粛に執行されている一方で、文字無き地方農村の百姓《おおみたから》たちは如何にしてその痛切な願望を開陳したことであろうか。

たとえば勧請縄を村の入口に掛けわたすという行事が大和から伊賀・近江・若狭の方にかけて顕著である。この名称から神迎えの行事と考えた先学もあったけれども、名称や文字は、ことが始まってから然るべき反省を加え解釈を与えた有識の徒の考えついたことであるから、あまり当てにならないのは勧請縄に限ったことではない。肝要なことはこれがムラの共同行事として行われていることである。一定の期日に氏子中あるいは組中を構成する一同が参集して、一定の型に従って調製するこの作業は、家々で作るワラ細工とは全く類を異にする。そこにはただ一つ、昨年のものにおとらず、隣村の者どもに嗤《わら》われない見事な縄を作ろうという目的に志を合わせた人々の融合がある。しかも、これを成し遂げた時には、先人の行なったとおり過誤なく成し了えた満足がある。そしてこれを「わがムラ」の入口に掛け渡して「かけがえのないムラ」の境域を再確認し、そのムラ人たる一体感を味わうのである。これによって村内に邪気を入れないとか、福を呼ぶというような効験は、あとから付随した説明であろう。勧請縄の起原がたとえ新しいものにせよ、この行事にはたしかにまつりの原型があるように思われる。

こうしてみると、かの予祝行事とか、類感呪術といった概念で片付けられているいろいろの正月行事なども、実は一つ一つが切々たる祈りを秘めた祭儀というべきではあるまいか。例えばかの田遊びのごとき、田打ちに始まって俵の搬入までの農作業を一つ一つ如実に演じるが如きも、かかる行為のもどきによって、このように順当に、何の支障もなく「手肱に水泡かき垂り向股に泥かき寄せ」る農作業が進行し、かくも重い俵をたくさんに搬入できますようにという、人々共通の願望を、一々の行為に托して訴えているものとすれば、これはかの善言美辞に勝るとも劣ることなき「ノリト」ではあるまいか。

祭は年に一度これを行えばそれで万事おわれりということではない。一つの型を忠実に踏襲してさえおれば、それで万全ということもない。誰かが言ったように、それは洞窟に灯りを持って踏みこんだ時と同じく、あたりは明るくなって一応は安心であるが、一歩進めばさらにその奥には闇が待っている。不安は尽きることがないのである。かくして行事は少しずつ複雑化を加える。勧請縄を吊り下げる前に神酒を供えることにもなる。縄の中央に真言の呪符を差し立てることにもなる。ワラ製の農機具の模型をさしはさむことにもなるであろう。どこかのムラで歩射が行われていると知れば、われもわれもとこれを採用するのでその地方一帯にオビシヤが流布することにもなる。都で踏歌が行われると知れば、その豊饒祈願のめでたい詞章と手振りはぜひ学びたいと努力もしたにちがいない。それによって一応は安堵もしたが、何か変事でもあれば新たな不安も生じてきたことであろう。一つの祭祀の構造をみるとき幾つかの様式が複合していることを発見することが稀でないのはそのせいであろう。例えばいま筆者が解明にとりくんでいる近江の多賀大社の春祭にしてからが、その当屋にも発生の由来を異にする二種のものが混在しているし、いわゆる分霊奉斎にも一定期間を限る仮設の神座があることと重複して、宵宮に入来される若宮に相当する神社が古くから鎮祭されているといった構造である。しかもさらにその上に、み生《あ》れの形態までとり入れられているのである。

神社祭祀の研究は、もつれた糸を解きほぐすにも似た作業を要するようであるが、そのためにはいくつかの基本型を想定して、これを指標としてとりかかることが必要のように思う。その指標はやはり多くの祭の比較研究の中から発見するほかはないが、それも冒頭に述べたように、水田農耕村落としての長い歴史をもつムラの祭、あるいは大規模神社であっても、それを基礎として展開してきたような神社の祭に基準をおくことが適当であろうと考えている。そこにはたとえ多少の変容や加上があったとしても、失うべからざる要素として伝えられた原型なり、その片鱗が姿を留めていると予想されるからである。

注―文中引用の年中行事関係資料は特に記するもののほか『日本祭礼行事集成』に拠った。

『日米宗教者会議記録』昭和五十七年五月（『カミ・くに・人』収録）

諸民族間の信頼の発展　―神社神道の立場からの提言―

神道Priestの一人として、このテーマについて意見を述べる機会を与えられましたことを光栄に存じます。

私の意見を申し述べるに当たりまして、初めにお断りしておかねばならないことが一つあります。それは、今日、SHINTOISMとよばれる宗教には、ご承知の通り大別して二つの異なった立場があるということです。その一つは一般に神社神道とよばれるもの、他の一つは、教派神道とよばれているものであります。私がこれから申しあげようとしますことは前者の立場によるものであることを、まずお断りしておきたいと存じます。

そこで、最初に、神社とはどんなものか、どのような社会的基盤の上に成立したのか、といった点について私の見解を申しあげることが、主題についての結論を自然に導き出すことになろうかと考えますので、そのことについて申しあげたいと存じます。

日本の国土のあちらこちらに水田が設けられ、そこで稲を栽培することによって生計を立てる人々が小さな村をつくり始めた時期から神社はまつられるようになったと考えられています。灌漑による水田で米作りをするという、この農業の形態は、日本文化の形成の上に計り知れないほどの影響を与えていると考えられます。例えば、しばしば指摘されます日本人の集団指向性、あるいは帰属社会に対する比類なきLOYALTYさらには日本企業の終身雇用制度なども、すべて、このような日本型の農村共同体で生れ育った文化の型に当てはめてみると理解しやすいでしょう。神社神道とよばれるこの日本のCIVIL RELIGIONも、日本的農村社会構造と深い関係にあることは、すでに宗教学者の指摘しているところであります。

日本の国土はご承知のように、細長い形の島国でありまして、その大部分は、あまり高くない山々でおおわれています。人々はその山と山の間の狭い空間に耕作地を開拓し、谷から流れでる小川の水を集めてこれを隣人同士で仲良く分配しつつ米を作ってきました。耕地の広さは地勢と水量との二つの制約によって、一定の限界を超えて拡大することは不可能ですから、村の人口の増加もおのずから制約されました。村の内部は、常にほどよい人口を保つことによって団結を強め、平和を維持しました。限界を超えた人口は新しい耕地と水を求めて、さらに一つのHAMLETを形成したことでありましょう。このようにして、日本の国土には小規模な農村共同体が数多く発生してきたのであります。彼ら村人たちは、乏しい水を共同で管理し、仲よく助け合って米作りに精励し、豊かな秋の稔りを感謝したことでありましょう。それと同時に、しばしば村を訪れる台風や多すぎる雨、害虫の発生などの災害もまた村人たちが平等に負担しなければならない不幸でありました。世代から世代へと、このような幸福と不幸を繰返しながらも、苛酷な労働に堪えて生きつづけることができたのは、果して如何なる「存在」の助けによったのでありましょうか。

日本では、気温の関係から一年に一度しか米の収穫はできません。しかも米作りの仕事は、自然の恩恵に依存することも多い代りに、自然の暴威を受ける確率の大きい生産様式であります。従って人間という存在の微力さをつくづくと思い知らされないではおられません。

それと同時に、一定の小地域に幾世代もの間、顔と顔とをつき合せて生活しつづけなければならない農村というものは、お互いの信頼関係を維持するために、個人の自我を抑制しなければならない世界であります。すなわち、人間は自然界に対してと同様に、村という集団に対しても、極めて微力であるとさとる時、謙虚な態度とか敬虔な態度とか敬虔の情というような美徳が養成されるのでありま す。自我の主張は村内の平和を破壊し、情緒的な結合にひびを入れることになりますから、人々はできる限り慣習に従い、世間の噂にならないように身持ちをつつしんできたのであります。道徳は村という社会の中で育てられたのであります。

日本の古典には「言向《ことむ》け和《やわ》す」―言論をもって相手と調和をはかる―というPHRASEがみえますが、これは集団と集団との関係において用いられているのであって、個人と個人の間では、他人を説得するというような不遜なことは不可能な社会であったと思われます。

さて、日本に現在ある神社の中の大多数は、このような農村共同体における精神的な核として発生し、崇敬されてきたのであります。以上述べてきたような日本的な農村共同体が、おのずから保有している威儀の象徴として崇拝されてきたといった方がより適切な表現かもしれません。

日本の古語では、畏敬すべき存在に「いつくし」という形容詞をそえています。この語は、ある時にはいかめしいという意味を現わし、またある時は慈愛にみちたという意味に使われました。父親の威厳と母親の慈愛と、この二つが相ともなって完全な「家庭の威儀」が現成されるように、この両者は盾の両面と考えられてきたので、「いつくし」は一語で両義をもったのであります。「うつくし」（美し）という言葉はこの「いつくし」の僅かばかりの音韻変化にすぎません。人々は自然界をもふくめたこの「わが村」という偉大なる存在の中に「うつくしきもの」「いつくしきもの」の根源を認識し、これに対し、不可思議なる存在という意味のカミという呼びかけをして畏敬の態度をもち続けてきたのであります。

以上述べてきましたことを要約しますと、神社の信仰は、自己の帰属する社会の威儀に対して深い崇敬を捧げる、日本の伝統的宗教ということができると考えます。その信仰とは、小にしては地域共同体のKAMIをまつり、大にしては、それらの統合体であるくに（COUNTRY）のKAMIあるいは民族のKAMIに深い畏敬の念を捧げる信仰であります。さて、日本人はそれぞれ自分たちの帰属する地域共同体のKAMIに帰依しながら、どうして他の共同体と連合し、やがては統合して、一つの国家を形成し得たのかという疑問に答えなければなりません。この答は同時に私が与えられたテーマに対する回答ともなるからであります。

実際のところ、他の地域共同体と融合しあうということは、古代史家が認めているように、まことに困難なことであったように見えます。そのためには何世紀もの間、人々はにがい経験を持ったとされています。有名な聖徳太子の『いつくしき法《のり》』の第一条に「和を以て貴しと為せ」とありますが、これが公布されたのはA・D・六〇二年でありました。七世紀初めにおいても、まだ、それぞれの地域社会に立脚する氏族同士が、充分に和解していなかったことがわかります。同一民族の間でも地域社会の間の対立を解消するためには長い長い歳月がかかったということが認められます。しかし、日本人はこの難問題をついに解決しました。そして一つの国家として融け合いました。

諸民族の間で互いに相手の民族の保有する威儀を認めあい、さらにはこれを尊敬し合うことは、日本人の過去の体験からみて、決して容易なこととは考えられません。しかし、決して不可能なことでもないことを、われわれは知ることが重要であります。

日本人は地域共同体の統合にかつて幾世紀もの時間をかけましたけれども、それは全く条件が異なっています。COMMUNICATIONの手段として、言葉だけしか持たなかった遠い古代のことであります。今はそんなに長い時間はかかりません。また時間をあまりかけていることはできません。みなさん、他の国家、他の民族の固有の威儀を認識し、尊敬し合って、一日も速かに平和な時代を確立しようではありませんか。ご清聴を感謝いたします。

多賀大社の教学とその実践

「月刊若木」第三百九十八号、神社新報社、昭和五十八年二月

寿命長久守護の霊験

多賀大社は滋賀県犬上郡多賀町大字多賀に鎮座される。戦前の社格は官幣大社。神名式では「多何神社二座並小」となっている。そこで真福寺本古事記上巻の「伊邪那岐命は淡海の多賀に坐す」を根拠として、祭神は伊邪那岐命・伊邪那美命と申し上げる。

もっとも近世の地誌類の多くは伊弉尊一柱としている。これは中世以来、本地仏として無量寿仏一躯を安置する宮寺が境内にできたために、祭神も一柱として説明するのが、仏徒にとっては好都合であったからであろう。

記紀の所伝によると、男神は神功を畢えて日之少宮に永く留りましたとする。そこで仏徒らは淡路の伊弉諾神社に対して当社を日之少宮に擬し、当社こそ寿命長久守護の霊験あらたかと説いて、国内各地に同宿衆（坊人）を差遣し神徳の発揚につとめた。そのためには黄泉大神となられた女神については、あえて吹聴することをさけたかと察せられる。

生活の基幹を支える

地域社会を基盤として成立している神社は、まずその住民にとっての氏神であることを第一の存在理由とする。神社奉斎の意味は、そこが氏子の社会生活の基幹を支える祭りの場であることに存するので、氏神たる神社にあっては、氏子の氏子による氏子のための祭りを何よりも優先させて大切にいとなまねばならない。氏神である神社にとっての教学とは、このことを措いて他にはあり得ないと私は確信している。

いわゆる教化活動といったものは、この祭祀をいかにして真の祭祀たらしめるか、いかにして形骸化・ショー化させないように、あるいは単なる無形文化財保存キャンペーンに終らないようにするか、という苦心焦慮のいとなみであって、すべては生きた祭りを奉仕するための基盤づくりといってよいと私は考えている。

そこで当社における年中の奉仕活動の第一は、千百戸の氏子との結びつきの強化である。

氏子各大字からは任期一年の氏子総代が、各字民によって概ね一月中には選出される。これは法定外の総代である。（当社の法定の総代は「氏子崇敬者総代」と称して、右の字総代とは別個に役員会で選任する。）

氏子との連繋は主としてこの二十人の総代を仲介者とする。氏子費は年間一戸当り八百円で、これは総代がとりまとめる。

総代の年間の奉仕は、まず元旦祭から十二月大祓にいたるまで年間十五回の祭典恒例式の参列で、参列は祭典によって全員参列と、当番による参列との別を立てている。

さらに四月御神事の駕輿丁や神役・八乙女などの分担と割当て、氏子新入児童のための勧学祭の案内、夏越祓の形代配布、八月初旬の万灯祭の献灯募集（氏子は一般崇敬者の献灯料の半額）、老人のための莚寿祭の案内、四月御神事奉仕の一ノ頭人の選考、九月御神事頭人の選考、八年ごとに巡ってくる馬頭人の選考、豊年講（後述）の苗代御幣の配布と秋の献穀集め、年末の神宮大麻暦と当社神札および大祓の形代の頒布があるなど、総代の奉仕はまことに繁多をきわめるのである。

そこでこれらの奉仕を総代に依頼するためには、年間概ね六回、全総代を神社に召集して、宮司以下と懇談することにしている。

しかしこれだけではまだ徹底を欠くおそれがあるので、先年来、多賀町民を対象とした社報「神杉」を年二回発行して、神社の活動を細大もれなくのせることにし、これまでに七号を出した。その配布については、これまた氏子区域は総代を煩わすのである。

このような総代の奉仕に報いるために、かつは他の神社に参拝して見聞を広めさせるために、年一回の一泊研修旅行を催している。なお春秋の御神事に奉仕した駕輿丁は、日帰りで伊勢参宮をさせて奉賽の神楽を上げるほか、氏子一般の要望にこたえて、各区輪番での参宮をはじめた。所要経費の約半額は神社負担であり、氏子の間に好評である。

ボーイスカウト犬上第一団は結成以来十一年、宮司が育成会長に、権宮司が団委員長に任じ、職員十五名がこれにかかわっている。カブからローバーまでの団員百三十名の概ねは氏子である。

宮司は町立の歴史民俗資料館の運営協議会会長とか町観光協会の参与に任じているほか、禰宜・権禰宜らの中からは公民館運営委員会委員、青少年育成町民会議の副会長、ＰＴＡ会長、観光協会理事その他の役をかねる者も出て、町内のいろいろな活動に参画しているが、これまた神社活動の一端と考えている。

伝統的な神事を今日の社会の中で守り伝えてゆくことには、さまざまの困難が伴うのであるが、当社の古例大祭はじめ年中行事が活力を維持してゆくためには、氏子との不断の接触とこれに対する啓発活動には、これからもいよいよ意を注いでゆきたいと考えている。

延命は御奉公のため

冒頭にもふれたように、中世以来の坊人の活動によって、当社の御神徳はほぼ全国的に知られている。そういう信仰を基盤として、明治以降の国家管理時代には、附属講社という形で対崇敬者活動が継続されてきた。戦後は各種の事情により講員数には変動を免れ得なかったけれども、それでもなお約十万の多賀講々員は当社最大の崇敬者組織である。これについで戦後新たにできた崇敬会の会員約四万。県内の農家を対象とする豊年講員が約二万二千。その他に養蚕祭奉賛会もある。

多賀講は団参・代参のほか、当方からは各地に出かけて世話人会を開き、また県内や近県は年末に職員が世話人宅を一々訪問して神符類を届けることにして、接触を密にし、そして年一回の講社大祭を盛大に催している。

講報は年一回刊行。崇敬会員に対しては隔月に会報発送（ハガキ通信）をしている。豊年講その他の県内会員については年一回の社報『多賀』県内版を届けるなどで連絡を保っている。

社報や会報あるいは社頭で無料配布のリーフレットなどには、御製やお歌もしくは古典の章句をかかげて、拙いながらも宮司が謹解や説明を加え、敬神尊皇の大義を鼓吹することを第一義とし、延命長寿の祈願も帰する所は御奉公にありと説くことに心がけている。

「館友」第百五十三号、皇學館館友会、昭和五十八年三月（『続　カミ・くに・人』収録）

退考窟から町田城まで　―原田敏明先生―

昭和十二年、先生四十三歳？　内務省主催の長期講習会で始めて先生の講義をうける。小生は当時津島神社主典、二十七歳か。後年中央公論社から出された『日本宗教交渉史論』を読み、あの時難解であった平安仏教史がやっと納得できたが、ともかく、これが先生との初の結縁である。その後、滋賀県でも一、二度お話を承った記憶があるが、親しくご教示を仰ぐことになったのは、戦後ご郷里に帰られてからである。土蔵の中の書斎を退考窟と命名されて、晴耕雨読ならぬ昼耕夜読のご生活を送っておられた時代である。学徒出陣で多くの教え子を送り出されたあの時代を回想しつつ、「私が説いてきたことは間違っていたかどうか考えている」と仰言っての命名と承った。

私がこの時期にたまたま隣郡の菊池神社に職を奉じていたことは、まことに幸運というほかはなかった。敗戦による虚脱状態の神社界が暗中模索に明け暮れている中で、先生の「当屋における氏神奉斎」の抜刷りを拝見して、私は天地開闢の喜びを味った。私の退考窟通いが始まり、やがて先生が熊本大学の法文学部長公舎に移られると、熊本通いが始まった。この間に蒙った高恩は到底筆舌に尽すべくもない。

占領が解除されて五十鈴会では皇學館再興の議がおこった。西陲の辺地には中央の動きが詳しく伝わってこなかったけれども、先生にも意見が求められたと見えて、「こう考えるがどうだ」とその構想を語って下さった。私はご意図をうけてそれを原田案としてまとめ、中央へ提出した。それは先ず研究所を設けて人材を養成し、人材を糾合し、将来の大学設立に備えるという案であったが、この意見はついに容れられず、神宮司庁の普通神職養成機関の出現となった。これでは結局、大学につながるすべはなかったのである。

「社会と伝承の会」の発足は、この事と直接の関係はないけれども、さりとて全く無関係ではなかったと言えよう。

話はもとに戻るが、あの退考窟時代の憶い出の中で、残念でたまらないことが一つある。法隆寺金堂が壁画模写中に焼失したニュースの出た日であった。先生は珍らしく高熱を出して臥床しておられたが、その床の上から、その嘆きを詠まれた一首を私にお聞かせ下さった。「み仏はつひに焼けたまひけり」という下の句だけははっきり憶えているくせに、上の句がどうしても思い出せないのである。後年、町田城（町田の丘の上のおうちのことを門弟どもはこう称えている）でこの歌のことをお尋ねしたが記憶にないとのことであった。しかしその一首は、千数百年もその壁画が伝えられたのは、み仏として礼拝してきたからであったのに、美術品として模写するような冒瀆を犯したために、み仏はつひに焼け給ひけり、なのだというお嘆きであった。三十一文字は思い出せないけれどもその時受けた雷に打たれたような強烈な感動は、決して忘れることはない。

憶い出は尽きないけれども、どうにも筆が重くてならないので、今夜はこれでとどめさせていただく。ともかく、私の余生をもって一日一日、少しづつでも報恩の行を積むことがせめてのご供養と考えている。

宮崎義敬著『忌宮』を推奨する

「神社新報」昭和六十年一月二十一日号（『続　カミ・くに・人』収録）

『忌宮』という一書を著者長門一宮忌宮神社宮司代務者宮崎義敬さんからいただいた。「長府祭事記」と副題のついたA5判二八〇ページの瀟洒な本である。表紙カバーの「武内宿祢投珠之図」を始め、巻頭にも本文中にも数多くの写真版が挿入されていて、手にとれば、自ずと読ませるようにできている。著者の心憎いほどの気配りが隅々まで行きとどいているというのが先ず第一印象である。

内容は副題の示す通り当社固有の年内十度の神事祭礼の模様が紹介され、後半の約百ページでは社蔵文書や宝物などの解説、最後に長府滞在十年という英人バーフィット館長と著者との対談、さらに末尾に、この種の本には珍しく英文による目次（二十一章と奥付）と内容の概略がつけてある。読者によってはこちらに先ず眼を通してから本文にはいるのも便宜であろう。

著者宮崎さんは山口県神社庁の副庁長として、黒神庁長の城代筆頭家老といった要職の外に、神政連副幹事長の肩書きもさることながら、県下はもとより中国地区や北九州の各地から引っぱり凧の講師として席の温まる暇もないほどに神道を説いてまわって居られるだけに、その文章は実に流暢で知らぬ間に読まされている感がある。

本書の圧巻は何といってもそれぞれの神事の解説にあるが、それも筆頭神主として心身を打ち込んでの奉仕の体験が巧まずして行間ににじみ出ているので、「神仕えとは斯の如きものぞ」ということを一般の人々に認識して貰うには極めて適切であるばかりでなく、初任（あるいはマンネリ）神職研修のテキストにも、というのが私の偽わらぬ感想である。さらに言うならば、神道は原始宗教の残骸だというような誹謗を敢て書き立てているセンセイ方にも、とくと一見してもらいたいものである。

私は本書を通読して、図らずも江戸中期の尾張津島の祠官真野時綱の一言を想起した。

「神人の勤（ム）る諸の行事も、其宮其社の旧伝は由緒も各々にして微妙の道理をそなえ、むかしおぼえて殊勝なる事多し」、然るに——と時綱は嘆くのである——現状はというと「諸の神職も家業を忘れしより」「可なる神書を一巻撰ぶ事も稀也。一社の伝記旧義をさへ浮屠氏の手に任（セ）て邪正をしらず」と。（『神家常談』より。）

この浮屠氏を民俗学者と置き替えると、さながら現代を戒められた感がないでもない。そういう中に在って、本書の如きは正に神家の本分を発揮したものの一つに数えてよいと思う。熟読をお奨めする所以である。

新春の神社

正月の三が日が過ぎると、新聞やTVは一せいに初詣人数のランキングを発表する。年により若干は順位が入れ替わることもあるが、神社でいうと、明治神宮を筆頭に住吉大社（大阪）伏見稲荷（京都）熱田神宮（名古屋）太宰府天満宮（博多郊外）鶴岡八幡宮（鎌倉）氷川神社（大宮）などは十位の中からまずおちることはない。一見してわかるようにこれらのお宮はすべてわが国の人口集中地帯の代表的神社ということになる。お寺では川崎大師、成田山それに浅草寺と数え上げると、東京とその近郊だけの六社寺に千五百万をこえる人々がわずか三日間でお参りするという結果がでている。

大晦日の宵から元日にかけては、ひっそりと家にこもって年神＝祖霊の来訪を待ちもうける物忌みの時であったとは日本民俗学の教える所であるが、それが果たして都鄙を通じてのことであったかどうかは定かでない。しかし理由は何であれ、三が日の間に神詣をしたという記事を古い文献から見付けるのは骨が折れる。試みに、近世の町人の日記類を二三ひもといてみても、三が日の外出といえば菩提寺の方丈やお役人筋などに年賀の挨拶まわりのために出かけるだけで、そのほかは在宅して出入りの者の年礼を受けるのが通例であったらしい。

「文化庁月報」第二百八号、昭和六十一年一月

例えば九州伊万里の前川家では正月七日に初めて産土の神社に「家内中参詣」しているし（天保七年の日記）、飛弾高山の町年寄たちの詰所日記には、郡代またはその名代が「例年の通り」町の社寺へ参詣したことを正月十七日の条に書きとめている（天保七年、嘉永六年）。

三が日の初詣を昔からの習俗と思い込んでいる人は存外に多いが事実は右のとおりである。しかもこうした近来の群参現象が都市やその近郊において特に著しいことについては更めていろいろの角度から考えてみる必要があると思われるが、私はかつてそうした質問に答えて、こんな風に言ったことがある。いわゆる近代化現象の一つとして個人の現世利益信仰が強くなったこともさることながら、一方では家族が揃って年越しの儀礼を家庭において行うことが怠られてきたために、共通の聖所において多数の人々と共に儀礼的な行動をなすことによって、初めて改年の思い、すなわち生命の再生感を味わうことができるのではあるまいか、と。

しかし、全国八万ないし十万といわれる神社の中で、このような類の初詣が見られるのは果たして何パーセントであろうか。私の住んでいる滋賀県多賀町の隣に金屋という集落がある。そのムラでは住民が一年交替で「禰宜番」を勤めるが、それに当たっている間は魚鳥以外の肉食を禁忌とするなど、いろいろと日常生活の制約を受けつつも、ムラの運命を一身に背負ったつもりで、しきたりを固く守って氏神に奉仕する。特に正月三が日は未明に起き出して沐浴し、女性の手を一切借りることなく、所定の神供の品々を調理してお宮へお供えにゆく。その品々というのは、次々に引き継がれている帳面に詳細に並べ方の図まで添えて記載してある。飯、味噌汁（大根五切）、湯がき牛蒡と水菜のひたし、なます（大根・人参）、壹と称する皿には牛蒡・里芋・大根・人参・かんぴょう・銀杏・棒鱈の七品。伊勢えび・栗・カヤの実、銚子と盃。以上を男手一人で調理し盛り付けて、提げ箱に納めて運ぶのである。お宮へ到着するまでに万一にも女性に出会ったら、引返して沐浴からしなおさねばならない。男と出会っても口をきいてはならない。これを三が日続けるのである。古代の禁中行事や、近世の神社の年中行事の記録を見ると、三が日を通じて天子に、「御薬を供ず」とあるし、神社でも三が日は同じ神饌を供えた例が多い。ところが明治以降、歳旦祭と三日の元始祭が官祭ということになり、二日の神供をなくしてしまった神社が少なくない。しかし国や自治体の規制を強くは受けなかった村々の、村人による奉仕は、ここに掲げた一例でも垣間見られるように、三が日の儀礼を厳格に守りつづけているのである。しかし、万一にもこの村の氏神に未明から初詣の人々が群参したらどういうことになるか。禰宜番はとても禁忌を守りきることはできないであろう。隣町の多賀大社へは夜を徹して初詣の車がつづいても、この金屋の金山神社は夜が明けてしまうまではひっそりとしているのである。このような伝統は決して金山神社一社とは限らない。

○

『源氏物語』の初音の巻には正月十四日の男踏歌の情景が活写されているが、これは作者が一時代前の世相を物語の背景にたくみに描き出した結果で、実は平安中期の九八〇年ごろには踏歌という行事は都では絶えたらしい。起源は白鳳のころ、漢人によって舞われたというから、唐朝の宮廷行事の輸入であったけれども「歌頌以て宝祚を延ばし、言吹《ことぶき》以て豊年を祈る」趣旨がこめられていたので、農耕文化を基盤として上に天皇をいただくわが国の新春行事としてはふさわしいものとして続けられたのであろう。そして早くも天平神護二年正月十四日には、「両京、畿内、踏歌を禁断の事」という禁令が太政官から発せられている。これは従前から民間で行うことを禁じていたのに、とめてもとめても民衆がこの踏歌を止めなかったこと、しかもそれは左京右京だけでなく畿内一般にすでに流行していたことを物語っている。日本文化の伝播流通の一つの典型であろう。それではこの華やかにしてめでたい行事が宮廷から外に出るとどんな場所で行われたのであろうか。

石清水八幡の宮寺や興福寺の年中行事記録によると、八幡さんでは正月十五日夜、興福寺の金堂では十四日夜に行われている。それはやがて畿内にとどまらず北は鹿島神宮に、南は宇佐八幡の宮寺や阿蘇神社でも行われるようになった。現在その記録を徴しうるのはわずか十六の社寺に過ぎないが、盛時には恐らくさらに多くの社寺で行われたことであろう。しかしそれも多くは天正検地とか明治維新といった一大変動期に廃絶したようで、現在は熱田神宮（正月十一日）や住吉大社（正月四日）に残されているだけのようである。住吉の場合は催馬楽《さいばら》や袋持ちがその名残りを止めているし、熱田の場合には、初音の巻にも描かれている高巾子《こうこじ》が面をつけ振鼓を打ち振る所作も、往時をしのばせるものがある。詩頭、陪従《べいじゅう》、笛役なども揃っていて、万春楽《ばんすいらく》や竹川の曲など、古風が最も色濃く残っていて貴重である。

『倭訓栞』によると踏歌を万歳楽ともいったという。千秋万歳《せんずまいざい》を唱えて皇帝の寿を祝福した唐朝の儀式に発するという。この万歳楽が実は伊勢市の内宮にほど近い五十鈴川沿いの尾崎というムラについ近年まで行われていた。それは正月十一日、氏神の拝殿の中央に一斗桝をふせて置き、大きな鏡餅を入れたユリという農具を担いだ男子が、その周囲をめぐるのである。その男が「米一粒が千石万石」と唱えると、古老が「まんざいらく」とやや甲音で唱える。つづいて一同が「まんざいらく」と声を揃えて唱える。こうして麦粟稗大豆と五穀の名を順次唱えて豊作を祈る、ムラ人だけの神事である。神事の名をムラ人がマダラクと言っていたのは勿論万歳楽の転訛である。サラリーマン農家がふえたせいか、減反政策の影響か、このゆかしい神事も絶えてしまったからには、再び復活する日はないであろう。

新春の神社も都鄙を通じて変容しつづける。

日本の繁栄と神社神道のまつり

『カナダ宗教事情視察団記録』神道国際友好会、昭和六十三年十二月

本日はこうした席に参会することができ、また神道についてお話をする機会を得ましたことを光栄に存じております。私は、現在の日本の繁栄と神社神道の〝まつり〟がどのように関係しているのかを話題といたしますが、与えられた時間内に私の考えを、手短かにお話するために、かなり断定的な表現となるであろうことをお許しねがいます。

日本の国を形成する単位社会は、約十万以上のコミュニティーであります。このコミュニティーには、必ず一つずつの中心的な神社があります。

これらの神社には毎年の決まった日に行われる祭儀が幾つもありますが、〝祭り〟と呼ばれるものは、一年に唯一回だけであります。（農村社会の伝統を伝える〝まつり〟は春か秋に、また都市生活の中に起源をもつ祭りは概ね夏に行われるという相違はありますが。）

祭の当日にはコミュニティーを守護して下さる神に感謝を捧げ、将来の繁栄を祈るための〝まつり〟を、関係者は、祖先以来伝えてきたパターンを間違えないようにと精神を集中し、エネルギーを出し尽くしていとなむのであります。

〝まつり〟の間はこの人々にとって極めて特殊な時間ということができます。それはどういうことかというと、祭を行う間の人々の役割や価値観は、日常の社会生活における役割や価値観と全くちがうということであります。すなわち、祭においては、教養や技術の実力とか政治的な、或は経済的なマネージメントの経歴などという世俗的な価値は通用いたしません。

そこで求められるのは、専ら祭についての知識であり、経験であり、それを実行できる能力だけであります。これらの事にまさった者が重要な役目を果たすのであり、そのほかの者はすべて蔭の支持者になり、あるいは見物人となって雰囲気を盛り上げる役目にまわるのであります。すなわち、神社の内部で行われる儀式の部分では、専門のプリーストがリーダーシップをとりますし、屋外のFestival（祭典）となると、一般の人々の中から、誰からも信頼される経験者が指導者となります。神輿を担いだり、山車を引っ張るような危険と緊張感一杯の行事は若者達の役目であり、彼らを指図するのは、かつてそのことを何年間も経験してきたシニア達であります。さらにこのシニア達の先輩である老人はシキタリについての教育者であり、また何かトラブルが起こった時の相談相手でもある――と、ざっとそういった具合です。

さて以上のことから、私は次のような指摘を試みたいと思います。すなわち、

一、祭は、コミュニティーの普通の日の構造や価値観をすべて解消するところから始まる。

二、祭は、コミュニティーを非日常的な組織に作り変えなければ行うことができない。

三、祭は、コミュニティーの全体を神に捧げることによって完了する。そして、人々はそのこと

に異常な喜びと安心を得るし、明日への勇気を守護神から授けられたことを確信する。

以上であります。これをA・ファン・ヘネップの〝通過儀礼（Rite of Passage）〟の理論を応用して要約しますと、日常からの分離→役割転倒→コミュニティーの再生（Rebirth）という図式となるのでありましょう。

日本の社会は、このように全てのコミュニティーにおいて一年に一度は必ず〝まつり〟を行うことによって、その生命力を新たにすることを繰り返してきたのであります。従って何百年何千年たっても、〝まつり〟によって神の加護を受ける限りは、コミュニティーも国家もいつまでも若々しい力を保つことができると考えるものであります。

ここに日本の繁栄の秘密の一つが——しかも重要な一つが——あると私は考えるものであります。

ありがとうございました。

「神社新報」昭和六十三年十二月五日号（『続　カミ・くに・人』収録）

惰眠を覚まされた一書　―真野時綱著『神家常談』―

読書によって心を動かされるか否かは、その時の読書子の心境如何による所が大きいのであって、例えば、非常に渇いている時には少々変った味の水でも甘露の価があるようなものである。従って、ある人がある時に大きく感動したからといって、それが必ずしも良書とは限らない。また、あれこれと苦しみもだえているような時には、わずか一行の言葉が光明というか、ヒントというか、そこから道がぱっと開けてくるほどの感銘を与えてくれることもあって、必ずしも全巻を読了しないでも満足して巻を措くこともある。それも心を動かされた一冊と言えよう。

そんなわけであるから、いざ一冊を示せと言われても甚だ迷いもし惑いもするのであるが、あえて挙げるとなると、真野時綱（一六四八～一七一七）の『神家常談』（『神道叢説』所収）であろうか。

昭和八年に津島神社（当時国幣小社）に奉職して、雇の勤務を三年余り続け、やっと主典に補せられたが、その当時、俳句仲間の会社員がふと洩らした一言はショックであった。「神主と言っても一寸毛色の変わったサラリーマンだな」。この時、勃然と想い出したのが卒業の時の恩師の「神主にはなるな。勉強しないから」という忠言であった。そのような折しも出遇ったのが、この時綱神主の一書である。

内容については神社本庁の研修ブックレット『神主の信と学』で一応述べているのでここには繰り返すことをしないが、要は、かの恩師のお言葉の通り、当節の神主は全く学問をしないという時綱の慨嘆であり、志を興起せよという激励の辞を熱をこめてつらねた書である。筆者も一旦は本書によって奮起したけれども、志を堅持することは至難であった。しかし、惰眠を覚まして戴いたあの当時を、時折想起しては、炎をかき立て、かき立ててきた、そういう憶い出深い一書である。

「季刊　新論」第三号、新論社、平成四年一月

守らざらめや

年頭、明治天皇御製集を拝誦してさまざまの感慨を催させていただいたが、ことに次の御一首に心がゆり動かされた。

　ちはやふる神のかためしわが國を民とともにも守らざらめや

「国を守る」とはどういうことであるか。外敵の侵掠から国土を防衛するもその一つではあるが、御製はさらに大きな意味合いで、一言で尽すならば、わが国の文化を民とともに守らねばならないとの仰せ言と拝する。

　太古以来連綿と米作りに勤《いそ》しんできたわが国の社会単位はムラであるが、このムラはそのまま一箇の文化共同体であった。道徳も、伝承も、信仰も、全てはこのムラで育まれ、蓄積されてきた。換言すればそれは単なる生産共同体ではなく、道徳共同体、信仰共同体であって、人々は祖孫相承けこの文化共同体に限りない敬愛を注いで守りつづけてきたのである。そして、この共同体はやがてくにへと発展し、遂には葦原の千五百秋《ちいほあき》の瑞穂《みずほ》の国が修理《つく》り固め成された。従って、わが日本国はいわば究極の道徳共同体であり、信仰共同体であり、文化共同体であることは疑う余地がないのである。

村々町々に鎮座される氏神の社が各《おのおの》の共同体の統合の象徴であることは年々の祭礼を一見することによって明々白々である。

一国統合の象徴についてはもはや喋々するまでもあるまいし、守るべき対象も既に明らかである。守らざらめや。守らざらめや。

『神道国際研究会プロシーディングス』神道国際研究会、平成五年十二月

神道の国際性

今年もあと三週間、歳末大変お忙しい中を良くこんなに多数お出でいただきまして、ありがとうございます。特に立命館大学のブリューネ・アンドレ先生、南山宗教文化研究所所長のジェームス・ハイジック先生、また大阪のロシア連邦総領事でいらっしゃいます、ゲオルギー・E・コマロフスキー先生、ようこそお出で下さいました。平井直房先生にもご多用の中ありがとうございました。国際研究会の今日のテーマは司会者が申しましたし、趣旨についてもご案内状に記載させていただきましたので今くどくど申し上げません。しかし、主催者側の実行委員としていったい日本の神道というものをどのように考えているのか、というふうな事を最初に私からお話し申し上げろ、という事を真弓常忠座長さんから申し付けられましたので、私の考えているところを暫く申し上げまして何かのご参考になればと、そのように考えております。

神道と申しましても、私は神社を信仰の場とする神道という事に限定してお話しを致します。ところがこの神道に就いては色々なお考え方がございます。例えば私が今ここに多度神社の社報の最新号を貰ったのでもって参りましたら、ご承知のテレビキャスターをやっております筑紫哲也さん、朝日

ジャーナルの編集長をしていたあの人ですが、彼がこの社報の中で「さて、日本古来の神道は、自然の信仰といわれています。日本の神様といわれるものは非常に数が多いのですが、その大部分は天地自然の神々です。」と、こうおっしゃっています。それに似たようなことは、神社に勤めている神職の方が神社新報にかつて書いております。ちょっと読んでみます。「神道の神観念は、天地一切のものを神そのもの、若しくは神の顕現したものとし、山も川も岩も木も太陽も月も全て神として尊びお祀りする。自然物も動物も人間も全て同じ神から生まれた同胞・兄弟であり、喜怒哀楽、喜びも怒りも悲しみも楽しみもその感情が通じあえる仲間と考えるのである。」と、そして「万物に精霊の実在することを信じている。」非常に広範な、といいますか、何も彼もが神様だというそういう考え方ですね。で、代表的な日本の一人のインテリゲンチャーと神道人一人の意見を申し上げたのでありますが、大体これが今常識的なものになっているんじゃないかなと思います。

東洋大学の助教授をなさっておる——ドイツの方だと思いますが——エロンスト・ロコバンド先生、この方のお書きになったものを『神道文化』という雑誌で読ませて頂いたのですが、そこにも「森羅万象が神であり得る。」というふうな言い方をなさっております。それで、どうしてこういうふうに汎神論的なといいますか、こういう考え方が神道の中に入ってきたのかなと、その過程を研究することも一つのテーマでありますけれども、それはともかくとして、私はどうもこれは実際の日本人の神信仰とは懸け離れて居るのではないか、本当に日本人一般が考えている神社神道の神観念とは違っておるように、実は思う訳であります。

それではお前はどんなふうに考えるのかというようなお尋ねがあろうかと思います。皆さん古事記をお読みになって多分お気付きであろうと思いますけれども、古事記の中に出てくる一つのタームとして「坂」という言葉・観念が非常にたくさん出てまいります。「坂」というのは、これは日本の自然的な地勢にも因ることでもありますし、それからまた、水田を主体とする日本人の生活形態に因ることでもありますけれども、ある集落ができますと、そこから外へ出ようとすれば必ず山を越えなければ出られない。その山を越える通路が「坂道」であります。坂を上って下ると違った世界へ出て行く。従ってこの「坂」或いは「境界」ですね、この境目ですがそれに対する意識というものが非常に強い。もう一つの境界線は「川」であります。「川」も川の淵のような深いところではなくて「川の瀬」でございますね。つまりこれも交通路であります。川を歩いて渡れるようなところ、それが古代の交通路でありますが、ですから例えば神話に出てくる大国主神に対して素盞鳴尊が自分の娘を大国主神にくれてやりまして、そして大国主神に向って、あなたたちに敵対するものは坂の麓に追い詰めて、そこでみんな殲滅しなさい。或いは川の瀬毎にそれをやっつけなさい。そういうふうにいっております。つまりこの境目のところ、これは戦いの場所でもあるわけです。これと同時に「坂」は古事記によりますと、乙女が出てきて何か謎のような詩を述べる、それによってそこを通り掛かった貴い人は、自分の行動をその呪言に因って決定する。そういうひとつの占いの場所でもある。そういう観念が拡大致しますと、この地上の現実世界と神々の世界との境目というところまで拡大されます。そこまで地こは「天八衢《あまのやちまた》」というところであって、つまりそこが現実界と異界との境界であります。そ上から猿田彦神がお迎えにいって、そして天照大御神の子孫をこの地上にお迎えする。その出迎えをする場所は、高天原の中には絶対に踏み込まない。途中の境目まで行くわけです。もう一つ神話世界で言うと、海の神の宮殿は何処に在るかというと、海の境目を越えた彼方にある。つまり現実界とは離れた世界に行く所には必ず「海坂《うなさか》」がある。或いは死後の世界に行く場合には「黄泉比良坂《よもつひらさか》」と言って、ここにもやはり坂がある。こういうふうにきっぱりとした境界線というものを非常に強く意識して、現実世界と他界との区別をはっきりとさせています。

もう少し下った神話で言いますと、神武天皇がまだ磐余彦とおっしゃる時代でありますが、磐余彦が九州の方からこの大和の国に入ってくるときに明石海峡のところで、大和の国のヘッドの先祖である椎根津日子というのが明石海峡まで迎えに行く。ここはひとつの都のテリトリーとそうでないところのテリトリーの境目であります。そして更に南の方へ回ってくると熊野から大和へ入るときに先ず吉野でまた一つ、これが南の境目であります。それから更に東に回って、大和の国の東の入り口である宇陀《うだ》と言うところがありますが、そこが一つの境目になります。そういうふうに西と東と南の三つの境を越えて、初めて神武天皇は大和の国の真ん中に入ることができる。そういう物語でありますね。

これがこの現実の神社の祭りの場合に、それがどんなふうに「境」が意識されるかといいますと、この、境界線と申しましても、いわゆる地図に書いた境界線ではないわけですね。それは社会生活における境目でありますから、当然交通路の入口・出口が境目となるわけであります。従ってその交通路を通ってある村に入る者に対して、自分たちの村の入口の所に何かの標があります。「道祖神」、伊勢地方で言えば山の神、信州でいえば、男女の抱き合ったような道祖神が立っております。九州の方、鹿児島の方へ行きますと、田の神というのがやっぱり立っています。或いはそれがもっと大きくなって、辻堂という如き仏さま、地蔵さんか何かを祀ったお堂になっている場合もある。或いは、時にはそれが神社になっている場合もあります。そういうふうにこの境界が非常に強く意識されておりまして、それは、祭りの時には特にその事がはっきりと強調されます。従ってお祭りの前にその境界線のところへ榊を立てるとか、或いはその境界の標の石を清めるとか、或いはそこに大きな七五三縄《しめなわ》のようなものを張る――それを勧請縄《かんじょうなわ》とか言っていますが――とか、いろんなやり方でこの境界を祭りの前に、特に強調するわけでありますね。という事は、その境界の内なる世界というものが、その集落の人々にとっては非常に大切な、いわば神の世界であり、聖なる世界である、という事を、その場合にははっきりと皆が強調し意識するわけであります。従ってその境界内にいる者は、ある何かのタブーを特に持っておる場合がよくあります。

例えば、これは熊本で私が見た村ですが、そこの村の氏子達は絶対に「麻」を植えない。麻畑を作らない。何故かと聞いたら、昔氏神様が麻畑に出て片目を突かれた、で片目が潰れた。だからこの村の人は皆片方の目が小さいんだ、というわけですね。だからそれ以後氏神様がお嫌いになるから麻畑はうちの村では作らない。或いは出雲の美保神社でありますと、あの氏子は鶏を飼わない、卵を食べないというようなこともあります。たしか祇園さんの氏子は祇園祭が済むまで胡瓜を食べないというふうな、これらは色々ないわれを付けておりますけれども、要するに、自分達は特別な世界の仲間であるという事の強調だろうと思いますね。

従ってそういう祭のときには、祭をするために慎むことが大事であって、それ以外の俗事はやらない。建築もしなければ結婚もしない。いわんや機を織ったり糸を紡いだり或いは田畑に出て耕したり、或いは漁村であれば漁に出たり、これは絶対しない。これは村中が固く守るわけですね。今でも多分やっているところがあると思いますが、これは何も今に始った事ではなくって、源平盛衰記を読みますと、「八幡さんの八月十五日の放生会というお祭りが終ったからもう戦を始めてもいいぞ」と、こう言うので、北条氏に「夜討ちをせよ」という命令が下る。ところが北条氏は「いや、今夜は三島大明神の例祭だから、もう一日延ばさないと戦はできない」とこう言って断るわけです。つまり伊豆の国の、あの伊豆半島の根元にあります三島大社のお祭りの、そのテリトリーに居るものは、そんな生死に関わる戦でも延期するわけであります。

この事はまた違った面では、地名起源説話として出てまいります。自分達の土地の名前は一体どういういわれがあるんだろうか、というふうなそういう事を考えるようになりました。そして、それによって例えば、古事記にありますが、雄略天皇が吉野の阿岐豆野《あきづの》へ狩に出掛けられた。ところがそこへ腰掛けていらっしゃると、そこへ虻が出てきてとまった。そしたら、そこへ蜻蛉が飛んできて虻をたちまち食べてしまった。虫すらも天皇に忠誠を尽すんだというふうな、そういうめでたい歌として古事記に掲げられておりますね。そのためにそこを蜻蛉の名であります〝蜻蛉野《あきづの》〟という名前を付けた。蜻蛉野という地名の地名起源にこういう物語があるんだというふうな自分達の土地との、何というんでしょうか、情緒的な結合というものが地名起源説話というかたちで現れてくるんだろうと思います。こういう例はたくさん風土記にも古事記にも出てまいりますね。

それ程に自分たちが住んでいる世界というものに非常に強い執着を持っている。これを、例えば遊牧民族でありますと、ヨーロッパまでジンギス＝ハーンが攻めていっても、決して――それは略奪はしたでしょうけれども――その土地に住み着いてそこを自分たちの領土にしようとはしないですね。遊牧民ですから。彼等遊牧族は一種の属人主義で、人との繋りの方を大事にする。ところが農耕民族というものは属地的でありまして、「生きかはり死にかはりして打つ田かな」という村上鬼城の俳句がありますが、それこそ先祖代々耕してきた土地でありますから、そこに対する執着心が非常に強い。しかもその仲間意識というものは、これ又特別でありまして、一つの地域に対する執着というものが、これが私は神道における現世主義といわれるものに繋がってくるのだろうと思います。とにかく現世において、自分たちの村において幸せを見付ける。その中に絶対の自分達の命の拠り処というものを持っておる。そういうところが神道の一つの特色であろうと思います。

従って、そこにお祭りする神様はどういう神かといいますと、自分達の社会生活を支配して下さるところの権威。社会生活を支配する権威は、これはもう、その権威の下にありさえすれば安全であり繁栄するのであって、その権威に背いたり、或いはそれからもし離脱したりすれば、それはもはや非常な不幸に陥るものである。という事から、その権威をもって神の働きとする。そしてその象徴としては、何がしかのものを――或いはそれは森であったり、或いは生命力を湛えた一本の大木であったり――それはシンボルでありますから、シンボルというものは常に変わらない。永久に変わらないという感じを与えないと困る。永遠に変わらないという感じを与えるものであれば、それは岩であれ石であれ、或いは大木であれ、或いは山であれ、それは神を祭る対象として、そういうシンボルを求めるのであります。従って我々は木を拝んでるんでもなければ滝を祀っているわけでもない。あくまでも自分達の生活を守ってくださる神を祀っているわけであって、いわゆる自然物そのものに神霊を認めるとか、霊を認めるとかいうものではない。それが日本の神祭りといいますか、神社・神の社というもの本来の姿ではなかろうかというふうに考えるわけであります。

丁度三十分ぐらいの時間が過ぎましたので、私に与えられた時間をこれで終わりますが、大変駆け足で申し上げましたけれども、意のあるところをお汲み取り頂ければ幸いに思います。

「愛知のやしろ」第十九号、愛知の神社を訪ねる会、平成七年八月

統合の象徴としての氏神社

私の住まいに程近い浅香山が開発されて五十鈴が丘団地が出来たのが昭和四十九年であるが、六十年には自治会十周年を記念して氏神社「浅香稲荷社」が創祭された。この稲荷社は古く伊勢参宮名所図会にも見える「つづら石」という名石の前にお岩稲荷として祭られていたけれども、古市花街の衰微と共に忘れられていたのを、新たにつづら石と共に浄地に移して祭ったのである。今日では境内も整備され、新年には新らしい大注連縄もかけられて、町内の人々の心の拠り処となっている。こういうニュータウンは、当初は単なる群居の集落にすぎないが、ほぼ十年もたつと秩序を持った共同体にまで成長する。そうなると統合を保証する何らかの象徴が必要とされるのである。日本では、衆議の一致する所が、伝統的な形態としての神社ということになるのが自然の成りゆきである。

琵琶湖の内湖の一つ「大中の湖」が干拓されて三つの集落ができたのが昭和四十一年。その中で早いのは四十三年に氏神社ができ、あとの二つでは十年目に氏神社が創建された。今春、私はその一つ大中神明宮の拝殿と大鳥居竣功祭に参列したが、神輿の後に四十人の壮年組がかつぐ大太鼓、その後に三世たちのおちごさん行列がつづく賑やかさであった。各地からの寄合世帯も、ここに来て共同体

として定着したことを実感した次第であった。

神話と科学の相剋を超えて

「瑞垣」第百七十五号、神宮司庁、平成八年十一月

本年はわが日本国にとって格別に記念すべき年です。それは、皇祖大御神の永遠のご鎮座地が斎定され、そこにおける天皇祭祀が創始され、天地と共に悠久の宝祚が祝祷されることとなってから、正に二〇〇〇年という大きな節目の年だからであります。

このように申しますと直ちに異論が出るでありましょう。従来発表された学説によると、皇大神宮の創祀は、最も早くても三世紀後半とする説から、五世紀ないし六世紀とする説、あるいはさらに降って文武天皇二年説にいたるまで、さまざまでありまして、全く帰一するところがありません。

これでは始源を特定することは至難のわざと思われます。始源の、この曖昧さは民族のアイデンティティの形成を不可能にするにちがいありません。

ところが、かの勅撰の国史『日本書紀』はご鎮祭の年を垂仁天皇二六年と明記しています。もっとも、神武天皇即位の辛酉の歳を讖緯《しんい》説に依るものとして、本年が皇紀二六五六年であることを否定する史家には、垂仁二六年が二〇〇〇年前であることも承認されるはずはありません。そこが実は問題なのです。

かつて、レヴィ・ストロースがいみじくも指摘したように「科学的思考の出現とともに神話は炸裂して」しまったのです。実証史学が神話的紀年を否定するのは当然でしょう。しかし、われわれの存在根拠たる「始源」を示してくれるのは、外ならぬ神話なのです。皇紀二六五六年を虚妄とするのは、キリスト圏で紀元一九九六年を、イスラム圏で紀元一三七四年を否定するのと同じです。それは自己形成の原点を放棄せよとの苛酷な通告です。筆者も史学を尊重します。しかし、こと「始源《アルカイ》」に関しては神話を尊重したいと思います。

『家の威儀』滋賀県女子神職会、平成九年一月

至高神・霊神・機能神について

滋賀県女子神職会の二十周年、おめでとうございます。今日は別に題ということもないんですが、二十年で、一つの節目ですから、初心にかえってもらって、日本の神社っていうのは、いったい、どんな神社があるんだろうか。どういうふうな神様をまつった神社があるんだろうかというのを、私なりに分類を試みたわけです。そのことから、まず、お話をさせてもらいたいと思います。

分類の仕方はいろいろあります。新人物往来社から、『歴史読本』という雑誌が出ておりますが、先だって、「神社総覧」という神社の特集号が出まして、その巻頭に國學院大學の上田賢治学長さんが、簡単な神社概説のようなものを書いておられます。この中での上田先生の分類の方法というのは、古代、神をおまつりする方法には、三つあったとされています。

第一は、同殿共床。いわゆる天照大神を皇居の中で、天皇様が同じ御殿《みあらか》の中で、おまつりされておった、そういうまつり方です。

第二は、神聖な場所に注連縄を張って一つの聖域と定めて、そこに神様をお迎えしておまつりをする、いわゆる神籬《ひもろぎ》、磐境《いわさか》のおまつりですね。磐境ということばは、先生は、神様の御神座にふさわし

い岩石を対象にしているとおっしゃっていますが、磐境というのは別の文字を充てると、斎境、すなわち、神聖区域を限る、そういう意味だろうと思うのですけれども、少し私と先生と解釈はちがいますが、いずれにしても、野外に然るべき聖域を設けるまつり方です。

第三は、出雲大社のように、最初から住居形式のお宮をつくって、そこに神様をおまつりするというやり方です。

上田博士は、そういった神様をまつる形態が、三通り、古代にはあったという分類をしていらっしゃるわけです。

奉斎主旨による神社の分類（試案）

このように奉斎の形態による分け方もありますけれども、私は、そうでなくて、奉斎の主旨によって分けてみたら、どのようになるだろうか、という試みをしたのが、試案としてお配りしたプリントの前半であります。

奉斎主旨による神社の分類（試案）

（祭神）	（奉斎主旨）	（奉斎主体）
神社―至高神	①皇祖畏敬	皇室
	②族祖敬仰	氏族
	③地域安泰	地域共同体
神社―霊神	④慰霊安鎮	国民
		国民
		地域住民
神社―機能神	⑤国家意識高揚	国民
	⑥精神安定	個人

至高神とは、宗教学でいう用語ですが、唯一神とはちがうのです。Godのように唯一にして絶対の神であるという観念でなくて、いろいろと多くの神様があっても、その中で、ある一柱《ひとはしら》の神様が最も

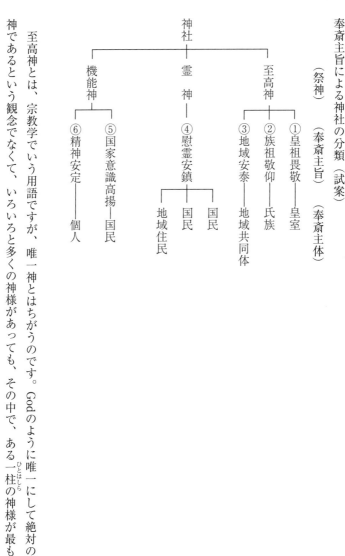

尊い、最高の神様である。至上神でいらっしゃる。"The highest God"とでもいいましょうか。日本は八百万の神という風に、宗教学の分類では多神教といわれますが、多神は多神でも、奉斎現象としてはその中にはいつでも至上神と従属神という秩序があると言えます。たとえば、具体的にあげますと、ここでは祭る主体によって六つに分けてみました。

①天皇が祭られる至高神

伊勢の神宮は天皇が皇祖をおまつりになるお宮です。なぜ、皇祖が至高神であるかというと、日本には八百万の神様がいらっしゃるけれども、『古語拾遺』の中で斎部広成《いんべのひろなり》が申しておるように、天照大神は「惟れ祖《こそ》、惟れ宗《そう》」、最も大切な大元の神様である。大祖《おおおや》の神様である。その他の諸々の神様は臣であり子である、というんですね。沢山、神社があり、神様はいらっしゃるが、天照大神こそが、最高の神様であって、その他の神様は、いわば、従属した神様である。…。なるほど、その証拠にですね、たとえば延喜式をみますと、伊勢の神宮のことをなんて書いてあるかといいますと、ただ単に、「大神の宮」とだけ書いてある。つまり、神の中の大神である、神々の中の最もすぐれた大神であるという、そういう意味なんです。度会の宮とか、月夜見の宮というような地名、ないしは、祭神の固有名詞はいらないんですね。至高神ですから、固有名詞はいらないんです。上につく、「アマテル」とか、「アマテラス」とかいうのは形容詞であります。本居宣長さんは、天を照らす神様だから太陽だ、と言ったけれども、それは、アマテルとかアマテラスの解釈がまちがっておられる。アマテルとか、アマテラスとかいう形容詞をつけた神様やお宮は、その他に沢山あります。そのへんが、ちょっと宣長さんの説には賛同しかねる所です。

ですから、奉斎主体のところを皇室と書きましたけれども、もっと厳密に言うならば、これは、天皇様がおまつりをされるのです。天皇様以外の、例えば皇太子とか、皇后とか、皇太后とか、そういう方が、幣帛を奉ろうとすれば、それは勅許を経なければ奉ることはできない。いわんや国民一般は、ご正宮にお供えをしてお祭りするなんてことはできない。それは現在も同じです。

②一族にとっての至高神

これは、例えば延喜式でいうと、「春日に祭る神」。春日の神は、藤原氏が、自分の氏の祖神《そじん》として、おまつりをしている。祖神《おやがみ》でありまして、祖先ではないわけです。祖先という場合は、血のつながった御先祖様、一家の御先祖様。その血のつながった範囲内が祖先でありまして、祖神といった場合は、もっと神話的な、あるいは、信仰上の祖先、親神《おや》であります。したがって勅使には、藤原氏の五摂家の中から選ばれました。今でも藤原氏の代表が、春日のお祭の時には必ず参列されます。京都の平野神社では、氏の長老が神社に到着しないと勅使が来られてもお祭が始まらなかったという記録があったかと記憶します。

もっと新しいところで言えば、例えば日光の東照宮は、徳川氏が初代の将軍である徳川家康公をおまつりすることによって、徳川幕府の安泰を祈ると共に、諸大名をここにお参りさせて、徳川家への忠誠を表明させる。そういう意味では、これは徳川一門の族祖であります。こういう神々は、源氏の祖神をまつる兵庫県の多田神社など、他にもいろいろあろうかと思います。

③地域の一同でまつる至高神

その次は地域共同体の安泰を祈る、その地域を守って下さる神様を崇めるためにおまつりをする。それが全国十万の神社のほとんどであります。皆さん方が奉仕なさっている氏神さんが、これであります。これは村氏神、ところによって郷の氏神ですね。「郷」という考え方はだいたい中世にできまして、いったい郷が先か、村が先かというのは、議論の分かれるところでありますが、大和の国に行くと、郷のお宮さんは、ほとんどが明神さん。三輪明神とかね。あそこらの大きなお宮は明神さん。そして大字《おおあざ》にあるお宮さんは氏神さんとよんでいます。

はじめは広い区域の氏神さん、鎮守の神さんだったのが、時がたつ間にその中に含まれている集落が、それぞれ大きくなっていくと、独立性をもって、一つの村をつくる。そうすると、村の氏神さんをそれぞれがまつるわけです。隣近所とは同じ神様はまつりたくない。ちがった御祭神をおまつりした。隣り同志のお宮さんは、たいてい御祭神の名前が違っていると思います。もしも、隣り近所がみんな同じ八幡さんをまつっている所があったら、それは面白い研究の対象です。

なぜ、氏神が至高神であるかといいますとですね、それは、村の中にはいろんな神さんがまつってありますね。火難除けの愛宕さんとか、あるいは天神さんとか、お稲荷さんをまつったり、いろんな目的で、いろんな神様を村に勧請してまつっている。たいてい、昔の社格で言うと無格社でした。そして、主になる氏神さんは、なんていうかと言うと、ただ、「宮さん」と言うんです。「お宮さん」。固有名詞を言わないんです。伊勢の神宮さんの場合、「大神宮さん」と言うのと同様です。

農村の神社に調査に行って、明細帳にある正式の名前を言ってもだめなんです。「この村の宮さん、どこ?」と言うと、「ああ、宮さんか。あそこだ」と教えてくれる。宮さん、お宮さんというのは普通名詞です。普通名詞で言って通じるということは、それは唯一、一つしかないからです。その村にとっては、それが至高神です。ですから、その神さんは、言わば万能の神様です。オールマイティー。商売繁盛も安産も交通安全も家内安全も、なんでもかなえてくださるんです。なんでも引き受けて下さるのが氏神さんなんです。だから、氏神さんに参って特別のことはあまり言わない。それと同時に、普段はあまりお参りしない。お参りしないけれども、氏神さんは自分達の身の廻りに何時でもいらっしゃる。だから、わざわざお宮まで足を運ぶことはない。自分達はいつも氏神さんといっしょに働いておる。暮らしておる。そういう「信念」がありますから、敢えて、参ろうとしない。ですから、無理やり参らそうと思ってもね、なかなか参らないんです。せめて、朔日《ついたち》ぐらい参ってほしいなと思うでしょう、宮司さんなら(笑)。思うでしょうが、なかなか来てくれないんだよね。それは、氏神さんに守られて、毎日を暮らしておるという固い信仰があるからです。

クライナー・ヨーゼフというドイツの学者が、住谷一彦先生と一緒に沖縄に調査に行きました。沖縄には、去来神と言いまして、海の彼方から神さんをお迎えして、みんなで祭るんですね。ノロという女性の神主が。そして、祭りが終わると、又、神さんは海の彼方へ帰っていかれる。その祭を見学に行ったわけです。

で、その祭を見たあとで、クライナー博士が、「神様が帰られて、皆さん、ほっとしとるでしょ」と、言ったんですね。みんなで直会《なおらい》しながら、ノロのおばあさんに。そうしたところが、おばあさんがいわく、「神さん、ちゃんと此処にいるんだよ。神さん、ここにいるから、私らもここで、こうしてご馳走食べて、ね、賑やかにわいわいやっているんですよ。何が、神さんが行ってしまうもんですか」と、こう言ったんです。

つまり、行ったり来たりする神さんは、村の神とは別にいるんですね。ムラの神さんはずっとそばにおるんです。沖縄の神さんをとり上げる時に、「去来神」の信仰だけに着目して、民俗学者が、柳田さんにしても、折口さんにしても論じられていますが、そうではないんです。「常在神」がちゃんといらっしゃる。去来しない常在神が沖縄にもちゃんとあるんだということを、この二人の学者の共著『南西諸島の神観念』という本で、初めて明らかにしたのです。内地でも沖縄でも、村の中には、いつも神様がいらっしゃって、ちゃんと守っていて下さるんだということで、皆が安心感を持っているんです。ですから、特殊な言葉では呼ばないんですね。そういうのが地域の至高神で日本中のほとんどのお宮であるんですね。

だから初詣なんてのも、ごく最近の話だというんですね。『近世庶民生活資料集成』という資料集が出ておりますが、そこに、江戸時代の初詣、正月の元旦にお宮に参った記録があるだろうかと思って、一所懸命調べたんですが、なかなかない。代官所とか庄屋さんとかへ、年始のご挨拶には出歩くんですね。しかし、お宮さんには行かない。三が日が過ぎて、四日か五日に行くのです。

「若連中」とか「若者《わかもん》」というグループがありますが、「若者」と「青年団」は違います。「若者」

というのは、それは、かしら（頭）が決めれば、それでいいんです。だいたい決まるんです。で、「青年団」は会議にかけて、多数決にならんと事は決まらない。自治会もそうです。自治会は総会にかけないといけない。総会にかけなくても、代議員会にかけなくてはいけない。しかし、氏子総代というのはそうでない。氏子総代に、全部、決定権はかかってるんです。「氏子中」という言葉は現在の住民だけを意味しない。「伝統を背負った住民」なのです。

それをもっと大きくすると、「市民意志」というものです。あるいは、アメリカのロバート・ベラー教授的な言い方をすれば、“Civil Religion”「市民宗教」。「公民宗教」とも言います。もっと言うならば「国民宗教」。アメリカには、個々の個人的な宗教が、ユダヤ教もキリスト教もイスラム教もいろいろあり、さらに、カトリックならカトリックでも、プロテスタントならプロテスタントでも、いろいろな宗派があります。そういういろんな宗派に分かれた宗教があり、それは、個人個人が所属して信仰する宗教ですが、そういうものをすべて超えた神というものがあるということを、ベラー博士は明らかにしました。それは、大統領が就任式の時に、あるいは、何か重大な演説の時に、「神の下《もと》で Under God」という言葉で表わす、あのカミです。それは一切の個人的な宗教を超えた神、いわゆる国民的な神です。その国民的なカミの加護の下《もと》に我々は勤《いそ》しもうではないか。そういうのが歴代の大統領の演説なんです。

だから、日本にも、それが当然あっていいはずなんです。しかし敗戦の結果、国としてはなくなりました。村にはある。在所にはある。みんなで行う祭がある。それは氏神さんとしてある。ある宗教の人はなかなか参加してくれないかも知れませんが、あとは「氏子中」としてですね、真宗門徒であろうと、禅宗の旦家であろうと、日蓮信者であろうと、とにかく「氏子中」としてみんな参加します。それは、個人的な宗教を超えた、氏子中としての氏神信仰ですね。そういうのが地域共同体の「至高神」です。

“Civil Religion”というルソーの言葉を借用した、ロバート・ベラーという学者は、國學院大學に来て、神道も研究したひとですが、「アメリカにおける市民宗教」“Civil Religion in America”という本を書きまして、これが、大変な反響を呼びました。その中で、彼は、アメリカにおける「市民宗教(Civil Religion)」というのは、言い換えれば、アメリカにおける「Shinto《シントウ》」だと言ってるんです。「シントウ」というのは、日本の「神道」という言葉を使っておるわけです。そういうのが、至高神信仰です。

④霊神—慰霊安鎮の神

次にあげたのが、霊神であります。それは慰霊安鎮の対象となる神であります。例えば北野天満宮さんです。これは、たたりがあるというんで、怨霊神として、藤原氏が大変怖れたんですね。藤原時平が罪もないのに菅原道真公を右大臣から九州の地方官に左遷したわけですから。だから、何か疫病がはやったり、天災異変があるたびにおびえたわけです。今は学問の神様ですが、もともとは怨霊の慰霊安鎮であります。

藤原氏がそのうちに政治的実力を失って、武家が実力を持つようになりますと、貴族たちは文学にもっぱら逃げこんでいった。文学の道では実力を発揮する。そうすると天満宮さんは文学の神様になる。随分、勝手なもんだなあと思いますが。今でも、農村でまつれば、天神さまも五穀豊穣の神様ですしね。商売人がまつれば、商売人の神様です。そういう点がありますですね。同じ藤原氏でも、平安末期になってくると、文学にいそしむくらいしかエネルギーのやり場がないわけです。政治はみんな武士にとらわれたわけですから。そうなると、もっぱら天満宮さんは学問の神様です。

あるいは、京都に白峯神宮があります。まつられているのは、七十五代の崇徳上皇です。崇徳天皇という方は、上皇になられてから、保元の乱があって、その時に讃岐の国にお遷されになった。そして、そこで最後をおとげになって、そこの白峯におまつりされた。それを孝明天皇の時代に、その神霊を是非、お迎えして、お慰めしてあげなければいけないと考えられ、明治元年になって、京都に白峯宮をご創建になった。続いて、奈良時代の淡路廃帝とよばれたお方も、第三十七代淳仁天皇として、お迎えしてまつった。淳仁天皇は一旦は即位されたがやがてうとまれて、淡路島に流され、そこでお亡くなりになられた。淡路島の南淡町賀集に御陵がございまして私もおまいりしました。その御陵のそばにおまつりしてあったお宮の神霊は、中世に村の氏神さんの八坂神社に合祀されて、そして、その八坂神社は八幡宮に合祀されて転々としたのですが、明治の御代になって、白峯宮にお迎えして合祀された。ですから、そういう不運な目にお会いになった天皇様の御霊《みたま》が、白峯宮にはおまつりされているんですね。従いまして、これは国民としておまつりをする。

靖國神社もそうであります。靖國神社もその始めは英霊顕彰というよりも、もともとの始まりは慰霊安鎮であります。明治の戊辰の役以来、国のために身をなげうって働き亡くなられた御霊《みたま》を京都でおまつりしたのが発端であります。その後、西南の役以来、度々の戦争が続く中で、次々に合祀されていくのですが、そういうのは全部、やはり国民としておまつり申すべき英霊であり、神様であります。

それと同時に、もう一つは、地域の住民だけがおまつりする霊神があります。いわゆる義民をおまつりするんですね。例えば、庄屋さんとかが、大変年貢が厳しかったり、取り立てがきつかったりということがありますと、藩主などに直訴をします。すると、無礼千万ということで打ち首になって、時には妻子まで処刑される。そうすると、村の人は、村に亡きがらを持って帰って、小さな墓をつくり、おまつりをする。そういうなかで有名なのが佐倉宗吾ですね。また青木昆陽のように、さつまいもの栽培を普及して、飢饉から民衆を救った人もある。そのお宮には昭和天皇もおまいりなさった。いずれにしても、そういった民衆の恩人をまつった社がいろんなところにあります。先頭に立って、村民を守るために命をすてた。そういったいわゆる義民のための慰霊安鎮のお宮が全国各地にございます。神社新報社から『郷土を救った人々』という本が出ております。

⑤国家意識高揚の機能神

次に参ります。「機能神」という言い方は、これは至高神のおはたらきの一端、すなわち、何らかのはたらきを分担する神様なんですね。例えば、その第一にあげたのが、「国家意識の高揚」と奉斎主旨に書いたのですが、これは例えば橿原神宮です。初代の天皇様をおまつりしてある。それによって、日本の国のはじまりを偲び、国家のありがたさ、我々の国は二千六百五十六年も続いているんだという、その長い歴史の恩恵というものを、きちんと受取らせていただけるんですね。それは明治神宮もそうです。あるいは、臣下で言えば湊川神社も、護王神社も、建勲神社もそうです。それらはみな、国家のために忠誠を尽くされた、その忠誠そのものを仰ぐことが、我々にとっては非常に大事なわけです。

滋賀県にも、そういう神社は沢山あります。近江神宮もそうですね。大化の改新を断行して新しい国家体制をととのえ、近江令をつくるなど、画期的な仕事をして下さった天智天皇様を、国民の神様としてまつるんですね。それによって、日本の国に生まれたありがたさをあらためて認識し、そして、祖先たちの恩頼《みたまのふゆ》に感謝を申し上げる。今は国民としての心がけというか、国民としての使命感が最も失なわれているんです。ですから、その意味では、これらの神社は、国民としての使命感を高揚して下さる神様として大いにご神徳を高揚してもらいたいものです。

⑥精神安定の機能神

もう一つのはたらきは、病気をなおす神とかです。目の病いをなおして下さいとか、安産させて下さいとか、あるいは希望する大学に合格させて下さいとか、いわゆる個人的な祈願をする。それによって、そのことに恩頼を下さる類の機能神になります。天神様にお参りしたからと言って皆が皆、大学に合格するわけがない、勉強もしないで。だけども、とりあえず精神安定するんです。お参りしたんだ、大丈夫だ、何もびくびくせんぞ、切り抜けよう、となる。病気平癒の祈願にしてもそうです。医者にもかからずにご祈祷をしてもらっても、全ての病気が快くなるわけはありません。まあ、病は気からですから、気持が安定すれば、治る病気もあるでしょう。精神安定剤をいただくんです。それが、「おかげ」なんです。「神のみこともち」として安心して働けるのです。

よく若い人が授与所に来て、「交通安全のお守りあるか」と聞くんです。それで、クルマが少なかった時代には、交通安全のお守りってなかったものですから、普通のお守を渡したんです。「これ、効くか?」って、こう言うんです。「薬じゃないんだから、効かないよ」って言いました。持っているだけで効くのは呪符《じゅふ》なんです。まじないなんです。効くとか、効かないとかいうのは。交通安全のお守りは、「神様の目」なんです。神様がいつも、フロントガラスから見ていらっしゃるから、迂闊な運転はできないぞ、ということになる。そう言ったら、「ふうん。そんならもらおうか」というわけですね。

この種の機能神には、いろんな神様がいらっしゃる。ですからね、同じ稲荷さんでも、氏神さんでいらっしゃる時は、③番目の至高神になられるし、氏神さんの下に、小宮《こみや》として稲荷さんがまつってあるときには、商売繁昌の機能神になられる。ですから、それは御祭神によって決まるわけではないんです。奉斎の体系上のことなんです。だから、「神明社」というのが、お多賀さんの境内社にあるんですが、お多賀さんでは、多賀の大神様が至高神で、それが地域安泰の守りの神様、氏神様なんです。そして、神明さんは、お末社なんです。天照大神をまつっていましても、その置かれている位によって違うんです。誰が、いかなる主旨で、どのようにおまつりするか、ということで違ってくるんです。御祭神のお名前によって決まるのではない、ということなんですね。

神社の性格の変容

ですから、例えば、楠公《なんこう》さんはどっち か言うと、⑤番目にあたる。⑤番目にあたっているけれども、しかし、湊川神社には最初の御鎮座の時から、氏子区域が与えられた。別格官幣社に氏子区域がそなわったというのは、珍らしい例です。菊池神社もそうです。同じ別格官幣社でも、湊川神社や菊池神社は、同時に③番目の地域の氏神さんにもなります。

そうかと思うと、②番目にあたる日光東照宮のごときは、日光市とお隣の宇都宮市はいかにも氏子のようにして、総代を出している。もともと、東照宮には徳川家の外には氏子なんかないんですよ。もともと、あそこは二荒山神社の氏子区域ですね。だから、氏子とは言わないで、産子《うぶこ》って言うんです。

産子というのは、氏子とはちょっと違うんです。産子というのは、自分の産まれた所の神さんです。ですから、どこからかお嫁入りしてこられたとすると、嫁ぎ先には氏神さんがいらっしゃる。しかし、自分の実家の方の氏神さんは、これは産土《うぶすな》さんなんです。ですから、産土さんというのは、個人につく。氏神さんというのは、地域につく。しかし、たまたま、移動しない人にとっては、氏神さんも産土さんもいっしょです。

このように一応は分類しましたが、それは決してそれだけにとどまるのではなくて、例えば皇祖をまつる大神宮さんにしても、国民一般が崇敬して、国民の総氏神と言うようになった。いつ頃から、そうなったか。これは、だいたい室町時代ですね。室町時代になって、国民の総氏神となった。お伊勢講ができて、民衆一般がおまいりをするようになった。ですから、最初の発端は、ご鎮祭の当初は、ここにあげましたように、六つに分かれていましたけれども、それが、時代がたつにしたがって、だんだん変容をしてくる。その性格を変えてくるんですね。二つ、あるいは三つの性格を兼ねそなえるようにもなるんですね。そして個人祈願もされてくるんですね。いろんなものが入り混ってくる。全国の大多数の神社は、③番目の氏神さんでありますけれども、しかし、かなりの数の神社がですね、教えておりませんけれども、入り組んできています。靖國神社へ行って、学業を祈願して、合格のお守りをもらってくるんですからね。例えば、広島護国神社に行ったら、赤ちゃんのお宮参りをしている。広島中の氏神さんになっている。都市には、そういう包括するようなお宮さんがありますね。東京で言えば、明治神宮のような。そんなわけで、いろんなものが入り組んできます。このことは、その神社のおかれている社会の変動と関係があるので、別途に、それぞれについて研究を要する大きな課題であります。

「神職の使命」

神職		（任務）	（目的）
	（主）	聖域奉護	清浄保持
	（主）	祭祀斎行	神威宣揚・神人和楽
	（副）	啓発活動	神意自覚
	（副）	祈願中執持	精神安定

時間が来たので、プリントの後半にまで及びませんでしたが、神職の使命をかいつまんであげてみますと、まず、清浄を保持する。これは第一の任務です。境内の落葉を掃きためて、ごみの山をつくっているようなのは、あれは掃いたんじゃない。ただ、集めただけなんです。落葉を移動させただけです。そういうことでは困ります。

それから、次は神威宣揚ですが、これは祭祀です。本殿広前の祭儀のなかに、もう一つなんていうか、アウトドアの、いわゆる山車《だし》が出たりするところは、神人和楽が目的であります。

それから、次はいわゆる教化活動であります。私は、教化活動というより、啓発ではないかと考えています。日本中のみんなが、無意識の中に、あるいは無自覚の中に持っているものを、引っぱり出してあげる。それを表面に引っぱり出して、自覚をさせてあげる、そして、それによって、自分の使命感を、自分の生きがいというものを、各自が見つけるようにしてあげる。いわゆる、「神のみこともち」としてですね。このみこともちとしての自覚をよび覚ましてあげるというのが、教化活動であり、啓発であります。その点が、他の宗教とは違うんです。他の宗教は、お説教によって教えるんです。宣布するんです。

それから、次はさっきの機能的なはたらきに対しての、いろいろな祈願について、中執持を勤めさせていただくということですね。そういうものが、神職の役割としては、あると考えられます。

それでは、後の講師がひかえていらっしゃるので、このへんで終わります。

『神道文化　五十周年記念』神道文化会、平成九年五月

神社存立の基盤　―神道文化会五十周年に寄せて―

神道はいうまでもなく日本で生まれ日本でのみ展開してきた民族宗教とされ、その特殊性はさまざまな視点から研究され、主張されて今日に及んでいる。

ところが、一九六〇年代以降日本が飛躍的な経済成長を遂げ、国際的な交流が盛んになるにつれて、これまでいわば戦犯扱いにされていたわが神道をいま一度見直そうという気運が生まれてきたのか、国際的な場において神道を再検討しようということになった。

かく言う筆者も一九六五年にはクレアモント大学で開催された第一回国際神道会議に神宮司庁から派遣されて戦後の神宮について語らされたし、最近も京都や東京などで催されたこの種のシンポジウムに顔を出す羽目になったりしている。しかし、そのような機会にあれこれの論議を聴いていて何時も自問させられたのは、これで果して神道の国際性を論じていることになるのだろうか、といった疑問であった。神道的現象の中のある要素を抽き出したり、神道儀礼や神道思想の断片をとり上げて、その普遍性を云々することはさほど困難なことではないが、それは果たして神道それ自体の国際性と言えるかどうか。

一九六九年の夏、ハーバード大学のP・C・スレーター教授が神宮に来られて、たまたま筆者が応待したところ、神宮とはどんなお宮かという質問であった。そこで筆者は六五年に訪米した折、アメリカという社会的・文化的に極めて複雑な国家が、どうして世界一になるほどに強固な統合体となったのだろう、という素朴な疑問の一端が、斯く斯くの事象を垣間見ることによっていささか解ったように思えた、と語り、日本における伊勢神宮もそれに似た存在だと説明したところ、言下に彼は「よく解った。実は自分の恩師にシヴィル・レリジョン・イン・アメリカ（以下C・Rと略す）という論文があるから進呈しよう。」といってくれた。それがロバート・N・ベラー教授の、後日、「市民宗教」と訳された論文だったことは言うまでもない。周知のように、アメリカを統合する見えざるカミの存在を彼は指摘し、このカミの加護の下に、このカミの欲する所を実践するのがアメリカ人としての生き方であり、それはアメリカン・神道とも言える、とするのである。

本年三月下旬のハーバード大学世界宗教研究所主催の「神道とエコロジー」シンポジウムにおいて筆者は、「神道は、基本的には、一定の地域に定住する集団を統合する聖なる存在に対し、これを畏敬し且つそれに対し儀礼を行うところの日本の伝統的宗教」という一応の限定を与えた上で話を進めたのであったが、ベラー教授の認めたC・RのカミもまさにUSAという大国を統合するカミである点において、神道の至高神信仰に通底する所があるとおもわれる。

この度の短い滞在中に筆者はハーバード大学のキャンパスの中心ともいうべきヤードを見学して面白いことに気がついた。それは第一次大戦で戦死した卒業生と、第二次大戦で殉国した学徒兵の鎮魂のために供されているメモリアル・チャーチが高い尖塔をそびえさせてヤードを見下ろしていることであった。しかもその背後にはメモリアル・ホールがあり、これは南北戦争に北軍として戦死した卒業生の鎮魂施設である。そしてこのチャーチの真正面には、同大学がもつ九十九の図書館の中でも最大の、いわば中央図書館に当る巨大な建物があり、その中間の広場では、かつて創立三百年記念の大式典が行われ、毎年の全学の卒業式（正確には出発式か）も晴雨に拘わらずこのシアターで行われるという。ユニバーサリズムの象徴とも言うべき図書館と向かい合って、アメリカン・ナショナリズムを象徴する宗教施設（いわば護国神社か）があり、この二つをつなぐシアターが定期的な祭りの場であるとすれば、これまたアメリカン神道の一聖域といって差支えないであろう。

神道のもつ国際性とは、海外に日本流の神社を持ち出すことでもなく、また、神道の教説をあえて個人道徳として説教することでもあるまい。神道が持つかかる集団統合の機能こそ、その普遍的性格といえるのではあるまいか。三十数年前の印象と重ね合わせて、そういう感を深くしたことであった。

全国の神社数が現在何万あるのか、その実数はどこでも把握されていないが、かつては国の単位社会（ムラ）の数だけはほぼ存在したと推定される。その大多数は行政機関が創建したものでもなく、ましてや神主が造ったものでもない。ムラ自体のやむに止まれぬ要求によって鎮祭されたものに相違ない。ところが、いろいろと文献をあさってみても、この基盤であるムラなり氏子中といった集団と神社との関係についての論及は極めて貧困といわざるを得ない。筆者が前に掲げた神道の説明はいわば中核部分であって、これに随伴して生ずるさまざまの神道文化現象の存在を決して否定するものでないばかりか、われわれの日常生活はそのような文化現象の上にこそ成立しているといってよい。そういう広い意味から見ても、今日の社会の現状を直視するとき、神道が果たしてその伝統的な、エレメンタルな性格を持続することは果たして可能なのであろうか。

神社が何かの営利事業のオーナーに過ぎないものとなったり、単なる俗信仰を売り物にして事足れりとするような事態となったら、もはや神道とは言い難い。しかし現状はその危険性が少なくない。その意味に於いて、神社存立の基盤に関する現状分析とそのあるべき姿について、この際さらなる関心を寄せられんことを期待して止まないものである。

失われたカミの発見を

『平成九年　椿大神社御鎮座二千年の奉祝大祭』椿大神社、平成十年四月

櫻井です。今、諸先生のお話を聞いていて、自分が予め出したレジュメを見て、やはり八十八歳にもなると、どうも愚痴っぽい意見ばかり出しているなと、今、改めて読んでみて、そんな恥ずかしい気持がしております。

最近、一番我々にショッキングな事件としては、神戸の十四歳の少年が小学生を次々に傷めつけたという大変残酷な行いをやった。あれには我々としても考え直さなければならない問題が多々あると思い、実は神戸市の同じ須磨区の白川台という団地に私の知人がおりますので、手紙を出して、どういう団地であるかを聞きました。

すると、自分がいる白川台というのは藤原定家卿の古歌にも出てくるくらいの古い白川村という村があって、そこには神社が三つもある。そして、今、三百戸の氏子が大変熱心に神社を維持している。その近所に白川台という団地ができた。古い村民と、新しい団地の人が一緒になって、昔からの氏神様にお参りをしている。特に夏の夏越しの祭りなどは、本当に新旧とけ合ってお参りしている。村のおばあさんが集まってきた団地の子供たちに、神様にお供えしたお菓子を分けてやる。やりながら

「神様はいつも見てらっしゃるんだよ」と言う。こんなふうですから、私の団地では今もコミュニティの神様がちゃんと生きています。コミュニティが心の教育をちゃんとやっています。

ところが、自分の団地から三キロ離れた友が丘団地には神様がいらっしゃらない。神社がない。古い村もない全く新しいいわば群居であります。一軒一軒、家がたくさん集まっているというだけで、繋りがない。今度の事件があったときに、初めて、みんなで一つ夜回りをしようとか、子供たちの送り迎えをしようなどと、いまだんだん結び付きが芽生えつつある。こういう手紙をよこしてくれました。

そこで、私は「失われたカミの発見を」という題を出したわけです。どうも、今、そういう日本の神様が見失われているのではないか。毎日の新聞やニュースを見ても、外国の皆さんには本当に、私は日本人として、実に恥ずかしい思いがして、ここでこんな話を申し上げるのも恥ずかしいのですが、そのくらい政、官、財、あるいは教育界、大学の教授が収賄したとか、警察官が盗みをしたとか、とんでもないことがニュースに出ております。

一体これはどういうことなのか。こんなことは私は、八十年の生涯で、今までこんなに日本が道徳的に堕落した時代はなかったのではないかと思っております。考えてみますと、大正十二年に関東大震災がありました。あの時代には、私もかぶれておりましたけれども、社会主義、あるいは、無政府主義といったものがはやっておりまして、中学生の私どもも、どうもそちらの方に大変興味をひかれた憶えがございますが、その時に、天皇陛下が国民精神をもう一度立て直せというお言葉を出された。

国民精神作興の詔書と言っておりましたが、そういうことがあった。あれは今の状態とは違うのです。今は全く寄るべきものはない。みんながそれぞれ目の前の卑近な価値を追求し、高邁なる理想を忘れている。究極の目標というものを持っている姿がどうも目に見えてこない。だから、大臣が何日間かですぐに辞表を出すというような醜態まで演じるわけであります。また、総理大臣がペコペコとお詫びばかりしているというような醜状であります。

上がそうですから、子供たちへあわてて心の教育と言われても、小学校や中学校の先生たちは何を教育すればいいのか戸惑っている。中央教育審議会が文部大臣の諮問を受けておりますから、どんな答をお出しになるかわかりませんけれども、一体、心とは何だということで。

この間、実は幼稚園の父兄会があり、私に心の教育について話をしろという。心って一体何を言うのか。

これは日本語の辞典を引いてもなかなか出てこないので、むしろ和英辞典を引いた方が早いだろうと思い引いたところ、マインド（mind）、ハート（heart）、ウィル（will）等、いろいろ出てくる。なるほど、マインド、ハート、ウィルは腹かなと、一応仕分けてみたのですが、ではもう一つ、それを動かすものがある。それがスピリチュアリティ（spirituality）かな。そんなふうに理解し、では霊性というように今は訳されておりますが、霊性を養うにはどうすればいいかという方法論はみんなで考えてみようじゃないかということで、話をはじめたのです。

七～八世紀にかけて編纂されました『古事記』の序文に「稽古照今」という言葉を書いています。

稽古というのはレッスンのことですが、それをお稽古と今でも使っています。いにしえを考えるです。古人の踏んだ道、古人の行ったところに鑑みて、それを考えて、よく調べて、そして今を照らしていく。今、我々がいかに生きればよいか。いかなる道を歩めばよいかということを古人に教わる。そういう意味で『古事記』の序文は書いております。それが今、忘れられているのではないか。日本人は、そう堕落した格好で今日までの歴史が続いてきたはずはないので、これまで日本の国が生命を保ってきたのは、何かそこに一つの道があったに違いない。それを見つけることが大事である。それをいまも昔の歴史を一々調べる、これも大事なことですけれども、もう一つは手近かに自分たちに教えてくれる社会がまだ残っております。

薗田稔先生がレジュメに書いてらっしゃるような、こういう祭りの行われているようなところを見てもいいし、あるいは、私は若い時に、椿の山本宮司さんのお父さんの時代にこちらへ来て、椿大神社の古文書を見せてもらったことがございますが、見ますと、神様のシンボルとしての獅子頭をもって、椿大神様の当時（江戸時代）のテリトリーをぐるっと獅子舞が回られるわけです。これによって、自分たちは椿大神様にいつも見守られているんだという自覚を持つわけです。これはお隣の伊賀の国にも敢国神社という一の宮がありまして、そこの敢国さんの獅子舞も国中を回る。もう少し南の方に下がったところに伊奈冨神社がありますが、そこでも自分の神様のテリトリーをお回りになる。それによって、みんなが確認するわけです。「あっ、自分たちの神様はこうして、いつも自分たちを守っていて下さるんだな」ということを。先程松岡正剛先生がおっしゃったように、神様は目に見えないのですから、かすかなるご存在ですから、何かそういうシンボルが目の前に現われることによって初めて気付かせてもらうわけです。神様がいらっしゃるんだということを。それこそ、神様が見ていらっしゃるんだという自覚ができてくる。ですから、どこの神社でも、何らかの方法によって、神様がいつもお前たちを守っていて下さるんだよということを知らせる、確認させる儀式があるわけです。これが一つの祭りです。祭礼です。祭礼はそれだと思います。

理屈を付ければ感謝の祭りだとか、祈願の祭りと言いますけれども、これは大変倫理的な説明を加えた場合にそういうことになるのであって、事実は今、申し上げたような意味であると理解しております。ですから、本当に目に見えない方を祭るのですから、例えば、大神神社というのが奈良県にございます。これはよく山の信仰、山岳信仰の一番古い形だ、あの山は神様のお体である神体山である。だから、あの山を拝むんだというようによく誤解されておりますけれども、あそこを神体だと言ったのは、山崎闇斎あたりがどうも文献的には初めで、そんなことではなく、神様は普段は里にいらっしゃるのです。あの麓に若宮、お寺の境内にもと大御輪寺というお寺があり、そこの境内に一緒になっていましたけれども、今は若宮というお宮さんがございます。若宮というのは、神様が里に出ていらっしゃる時のお住まいなのです。一年中そこで里人の中にいらして、それが年に一回は山の上の拝殿の奥にお入りになって、そこでお祭りをお受けになる。

ですから、今でも御幣をシンボルにして若宮さんをお迎えして、そこで初めて祭りが始まる。決して山を拝んでいるのではないです。よく、日本の神道は自然崇拝だと言われます。けれども、そこら中の山や木や川や滝を一々拝んでいたら生活はできません。ですから、そういうような意味での自然崇拝ではないのです。

自然とともに生きているから神話に出てくるように、それを何々の神と申し上げて、その霊性を、非常に我々は畏敬する。けれども、それを一々祀るわけではないのです。あるいは、毎日毎日拝んでいるわけでもない。そうではなくて、神様はどこにいらっしゃるかと言えば、人間の中にいらっしゃる。人間と人間の間にいらっしゃる。間柄の中にいらっしゃる。

十四歳の少年の話に戻りますと、おばあちゃんが亡くなって、彼は急に態度が変わってきた。おばあちゃん子だった。おばあちゃんとの間に、あの坊やは緊密な人間関係ができていた。心の通いができていた。そして、自分の存在の根拠をおばあちゃんの中に見ていた。ところがそれがなくなった途端に犯行に走る。あとはお父さんはこれは彼のこづかい銭の供給者、お母さんは食事の供給者に過ぎない。いわば家政婦のようなものです。そうなると、本当に心の繋りというものがおそらくなくなったのではないか。心の繋りがないところに神様はいらっしゃらないから、あの家に神様がいらっしゃらなかった。それが不幸をもたらしたのではないか。しかし、神様がなければ困るものだから、バモイドウキ神なんていうアニメ的な神様の名前を自分で考え出したのか、誰かに教わったりして、それにお仕えするという。どこかにお仕えしなければ自分の存在意義がないわけですから、あの少年はそういう架空の神様に、ありもしない神様に実は頼ったわけです。そして、自分が生きていることの証明をしようとした。

しかし、本当はそうではない。最初に申し上げましたように、家と家とのつながりの中に集落というものができ、その集落の中に神様があるわけです。そして、それを年に一度、森に集まる。森というのは禁足地でありますから、普段出入りしてはならないところ、『万葉集』なんかを見ますと、モルという字は禁止するという禁の字を書くのです。年に一度はそこに、神様がいらっしゃるからみんなが集まって、神様と一緒に共飲、共食をして、共々にお酒を飲み、新米を食べ、村の神様の精気をいただく、神様の御霊をいただく。それによって、また村がリフレッシュされて、次の年へと営みを続けていく。

人間はいつも、そういうリフレッシュを繰り返していないと衰えてしまいます。それが衰えてしまうと、禍津日神といいますか、今の政治家のような禍津日神にばかり侵されているという格好になります。ですから、そういう禍神に侵されないためには、常にそういう家の神、あるいは村の神、町の神という神々に、あるいは大きくは国の神。そういう神々によって常に見守られている。これは山本宮司がおっしゃるように、そのご意思に沿うような生活をしていく。そこに人間が一つの大きな価値に向かって進んでいくく根源があるのだと思います。

○

間柄のことをいろいろおっしゃっていただいたのですが、和辻哲郎先生の間柄というのは人間なのですけれども、私が申し上げたのは神は間柄の間に人間と人間との間に現れる。そういうことを言いたかったのです。人間関係のないところには神様は不在である。認めることができない。いらっしゃるのでしょうけれども、我々はそれを感じることはできない。人と人との関係、繋りがあるところに初めて神様が我々に恩恵なり、威力なりを現わして下さるんだということが申し上げたかったのですけれども、少し言葉が足りなかったんだと思います。

それから、もう一つ、神様のお計らい、神様の恵みによって総ての今日の科学の進歩があるという、こういう全面的に神の思し召しと見るか、あるいは悪魔がそこに働いて、悪魔の働きによってとんでもないことを人間がしでかしたかもしれない。そういう恐れも一つは持ってもいいのではないか。例えば、今、問題の対人地雷、あるいは恐ろしい原爆というものは、果たして神の思し召しによったのか、悪魔のそそのかしによったのか、これはよく見極めるべきではなかろうかというのが一つ。

それから、臓器移植の問題ですけれども、私は受ける方から考えて、例えば私は孫を二人持っています。孫が、臓器移植を受ければ助かりますよと言われた時に、果たして私はどうするだろう。誰かが脳死してくれればいいと人の脳死を待望する、期待するのがどうも人間として恥ずかしい、やり切れない。そういう気がするのです。子供の命は惜しいが、これも神様のお計らいだと。本居宣長さんが「総ては神様にお任せしろ」とおっしゃっている。私は臓器を頂く方の立場からいうと、何か気がひけて、空恐ろしくて、人の脳死を待っているという気持が私自身の心情としては何か耐えられないような気がしております。それは脳死、臓器を一所懸命待望していらっしゃる方には申しわけない批判めいたことになるかもしれませんけれども、これは全くの個人的な心情ですので、ここで申し上げておきたいと思います。

私は上田先生の臓器移植を行う方の立場ではなく、反対の受ける方の立場からものを申し上げたので、特別、上田先生の説に反論したわけではございません。

○

それをまず断っておきます。命というのは、さっき自分の家族のことを持ち出したのですが、たとえそれが何歳で、肉体的な生命というものが終わろうとも、命は続くのだと。これは楠正季が七度人間に生まれて来て云々（七生報国）と言ったのですが、これは永遠に人間として、自分の命というものは永遠に生きていたいという願望が湊川の合戦のときに言ったわけですけれども、それで同じように、誰でも人間というものは、自分の命というものはたとえ脳死であろうと心臓死であろうと、とにかく肉体が死んだからといって、それで滅びるものではないということは各人が信じている問題だと思うのです。

ですから、私自身が考えても、命というものは永遠に生き続けるものである。それは時によっては、ある違う人の志として生きる場合もあるし、違う人の祈りとして生きる場合もあるし、いろいろ生き返るといいますか、再生することはあり得るわけです。再生はどのようなことで再生するにしても、とにかく命というものが肉体が滅びたからといってすぐに滅びるものではないということを信じれば、何も人の脳死を期待してまで肉体の生命を維持しなくてもいいではないかというのが私の考え方です。

「不二」第五十四巻第十一号、大東塾・不二歌道会、平成十一年十一月

今上陛下の「お言葉」

謹みて今上陛下御即位十年を言祝ぎ寿り、この十年を顧みて最も印象深く且つ畏れと反省とをもって受け止めさせていただいた「お言葉」について、茲に一草莽としての感慨の一端を披瀝させていただくことをお許したまわりたい。

それは去る平成七年の十二月十八日に政府主催の下、国立劇場を式場として催された「戦後五十年を記念する集い」において賜わった「お言葉」である。

お言葉は先ずさきの大戦において「かけがえのない命を失ったすべての人々」へのご哀悼と「今なお癒えることのない」遺族たちの悲しみに対する深い思い遣りに始まり、戦後五十年間におけるわが国民が、国の再建と世界平和のために尽した努力をねぎらい遊ばされ、次いで将来に、向っては、

過去の歴史に多くを学ぶとともに、これまで日本を支えてきた国民の力と英知に深く思いを巡らせつつ、これからの道を正しく歩いていきたい。

と仰せになっている。

「これからの道を正しく歩」く為に必要なことは何であるか。それは「過去の歴史」に学ぶことが

何よりも重要であるとのお諭しである。「これまで」とは単にこの五十年に限らず、遠く建国の古から現今までの悠久の歴史を貫いてわが日本を「支えてきた国民の力と英和」と理解させていただくのであるが、現在の国民は果してここに「深く思いを巡らし」ているのであろうか。正しく学びとっているのであろうか。私には到底そのようには考えられない。国政の要にある人々の言動や、あるいは小、中、高校等の歴史教科書を見る限りにおいては、甚だ申しわけなき事ながらまさにその正反対である。

最近に到って国旗国歌法が公布施行されたけれども、この両者の本体であるわが祖国の歴史と歴代天皇の御聖徳とを学ぶことなくしては、国旗にも国歌にもその真正の意義を見出だすことは不可能であろう。

さらにお言葉は、国民の創造力の発揮と、他者との共存の精神の重要性をお述べ遊ばされた上で、「慎みと品位ある国民性を培っていくことを、心から念願」すると仰せられている。

陛下の「心から」の深いお祈りが奈辺にあるかを実にここには明瞭にお示し遊ばされている。

慎みと品位とを失った国民がどうして諸国民の信頼を得ることができようか。ましてや尊敬をかちとることなどは夢想にひとしいのではあるまいか。

御即位以来、さまざまの機会において賜わった「お言葉」の中にあって、戦後五十年という大きな節目の式典にあたり、内外多数の参列者を前にされて、われら国民をお諭し下さったこの「お言葉」は、常と異なり極めて重大な意義をもっていた。われらはこれを「平成の教育勅語」と畏みいただきつつ、深遠な大御心に奉答すべく、覚悟を新たにするものである。
ここに謹んでご聖徳の一端を申し述べ、以て奉祝の辞とする。

「不二」第五十五巻第十一号、大東塾・不二歌道会、平成十二年十一月

神の国の神々

神社の御祭神

森喜朗首相の発言の通り日本は天皇を中心とする神の国であり、日本中どこへ行っても神社の無いところはありませんが、その神社を御祭神によって、或いは祭る主旨によって分類したらどういうことになるか、ということで嘗て試みたことがあります。そのことによって、日本の神社にはいろいろあるが、究極はこういうものだという理解ができるのではないか、と思ったからです。このたび神道研修会で神道の話をして貰いたいということでしたので、その試案を披露して、それに基づいて話を進めたい。

Ⅰ至高神
- 皇祖神
- 氏祖神
- 地域守護神（いわゆる氏神）
- 鎮守神（石清水八幡宮など）

Ⅱ霊　神

- 祖先神
- 御霊神《ごりょうじん》（祟《たたり》を恐れて祭る神）
- 天業恢弘の霊神
- 殉難死節の英霊

Ⅲ機能神

祖神と祖先神とは違います。祖先神は霊神であり、現世においでになられた御先祖の方を子孫が神として祭るのです。だから血筋がわかっている方です。例えば源氏の祖先神として源満仲が兵庫県の多田神社に祭られています。

皇祖神・氏祖神は最初から神様です。例えば中臣氏が天児屋命を祭るのは、天児屋命が血のつながった先祖ではなく、自分たち中臣氏を守護して下さる祖神《おやがみ》として祭るのです。古事記でも祖神《おやがみ》という言葉を用いています。

地域守護神は地域を統合してお守り下さる神様で、いわゆる氏神様です。一つの地域に沢山の神社があります。天神さん、お稲荷さん、愛宕さんなど、しかし「お宮さん」と呼ばれる神社は一社しかありません。鹿爪らしい神社名鑑や式内社の社名を言っても、村のお婆さんにはわからない。「お宮さん」と言えばすぐわかる。「お宮さん」はその地域の最高の神様なのです。

ご承知のように各地に神明社があります。神明社には氏神である場合と氏神でない場合がありますが、ご祭神は天照大神と豊受大神です。神明社の大元は伊勢神宮で大神の宮と言えば伊勢神宮を指します。延喜式の神名帳には二八六一の社名が載っていますが、その中で大神の宮とあるのは伊勢神宮ただ一つです。他は地名や御祭神の名がついている。大神宮は日本で唯一の特別のお宮です。

鎮守神の一番古いお宮は石清水八幡宮で、山城国の一番南側に鎮座して京の都を守護される神です。江戸城の鎮守神は日枝神社です。奈良の東大寺の二月堂などお寺の境内にも鎮守神が祭られています。企業体にも鎮守神が祭られています。例えば出光興産では創業者の出身地である福岡県の宗像大社を鎮守神として祭っています。

祖先神には先程申した源氏の祖先神の社があり、徳川家では東照宮がある。諸大名にも夫々祖先神の社があります。

御霊神は祟《たたり》を恐れられて怨霊を慰め祭る神です。例えば北野天神は京都に雷鳴が轟いたり疫病がはやったことが、菅原道真公の怨霊の崇であるとして、これを鎮めるために祭った。ところが道真公の怨霊の対象とされていた政敵の藤原氏が政権を離れて歌道に逃げ込むと、道真公は歌の神、文学の神となった。現在は受験の神様です。このように祭る人によって御祭神の性格が変ってくる。

御霊神の中に崇徳天皇を御祭神とする白峯神宮があります。崇徳天皇は保元の乱により讃岐に流され給われた方で、四十六歳で讃岐の配所で悶死された。そこに法華堂を建て、御姿を絵に画いて祀り御影堂《みえいどう》と唱えた。後に御廟となった。最初は讃岐院と申し上げたが、崇が恐ろしいので崇徳院と申し上げたら祟りが鎮まった。讃岐の白峯陵は葬しまつった神霊を明治の御代京都に迎えて白峯宮を御創建になり、後に白峯神宮と格を上げられた。

思いやれ都はるかに沖つ波たちへだてたる心細さに

孝謙天皇が御病気にかかられた時、道鏡の介護によって御快癒になられ、孝謙天皇の御寵愛を得、道鏡が権勢を誇った。これを倒そうとして天平宝宇八年、恵美押勝（藤原仲麻呂）が謀反を図ったとして誅殺され、押勝に加担したとされた淳仁天皇を親王として淡路に流され給うた。淡路の廃帝という。明治天皇は明治六年、淳仁天皇という諡号を奉り、白峯宮に併せ祀られた。

水無瀬宮に祭られる後鳥羽上皇が居られます。後鳥羽上皇には大阪の住吉社に奉られた「山」と題する御製があります。

奥山のおどろが下も踏みわけて道ある世ぞと人に知らせむ

北条幕府の横暴を怒られ兵を挙げられたのが承久の変ですが、残念ながら戦い敗られた。当時後鳥羽上皇、土御門上皇、順徳上皇の御三方が居られ、後鳥羽院は隠岐、土御門上皇は土佐、後に淡路、順徳上皇は佐渡に流され給うた。北条幕府はこの御三方の怨霊を恐れて供養をする。鎌倉の雪の下に「雪の下新宮」を建て、後鳥羽上皇の御霊を御祭りした。二百五十年後、大阪府下に水無瀬宮を御創建、明治六年に他の御二方も合祀されています。このように御霊神は独特の御経歴を持たれる神様です。

天業恢弘の霊は神武天皇をはじめ天皇様を祭る神社です。橿原神宮、宮崎神宮、近江神宮、平安神宮、吉野神宮、明治神宮などで、天業恢弘の御働きをなされた天皇様方です。

いわゆる殉難の方々をお祭りする殉難死節の英霊は湊川神社の大楠公はじめ建武の中興、明治維新の志士たちをお祭りする神社、或いは靖国の英霊の鎮まります靖國神社があります。靖國神社の前身東京招魂社が始めて祭られた時の太政官達に「難に殉じ節に死す」という言葉があります。そういう方の英霊をお祭りする神社です。

機能社に分類される神々は火災・病気・商売繁盛を守って下さる神、雨乞いの神、風雨の難を祈る神とかのいわゆる御利益を授けて下さる御働きを尊んで祭る神で、全国津々浦々に鎮まります。

大体これで神社のすべてが見えてくるのではないかと思っております。その中で伊勢の大神即ち皇大神宮のことと氏神様についてお話したい。

地域守護神（氏神）について

氏神のことについてはあとでお配りする神道国際学会編集の私の著書『次代に伝える神道』をお読みいただきたい。現代の地域社会がバラバラになっているため、地域の教育も行なわれない。子供たちを地域の人たちが注意したり叱ったり誉めてやったりするという地域の連帯感がなくなっている。神戸の須磨区で酒鬼薔薇《さかきばら》と称する残念極まる異常少年犯罪事件が起った。あの地域には氏神様も寺もない、群居生活の新興住宅地です。そこから数キロ離れたところに白川台という団地があります。ここは白川村という古い村落に出来た団地で、氏神様がある。団地の子供たちも祭礼には参加する。お婆さんが子供たちに「神様が見てござるで」と言ってお菓子を配る。そこに自ずから神様はいらっしゃるのだ、という認識を持つようになる。そういうものが酒鬼薔薇少年のいる団地には全くない。団地内には連絡のための回覧板などがありますが、防犯防火などの極めて事務的なもので、いわゆる心の繋がりはありません。心の繋がりをつけるのが村の祭りなのです。

地域協同体のお祭り

祭礼というのはいわば日常から離れた非日常の時間・空間を作りあげる。非日常ですから男の子が女の衣装を着たり白粉を塗ったりします。又、日常の社会的地位というものが一切無くなり解消される。日常生活のコスモス（宇宙）が解消されて、カオス（混沌）の世界になる。指揮をとるのはお祭りの経験者です。そこへ序列ができる。日常とは違った秩序がお祭りの時だけ作りあげる。そういう風に一ぺん日常生活を壊してしまうのが祭りなのです。神社の中で神主が仕える祭典（リチュアル）は別です。これは論語でいう「礼」に当ります。祭礼の方は英語でいうフェスティバル（祝祭・祭礼・お祭り騒ぎ）、論語の「楽」です。日常生活とは全く違った服装をしたり、先祖伝来の鉦、太鼓、笛などの音楽がよみがえってくる。カオスの世界でありながら普段は意識されない先祖伝来の音楽、掛け声、食べ物、時間の繋がりが強くそこで意識される。

お祭りが終ると元に戻るが、一応そこでリフレッシュ（元気づけること）される。つまり禊をするわけです。それを毎年繰り返しますから、日本はそういう伝統の上に基礎づけられたアイデンティティ（同一性、自己をもつこと）というか、郷土意識を持つ。大にしては国家意識を持つ。そういう祭りの効果というものが非常に大きい。

しかも、その祭りに参加する、神輿《みこし》をかつぐ、山車《だし》に載る、山車を曳く者は他者《よそもの》は排除する。東京で神輿かつぎの同好会を作り三社祭りに参加を申込んだところ、断られたという話があります。他者を排除することにより、自分たちの先祖以来の純粋性・協同性が保たれる。

日本に長年住んでいる外国人に参政権を与えてもよいのではないか、という問題が出ていますが、これは排除しなければ駄目なのです。排除しなければ日本の純粋性は保たれません。

神社の外で氏子が夫々に役割を持って整然として仕える祭りの大切さを強調したい。博多の祇園山笠祭りは男の祭りで女性は参加できません。或る作家が婦人たちに「貴方がたは祭りからのけ者にされているが、どうも思わないのか」と言ったところ、彼女たちは「あの山車を担がしているのは、私たちが担がしているのだ。食事の世話から衣装の洗濯まで私たちがやってるのだ」と胸を張って言った、ということです。夫々の役割を持って協同してやっていくのが祭りです。

日の出を拝む

天照大神を太陽の女神という学者が居りますが、日本には太陽を祭ったという伝統はありません。日の出を拝む風習はありますが、あれは太陽を拝むのではなく、日が昇る現象を拝むのです。日の出は今日一日の出発点で、一日の出発を励まして下さる現象なのです。太陽を拝むのであるならば、太陽のいのちの盛りの真昼のかんかん照りに拝むべきです。日奉部という部族があるという説がありますが、これは太陽神を祭ることからきた名称ではなく、村尾次郎氏の説によると、皇太子を御養育するための部曲《かきべ》です。

伊勢神宮の御鎮座

伊勢神宮はなぜ伊勢の地に鎮まられたか。

伊勢は東北の荒ぶる民どもを言向け和すための前進基地である、という説をなす歴史学者もおります。これはとんでもない説で、どこからこのようなとんでもない説が出てきたかというと、神宮の古い記録に延暦の儀式帳というのがありますが、それから出ている。

平安時代の始め、西暦八〇四年に神宮の神主が朝廷に提出した皇大神宮儀式帳の冒頭に神宮御鎮座のいわれが書かれています。そこに五人の部将が天照大御神を奉じた倭姫命《やまとひめのみこと》のお伴をして伊勢に来られた、とあります。これは文飾です。古事記の天孫降臨の条に御鏡を奉戴した日子番能邇邇芸命《ひこほのににぎのみこと》のお伴をされたのが天児屋命、布刀玉命、天宇受売命、伊斯許理度売命、玉祖命、并せて五伴緒とありますので、倭姫命が伊勢に来られた時にも天孫降臨の時のような荘厳性を真似て、五人の部将がお伴をしているのだ、としているのです。垂仁天皇の倭姫命に賜わった「神祇《あまつかみ》を祭祀《いわいまつ》ること、豈怠ることを得むや」という神の祭りを大事にせよというみことのりに照らして、伊勢に御鎮座になったのは、東北地方への前進基地にするためではない、と私は断言します。

なぜ伊勢の地に御鎮座になられたのかは、書紀に書いてあります。「時に天照大神、倭姫命に誨《おし》へて曰く、是の神風の伊勢国は、常世《とこよ》の浪の重浪《しきなみ》帰《よ》する国なり。傍国《かたくに》の可怜国《うましくに》なり。是の国に居らむと欲《おも》ふとのたまふ。」と。常世とは不老不死のめでたい国のことです。天皇様の永遠な天壌無窮なる宝祚をお守り下さるためには、常世の浪の絶えず打ち寄せてくる国に大神様がお鎮まりになって、その御威光を以て宝祚長久をお守り下さい。天津日嗣をお守り下さい。そういう祈りを籠めて伊勢の国に鎮まり給うた。大和の国からいうと一番片隅の国で、皇威の及ぶ範囲では一番片寄った国であった。常世の国の東にある。その東の方からめでたい浪が打ち寄せてくる。その上に伊勢島（志摩）は当時海産物を朝廷に献上した所でもあります。

このように見てきますと、「大神の宮」が時の天皇様のどのような深いお祈りから伊勢に鎮祭なされたかが拝察されるのではないでしょうか。それ故にこそわが日本にとって、日本の国民にとって、かけがえのないお宮であり、総氏神とも崇められる所以でもあります。

櫻井勝之進『神社新報ブックス14　神道を学びなおす』神社新報社、平成十七年八月

『神道を学びなおす』序に代えて

二十代のころ尾張の国幣小社津島神社に奉職中のことである。一夕、俳句仲間の会社員の一人が私たち神職を指して曰く、「神主さんも畢竟は一寸毛色の変ったサラリーマンだよね」と。

これはショックであったが、考えてみれば官公庁からの一片の辞令によって身分を与えられた上に生活を保証され、型の如く祭典を奉仕し、参拝者の応待に明け暮れる、いわば受け身の態度ですごしているだけの日々であるから、残念ながら返す言葉もないのであった。

ところが、敗戦によって様相は一変せざるを得なかった。氏子や崇敬者に対して積極的に働きかけなければ神社の存立そのものが危うくなったのである。神職となって初めてコンバージョン（回心）が求められたのである。

そもそも、わが国びとが古来、到る処に神社を奉斎しつづけてきた理由は何であったのか。神主とは如何なる使命を持つ存在であるか。伊勢参宮をしないと一人前でないと謂われるのは何故か、等々数え上げてみると疑問符ばかりである。

本書はこうした疑問に対して筆者が自問自答を繰り返した、その軌跡の一端をさまざまの機会に吐

露したものであって、識者の批判に堪えるようなものでは決してないのであるが、敢えてこの度一本にまとめたのは外でもない。聖なる存在と全く無縁と思い込んでいる人々とか、或はそのような事に全く関心を持たない人々の多い現状にあっても、反対に、これを求める人も皆無ではないと思われるので、そうした要求に応じるための手引きの一つとして、何らかのお役に立てばと考え、敢て世に出すこととした次第である。

従って標題も、自問自答のこころをその侭に、このような命名となったことを諒とせられたい。

第二編　神宮・遷宮

『一九四五年以降の神道―クレアモント国際神道学会議の記録』國學院大學日本文化研究所、昭和四十年十一月

戦後の伊勢神宮
―特に、皇室との関係及び式年遷宮について―

一、皇室との関係

1　政教分離問題に関連して、皇室と神宮との関係をどのように処理するか。これは戦後まもなく関係者を悩ました大問題であった。初めのうちは、神宮の性格は皇室の祖廟であって、他の神社とはその点において異質だという解釈が適当であるとせられた、―と故岸本英夫教授はその回想記に書いている。しかし、時が経つにつれて、神宮を皇室の祖廟として宮内省の所管にすることによっては神宮の祭祀を今までどおり続けてゆくことが殆ど不可能に近いという考えに傾いていった。その理由は、

a　宮内省の規模は近いうちに著るしく縮少せられ、その経費も大巾に削減されるだろうという見通し

b　神宮の祭祀の維持のためには施設、人件費などを含めて年々多額の経費を必要とし、将来の

宮内省経費では支弁が極めて困難という見通し

c　戦前に神宮のために毎年支出せられていた国費は二十三万円で、これは全経費の一〇〜七%にすぎなかった。そして残りの九〇%以上は国民の任意の献金（賽銭、神楽料、大麻初穂料など）に依存していたという事実

これらを考え合わせて「解釈」は若干修正せられた。

すなわち、神宮は皇室の祖廟であることは否定できないけれども、一方では国民の崇敬の対象としての性格が著しいと。従って、宮内省の所管とするよりも他の神社と同じように宗教団体として存続するほうが適当であるという意見がGHQへ伝達せられた。

岸本教授は以上のように、主として経済的な原因をあげておられるようであるが、当時の宮内省と神宮の幹部たちの考えの中にはもう一つ別の理由があったと、私はきいている。

それは、もしも神宮が皇室の祖廟であるという解釈のもとでその所有が宮内省に移されたり、内廷において運営せられたりすることになると、占領軍は恐らく一般人の参拝を禁止するにちがいない。しかもその禁止が占領中ずうっと続くとしたら、占領が何年つづくか、当時は誰も予側はできなかったので、神宮と国民の間には何世紀にもわたってでき上っている緊密な間柄に溝ができないとは限らない。多分そうなるだろう。しかも一度できたならばこの溝を埋めることは将来極めて困難な課題となるだろう。これは全日本人にとって不幸というべきであり、宗教団体となることによって皇室との公的関係が絶たれるよりもはるかに重大な問題である、と考えられた。たとえ十年

も二十年もGHQの干渉下におかれたとしても、皇室と神宮との深い間柄が弱められたり断絶することは絶対にないし、また、やがては公的関係を回復することも可能であるという確信が双方の関係者に存在したことを、これは物語っている。

そして関係者達のこの確信が誤っていなかったことはその後の二十年間の事実が明らかに証明した。もっとも占領軍の拘束から解放せられてからも、神宮と皇室との公的関係の復活については困難な、未解決の問題点をまだ残しているのではあるけれども。

2 以上のようないきさつによって、神宮はもはや国家の機関ではなくなり、また皇室の公的施設に編入されたわけでもなかったが、この改革の時に当時の宮内大臣は神宮大宮司に対し、一つの重大な指示を行った。

それは、将来においても大宮司は神宮の祭儀その他重要事項に関しては、すべて、宮内省と連絡を保ち協議の上で決定するようにという指示であった。このことは恐らく当時の政府の公認を経たことではなく、またそんなことは思いもよらないことであったと私は推測するが、それ以来、神宮大宮司は常にこの指示を忠実に守って現在に至っている。

3 恒例の重大な、年五回の神宮祭儀には天皇陛下から幣帛と神饌料がお供えせられ、また、そのうち三回は勅使が差遣せられ、御祭文を奏上せしめられる行事があるが、これらの経費が内廷費から支出せられるように変更されたことを除くと、形式においても目的においても、すべて、戦前と変りはない。

そのほか、国家的大事件、皇室に関する重大事、あるいは神宮の重大事に当って勅使を差遣し臨時の祭儀を行わしめられることも、同じである。

天皇や皇族のご参拝儀式も、私事と解釈せられる点以外は全く変化はない。聞くところによると、「皇室祭祀令」廃止後、新らしい規則又はそれに類するものが制定せられたわけではなくて、天皇陛下の思召によってすべての祭儀が前例通り行われるのであるという。

4　宮中三殿のうち、賢所は伊勢の神宮の「御代宮」と解釈せられている。毎月一日には天皇陛下御親らここに御拝の儀を行われ、その他の日には「毎朝御代拝」と称し、侍従をして代拝せしめられ、御親らは御座所から神宮を御遙拝あそばされている。明治天皇の御製に

はるかにも仰がぬ日なしわが国の鎮めと立てる伊勢の神垣

とあるが、これは文字通り御実行あそばしているのである。矢尾板掌典によれば、皇室祭祀はすべて伊勢の神宮すなわち天照大御神に中心がおかれていて、しかも戦後においてもこのことに少しの変化もないということである。

5　明治時代以来、毎年一月四日には宮中で政始《まつりごとはじめ》という行事が行われた。内閣総理大臣が陛下の御前に出て「内閣総理大臣某申上げます。昨年中の神宮の祭祀はすべて御滞りなく執り行われました」という意味のことを奏上する。次に宮内大臣が彼と入れ替りに進み出て昨年中の皇室の祭祀が滞りなく行われたことを奏上する。以上がこの行事の全てであるが、これを「政始」というのは、神宮と皇室の祭儀が天皇の政治の一切を代表する行為であったためと了解される。

戦後は二人の大臣の行った役割を掌典長が行うことになった。政始の名称は奏事始と改められた。そして神宮祭祀については神宮祭主の奏上という形式をとることとなった。（掌典長は神宮祭主の上司ではないからである。）これは重大な変化である。

6　要するに、

天皇と天照大御神との御関係は、すべて私事という解釈により一貫したのが戦後の変化である。しかしこれについては五二年以後さまざまな論議が始まっている。この御関係は憲法上の、公的な天皇としての御関係か否かと。しかし、一九六〇年に内閣総理大臣池田が一議員の質問に対し与えた答弁書は、伊勢の神宮が公的な天皇の御地位と不可分の関係にあることを表明した。これによって、この問題は解決の第一歩をふみ出したのである。

二、式年遷宮について

神社神道では年一回は新らしい神座を何らかの形によって設けて、神威の発現を待ち供物などを捧げることが、年中で最も重い祭儀とせられている。遷宮というのはそのような祭の一つの型態である。古くから国家的祭儀の対象とせられた神社の多くは、その神殿も早くから壮大な規模を持ったので神殿を毎年そっくり更新することは不可能であった。そこで一定の年限がくるごとに神殿を更新する制度がうまれた。伊勢の神宮の場合は二〇年が周期とせられた。その起原は七世紀の末と伝承され、今日までに五十九度の式年遷宮が、若干の例外を除いては、正確にくりかえして行われた。

いうまでもなく、古代から一貫して、この新らしい神殿の造営は国家の事業として行われてきたけれども、一九七三年に予定される第六〇回目の式年遷宮の準備は、今のところ、国家的に行われる状況にはなっていない。しかし、だからといって神宮大宮司が任意に準備に着手することは伝統に背く。そこで昨年、大宮司は宮内庁と連絡協議の末、宮内庁長官を通じて天皇のご聴許を乞い、おゆるしを仰いだ上でご造営準備に着手することになった。占領時代にはこのような手続きはすべて内廷職員である掌典長を経て行われたが、今日では宮内庁長官を経る例となったのは、一九六〇年の総理大臣の公的見解が一つの支持となっていると考えることができよう。

神宮における年中最大の祭儀は秋の神嘗祭である。古い時代には天照大御神が新らしい神殿に移られるのは二十年毎の神嘗祭の当夜であった。

十五、六世紀における内乱時代にはこの重大な式年遷宮の祭儀も中止されたが、一五九二年以来ふたたび定期的となった。そしてその時から遷宮の儀式は二十一年目毎の神嘗祭より、数日又は十数日以前に行われる例となった。しかし、新らしい神殿の、新らしい神座に神をお迎えしてからその年の新穀をお供えするという原則は保たれているのである。

戦後においては五三年に行われたが、天照大御神が旧殿から新殿へお移りになる時刻（午後八時）には天皇陛下は御座所からご遙拝になったと承っている。

式年遷宮は国民としても伊勢の神宮に対して特に強く心をひかれる二十年一度の祭儀である。そのことは参拝者数がその年に激増することによってもわかる。

来たる七三年の参拝者が前々の例と同様に、激増するか否か。このことは同時に日本文化の伝統の運命を占うことにもなると考える。

最後の一人

「神州　長野県神社庁報」昭和四十五年一月（『カミ・くに・人』収録）

師走のさる会合で、伊勢のご遷宮のことが話題になりましてね——とその人は話しだした。その人は東京で某新聞の編集にたずさわっている人である。私は伊勢のご遷宮についてどんな点が話題にのぼったのか、いささか気になったので膝をのり出した。それはだいたいこういう話であった。今回はまだ明治大正時代の者が大勢を占めているから奉賛運動も順調に進み資金の見通しも明るいということであるが、二十年さきの第六十一回ともなると、すっかり昭和っ子の時代になる。それも戦後派が主流になるとすると、果してお伊勢さまが今までのように国民のふるさとと慕われるだろうか。とてもそんなことは望めないだろう。そうなると、国民総奉賛の姿による式年遷宮といったことも次の世代には期待できないのではないか。——というのがその場の知名士たちの会話だったそうである。

このような心配が持たれるにはそれなりの理由がある。まるで日本列島の上に、お神渡《みわた》りの諏訪湖の氷のような割れ目ができて、日本人の価値観がまっ二つに裂けでもしたかのような刺戟的な論説が流行する昨今のことである。若い人たちにはとても伝統の価値などはわからないだろうという早合点乃至は不安が、おとなの間で、それも一つの流行のように言いふらされているのは事実である。

それはそれとして、私はこの話をきいて、そんなにまでお伊勢さまのことを心にかけて下さることをまことに有難いと思う。ということは、小さな身辺のことやらわが身の行く末のことなどは二の次ぎ三の次ぎにしてわれわれのお国のことを第一の大事と思うこころがあればこそ、このお国の核心であるお伊勢さまのこと、そのご遷宮のことに思いが及ぶのだからである。

だからこのような話はそれはそれとして真にめでたく思うのであるが、ただ少しばかり気になる節がないでもない。

天武天皇ご創制以来千二百七十年、第六十回のご遷宮をもってこの世界に比類のない伝統は断絶するかも知れない。式年ご遷宮の終末ということはお伊勢さまのご終末になり、日本の終焉になるのだ――とそこまで思いつめてみた上での発言であるのかどうか。これが第一点。そして、そこまで思いつめたものであるとしたら、しからば自分たちは今の時点でどうしたらよいのか。自分たち、というより、まず自分はこうするのだ、という覚悟のほどがあるのかどうか。これが第二点である。

これに似たことは神社界にもよく見られる。神職の相続者がないという話。真底からそうだと思いこむのであれば、俺一代でこのお宮の祀職も最後だと覚悟して、死にもの狂いの神勤奉仕がうまれるはずだがどうであろう。ただ、ぼんやりと不安だ、情ないとこぼすだけならば、仏教語でこれを愚痴という。愚痴と愚痴をぶっつけ合っていてもはじまらない。ご遷宮もこれ限り、と思いつめれば、その奉仕者は俺一代、俺こそ最後の一人という「覚悟」に到達する。かつての五十九度にまさる美わしいご遷宮に、この覚悟で私は奉仕したいとひそかに思う。ことわっておくが、これは私一人の思いである。他人に強いようとはつゆ考えない。

不滅のいのち

（「みちづけ」第六号、昭和四十六年八月『カミ・くに・人』収録）

人間の寿命ははかない。いつかはこの世に別れを告げなければならない。これは生あるものの運命とは知りつつ、誰でも堪えがたいことにちがいない。そこで、この肉体的生命は消え去っても、何かの形で自分というものを永く残したいという願いは、古今東西、人類の普遍的な願望であった。外国のことはさておいて、わが国でも人は死して名を留む、というような言葉が好まれる。子や孫の名前に自分の名前の一字を与えることで、自分を残そうとする。しかし、それだけではまだ不安である。さらに絶対的なものに依存し、帰一して、その中で永遠のいのちを持続したいと願望する。たとえば念仏を唱えることによって微妙荘厳の浄土に迎えられたいとする信仰が、多くの人々の心を捉えたのは、律令国家体制がぐらついてきて、家も一門もあてにならない、すべてこの現世は流れに浮かぶ泡沫のようにはかないものとされた時代からであった。

昭和二十年八月十五日、祖国の栄光が地に堕ちるさまを眼の辺りに見たわが同胞が、これまで自分たちの一切をそこに没入してくやまなかった祖国の絶対性に対して、疑いを持ったのはやむを得ない事態であった。これまで持ち続けていた思想信仰の一切、およびそれを支えていた伝承的な習俗行事のすべてに対して懐疑の念が起こる反面に、国家性をぬきにした、人類普遍の原理というようなものへと人心は傾斜していった。さらに進んでは国家の存在は戦争という地上最大の悲劇の根元であるとして、国家そのものを否定する思想さえ流行するにいたった。われわれはこういう状態を思想の混乱、中心性の喪失と悲しむが、一方では価値観の多様性こそ人間の自由の保障と称する。これがわが国の現状である。

このような事態の中で、真に自己の全人格を没入し、それと一体となって不滅の永生を保つことの可能な、そういう絶対価値を私たちは何処に求めるべきであろうか。

道に迷った時には先人の足跡を探し求めるのが誤りがない。それも、能う限り原初的なものにまで遡ることができれば確実である。今日、歴史ブームといわれるほどにわが国の歴史が回想され、はるかに遠い父祖の足跡が再検討されようとしているのは、これまた現代日本人の志向の特徴としてよかろう。

この身が滅びたのちの「われ」を、霊魂という概念であらわしてきた。その霊魂の行くえはどこか。天国か、極楽か、浄土かそれとも高天原《たかまのはら》か。理念としてはさまざまの表現があるが、現実にはどうかというと、家々の毎年の魂祭りでもわかるように、死者の霊魂は常に家を守り子孫を守って下さっているという信仰がある。家と共に在り、子孫と共にましますというのが一般的に見て、信仰の実体である。これは、一家というものの永続に対する信念があってのことで、こういう信念を持ち得るのは意識すると否とにかかわらず、家々を支える大元としての「わが国」の永続に対する信念が横たわっているからである。吉田松陰先生が『身はたとへ武蔵の野辺に朽ちぬとも　留めをかましやまと魂』と詠まれたのは、この皇国に留めたい、という念願である。「七生報国」を誓われた忠臣烈士は数限りない。靖國神社の英霊はすべてこの祖国の永遠を確信して神去られたではないか。

通常平凡の時には、大切な物ごとも意識されることがないが、いざ、という時には最後のもの、最も奥なるもの、絶対価値を持つものが強烈に意識されて、辞世の歌や遺書として示される。

このように私たち日本人は自らのいのちの不滅を祖国そのものに托してきたのであるがただ、漫然と依存したのではない。浄土に生れるにも不断の称名念仏が要求されるが、この祖国と共に生きながらえるためにはきびしい祈りがあり、不断の慎しみが要請される。昔シナに殷という国を立てた湯王はその沐浴用の盤に「苟《マコト》ニ日新、日日新、又日新」と銘を入れたが、その祈りも空しくやがて四百年足らずでこの国は武王に亡ぼされた。秦の国王政は天下を統一して、朕を始皇帝とし二世三世と万世に及ばんと宣言したが僅か十五年で亡んだ。こういう国では「祖国と共に」という信仰は起こらなかった。始皇帝自身すら不老不死の仙薬を求めた。

わが国では、天地と共に窮《きわま》りなかるべし、と仰せられた大御神のお言葉通り、一系の天子は万古に仰がれ給うて不動である。敗戦憲法すらこれだけは変更できなかった。その秘密は何か。私は常若《とこわか》の祈りとその実行、これこそ祖国の不滅の根元であると信じる。神宮の式年遷宮、この二十年を周期とする国の若返りは、まさにその最高の祈りであり実践である。「常に若返りを繰り返して永遠の生命に生きる祖国と共に」。これが日本の心である。

お砂持ちと石繰り ―生命更新の願い―

「中部電力新聞」昭和四十七年一月（『カミ・くに・人』収録）

大阪の天満さんの氏子には、「砂持ちせんもんハナグロや」という囃し詞が昔はあったと、何かで読んだことがある。ハナグロというのはハラグロの転訛で、氏神さんのお砂持ちに参加しない者は腹が黒いというのである。この場合の腹黒というのは必ずしも陰険な人間というのではなかろう。何を考えているのか判らない、つまりは生えぬきの氏子でないヨソモノや転入者に対する違和感を言ったものであろう。浪花の町なかでも土着者が大多数を占めていた時代があったことを物語っていると同時に、氏神さまとあがめる天満さんの祭礼には、予め境内に清らかなお砂を、氏子中こぞって搬入する賑やかな庶民の行事があったさまを偲ばせる詞である。

かつて私が住んでいた肥後の菊池に正観寺という古刹があった。「西睡僅かに存す臣武光」と頼山陽がたたえたあの菊池武光公建立の禅寺である。その門前町を正観寺町といいこの町内には氏神の神社はなくて正観寺を氏寺としていた。そこで、このお寺の年一度の地蔵まつりの日には、氏子の若者たちが朝早く近くの川原に行って清らかなお砂を採り、めいめいがモッコに入れてかつぎ、先を争ってお堂の庭に敷く行事があったという。

このような「お砂持ち」は、まだどこかの地方には残っているのではなかろうか。教えてほしいものである。

伊勢に来て近在のお祭をあちこちと調べているうちに、この辺りでは、氏神さまの「石繰り」という行事のあることを知った。例えば国鉄山田上口駅に近い高向《たかぶく》という村では、一年間の氏神まつりは、どの家にも順番で廻ってくる当屋が担当することになっている。当屋になった家では入口にオハケさんという簡素な祭壇を設け、そこにご分霊をまつり、不浄に触れないようにいろいろの禁忌を守ることになっているが、この当屋の役目の一つに「石繰り」がある。初春のご神事が近づくころの一日、親類中を招き一族総動員で高向神社のご本殿まわりのお白石を一つ一つ洗って清める行事である。お砂持ちとその方法はちがうけれども目的は同一である。年に一度の大祭を迎えるにあたって、神さまの敷地を更新する、あえていうならば、神威のリバイバルを期待する行事にちがいない。

日本のあちこちで、どうしてこうも似たような行事が生れたのだろうか。言うまでもなく、人間社会は時が経つと沈滞する。ヘドロもたまる。放置すれば息がつまり、やがては死滅崩壊のほかはない。そこで生命の更新が要請される。人々は氏神様で、生命更新の行事を行うことになった。その一つがお砂持ちであり石繰りであろう。

伊勢の町々ではいま、町内こぞって「お白石拾い」が行われている。宮川の川原に行って大人も子どももみんなで拳大の、なるべく白い小石を拾ってくるのである。これを四斗樽に入れて町内の然るべき所に大切に飾ってある風景もよく見かける。これは来年にせまった「お白石持ち」の用意なのである。四十八年の夏には内宮も外宮も新しくご神殿ができ上がる。そこで八月十八日から六日間は内宮の、二十五日から六日間は外宮の「お白石持ち」が旧神領民や一日神領民の人々によって賑やかに行われることになっている。日本の社会的ヘドロを一掃して新しい生命をよみがえらせたい、と願う人々の祈りをこめて十月にはご遷宮が行われるが、来年八月のお白石持ちはそのご遷宮にとっての大切な一行事である。それもあと二十ヵ月たらずにせまったとすると、今年の正月を期して、私自身もまた、内面のヘドロを清めることに心をこめねばなるまい。

『文学の旅10　伊勢・志摩・紀州』千趣会、昭和四十七年二月（『カミ・くに・人』収録）

お蔭まいり

お伊勢さまへはお蔭でまいる　道は天気で　ほどの良さ

――伊勢音頭――

江戸時代にはすでに伊勢参宮は誰でも一生に一度は、というほどに一般的になるが、ある年に限って突然爆発的に群参が行われることがあった。これをお蔭参りといい、その年をお蔭年といった。短期間に何十万何百万の民衆が誰の命令でもなく、伊勢という一点に向かって宗教的な行動をおこしたこの現象は、社会史上まことに珍しい出来ごとである。

お蔭というのは神の恵みのことで、お蔭年には殊にそのお蔭がいただけるというので、どこか一ヵ所からそういう噂が立つと、それお蔭参りだと、たちまちわれもわれもと参加したものである。早くも慶長十九年（一六一四年）には「お伊勢踊り」が全国的に流行したが、その歌詞をみると、大神宮を頂上とする日本人としての連帯感がよみとれる。そういう感情の交流は時代が進むにつれて頻繁になる。

近世の初め、寛永十五年（一六三八年）には「夏より来年二、三月頃に至るまで遠近の男女、伊勢宗廟《そうびょう》へ詣づることおびただし」「いはゆるおかげ参りなり」と記録にみえる。これをお蔭参り第一次とすると、次は慶安三年（一六五〇年）で、江戸から始まったといわれる。誰もが白衣をつけ、組ごとに標旗を持ったという。伊勢講とか大神宮講という講衆が主体だったかと思われる。めざましいのは第三次の宝永二年（一七〇五年）からで、閏四月、徳島城下の少年たちの「抜け参り」がきっかけで、たちまち隣村隣国へとその熱気が拡がり、八月にやっと終ったが、最初の五十日間だけで三百六十二万人と本居宣長は記録している。京大阪でも、このとき幼少年の抜け参りが「日を追うて蜂起」したという。抜け参りとは「妻子従僕その主《あるじ》にいとまを乞わず家を出て参詣」することをいった。脱体制的解放感に加えて「貴賤﨟次《ろうじ》の差別なく」という平等感はさらに旅路を楽しませたかと思われる。しかしただそれだけでは、なぜ伊勢が志向されたかの問いには答えられない。

彼らを迎える街道筋では、これを温かくねぎらい、無事に参宮を遂げさせることが、自分たちもまたお蔭をいただくことになるとした。施行宿《せぎょう》、報謝かごを始め、渡船も無料。笠、わらじ、手拭などの旅行具、握り飯、粥、だんごなどの食糧から薬や小遣銭にいたるまで惜しみない施行が至る所で行われた。それも大名や豪商だけではない。町内や村中をあげての奉仕もあれば、その日ぐらしの者まで報謝馬をひき、陋屋を提供したのもお蔭まいりの特色であった。

第四次は享保三年（一七一八年）の正月に始まり四月頃までつづいたが、人数はさして多くない。もりあがったのは第五次明和八年（一七七一年）で、四月に京都の宇治から始まり、全国的に拡がってその数二百万ともいわれた。さらに第六次の文政十三年（一八三〇年）には五百万を数えたという。この第六次は前回から六十年目になる。「お蔭年」六十年周期説はこの辺りにあるらしい。

要するに、この極めて日本的ともいえる宗教現象は、一面においてはさまざまの反社会的な派生現象をともなったことも否定できないが、それにしても、封建制の枠を越えた日本人としての同胞意識と、伊勢信仰を中核とした連帯意識を強化し、それがやがて明治近代国家誕生の重要な素地となったことは大きく評価しなければなるまい。

大いなる秋祭

「あさあけ」昭和四十七年八月（『カミ・くに・人』収録）

いま、伊勢の神宮では来年の秋にせまったご遷宮の準備が急ピッチで進められている。一三〇〇年の昔から、と大ざっぱにいわれるが正確には第一回のそれが持統天皇称制四年（西暦六九三年）であるから、一九七三年から数えると一二八〇年前にはじまった制度である。

外宮のご遷宮は内宮よりも二年おくれて行われるというのが律令体制下の規定であったが、鎌倉末期から戦国時代にかけての混乱期には二十年に一度という原則どおりには斎行できない政治的、経済的事情もおこって、外宮では第三十九回から一三〇年目の永禄六年にようやく第四十回の規定の遷宮（これを正遷宮ともいう）が行われ、また内宮でも第四十回から一二四年を経た天正十三年に、第四十一回の正遷宮をむかえるというような不幸な時代があった。

天正十三年には外宮でもすでに前回から数えて二十二年を経ていたので、二年あとにのばさないで、内宮と同じ年に正遷宮が行われた。それ以来、毎回、この天正度第四十一回の例が踏襲されてきたので、明年迎えることになった第六十回式年遷宮においても、皇大神宮（内宮）につづいて、同じ十月に豊受大神宮（外宮）の遷御《せんぎょ》の儀が予定されているのである。

昔は、遷御（新しいご正殿に神さまがお移りになる儀式）の月日も内宮は九月十六日、外宮は十五日ときまっていたが、これまた右に述べたような事情から変化がおこり、規定の月日に行われないことになったために、そのつど、宣旨をもってお定めをいただくという慣例がうまれた。

そこで今日でもやはり大宮司から宮内庁長官を通じて、陛下のお定めを仰ぐ手続きをとることになっている。前回（昭和二十八年）は皇大神宮十月二日午後八時、豊受大神宮十月五日午後八時を遷御の時とお定めになり、この時刻に勅使がご神前で「出御《しゅつぎょ》」を申し上げ、陛下にはその時刻を期して庭上よりご遙拝あらせられたと承っている。

明年も恐らく、第五十六回（明治二十二年）以来の前例にたがわず、この日時にお定めを仰ぐことになるだろうと予測し、そのつもりで万端の準備を進めている。

ご遷宮の月が昔は九月、太陽暦になってからは十月、というのは実は深いわけがある。この月には神宮においては年中第一の大まつりである神嘗祭《かんなめさい》が行われるからである。

外宮では十五日晩から十六日にかけて、内宮では十六日晩から十七日にかけて行われることは古今を通じてかわりがない。神嘗祭というとむつかしいが、早く言えば神宮の秋祭である。

遠く弥生式文化の昔から、水田でとれる米を主食としてきたわが国では、新穀収穫の季節が社会生活の最大のヤマとなりフシとなってきた。とれた新米の大部分が田圃から直ちに農協倉庫やライスセンターへと運ばれる現代となっては、農村における収穫の悦び、満ち足りた情緒の高揚にも変化はまぬがれない。まして、米作りにかかわりのない人口がこうも多くなっては、秋祭といってもピンとこないのが現代人一般の実態かも知れない。

しかし、そのような今日でも、なお、日本文化の特性は依然として水田農耕社会型である。久しい年代にわたって農村で培われた情緒、ものの考えかた、社会制度や慣習というものが、わが民族文化の基底となっていることはまちがいない。

そういうことを念頭において、この二十年を周期として繰りかえされてきた大きな秋祭としての式年遷宮を考えると、これは、わが民族共同体にとっての一つの大きなフシであり、いいかえると、民族生命更新の儀式ということができる。一世代二十年を経ると、ものごとは停滞し、マンネリ化するものである。お正月前にスス払いをするように、明年十月を迎えるまでの約一年間はこのスス払い期間と考えられる。そして、新宮に遷御されたその瞬間から、新しい日本の夜明けが訪れることを私たちは期待している。

神宮に奉仕し、ご遷宮の準備に直接にたずさわっている私どもの立場からは、およそ右に述べたような意義を考え、そのためにこそ心魂をささげているのであるが、立場の違うところではまた違った捉えかたがあり、関連の持ちかたがあってしかるべきである。

現にある公共機関では、このご遷宮を機会に伊勢という地域のイメージアップをはかろうとして、いま広汎な情宣活動を進めておられる。特定の宗教団体に対する肩入れだとか何とかヘンな理屈を言い立てて、違憲論まで持ち出している人もいるらしいが、その非論理性にはあきれる。

一つのリンゴを商品と見る人もあれば、食品としてこれに接する人もあり、また画材として対処することもあり得るように、一つの事象に対しても、これに対処するそれぞれの立場々々で、目的も違えば観念も違うものである。そういう幼稚な道理もわきまえない人間のいうことを、大げさにとりあげるマスコミも不見識といってよかろう。

奉賛の姿勢

「御遷宮協会だより」昭和四十七年十月（『カミ・くに・人』収録）

二十年ごとに神宮御造営専任の役所を設け、公費をもって御造営を進め、御装束神宝を調進し、関係諸祭一切を遂行し、さらに遷御の儀にあたっては奉遷使が差遣されるなど、伊勢の御遷宮の御事はすべて国家の政務として行うというのが律令制の原則であった。時代の推移とともにその実施には時に支障がおこり、非常な困難がともなったけれども、この原則は明治二年すなわち第五十五回の式年遷宮まで一貫されたことはまぎれもない事実である。次の第五十六回の式年に際して内務省に造神宮使庁がおかれ、それが常置の役所となって昭和二十一年二月一日まで、毎度の式年遷宮を主管してきたのも、実体は律令制の維新版であって新儀とはいえない。

ところが今回は、「み杣山《そまやま》お定め」の当初から全く成文法のなくなった事情のもとで御準備を始めなければならなかった。いうなれば律令以前の不文法の時代に立ちもどったのである。たとえ大宝令に明文がなくても天皇のご統治については建国以来まったく自明のことであった。それと同じく、伊勢の大神の宮のご遷宮についても、あえて成文を必要としない時代も久しかったのである。そういう意味では、今回のご遷宮は古今をつらぬく民族意志を拠りどころとしたといえる。しかも、このことが伝えられるや、たちまち国民のきわめて広い層から、こぞって奉賛の熱意が捧げられた。まさに情緒したたる民族意志の発露であり、この国の歴史をつらぬく民族意志の根強さに感激なきを得ない。

今回の御遷宮は、初の国民遷宮だとか民間遷宮などといわれる。それは国民が主体となって行うのだというように解したら大きな誤りである。もし主体ということばを用いるならば、それはあくまで祖孫を通じて脈々と受け伝えてきた民族意志こそが主体である。わが天皇陛下はこのような尊い民族意志を表象遊ばされる唯一のご存在である。

「上御一人《かみ》」とはそういう意味であり、日本国の象徴にして日本国民統合の象徴、という憲法の字句もそのように解釈すべきである。今回のご遷宮準備に着手するにあたって、大宮司が先ず陛下の御聴許をいただいたのも、全くこのような大儀にもとづいてのことである。

かの慶光院上人が永禄、天正度の御遷宮に募財を許可されたとき、これを無上の光栄と感激したのも、遷宮の御事は「天下の大事」であるという本義を鮮烈にわきまえていたからにほかなるまい。こういう上人の態度を単純にその尼僧なるが故の謙虚から出たものと受取るのは皮相であろう。

私たちはいま幸せにも、このような歴史的な御遷宮に奉賛し、奉仕できる機会を与えられている。清らかに、すがすがしく、微衷をささげたいものである。

「新日本春秋」昭和四十八年一月（『カミ・くに・人』収録）

御遷宮まであと九ヵ月

広く国民に知られ待たれる

いよいよ四十八年のその年がきた。神宮司庁の玄関には、内宮御正殿を描いた大きなパネルに「御遷宮まであと○○月」と毎月、数字がかわるようになった掲示板がかけてあるが、その数字も二ケタからついに一ケタになった。

去る三十九年四月に、ご聴許を仰いで正式に御準備にとりかかってから正に九年。ふりかえってみるとアッという間に過ぎ去った想いである。いまは感慨にふけっているいとまもないが、この長い間、御遷宮に寄せられた無数の人々のまごころについて、涙ぐむほど有難く思うことがしばしばである。暮れの十二月初めに放映されたＴＶ「真珠の小箱」の「伊勢の遷宮」第三回目のときにも、私はこのことを語り、またこの元旦に放映されるＡＢＣ・ＴＶの「遷宮と日本のむかし」でも、再度この話をするつもりであるが、御遷宮がこのように国民の広い層によって知られ、理解され、待望されるというのは、少なくとも明治以降では今回がはじめてではないかと思われる。

政府が国の政《まつりごと》の基本として、御遷宮の御準備を主管することは、この制度の創設されてこのかたの一貫した伝統であったから、今においてこれがなされぬということは、きわめて遺憾なことであるが、さればといって、これにもたれかかっていたのでは、大御神様のみ光りが、あまねく照り徹《とお》ることか、どうか。

赤誠の結晶

それはさておき、そのような無数といってよい人々のまごころが集まったおかげで、いま目ざめるばかりの輝きをもった新しい殿舎が、次々にその気高い姿を私どもの前に出現してきている。

外宮さまに参拝するとすぐ西側には四丈殿の新しい萱屋根が、得もいわれぬ端正な形で私どもにせまってくる。四囲の板垣も白々とかがやいている。重々の御門もすでにでき上がっているが、まだ簀《す》屋根をかぶったまま。御正殿、東西宝殿もやはり簀屋根におおわれたままのお姿であるが、もはや御階や高欄もとりつけられているらしい。お裏へまわると、御饌殿《みけでん》の覆いはすでにはずされていて、千木のお金物がまばゆい。

内宮にお参りすると、参道から近い五丈殿、御稲御倉の美しい素木の柱はおしげもなくその美しさを見せている。新宮地の石階の下には御贄《みにえ》調舎も完成した。石階の上を仰げば板垣、外玉垣などの重々の御垣や御門がほとんどでき上がっている。こちらも御正殿、東西宝殿などはまだ簀屋根の中に包まれたままであるが、二月いっぱいには、工程の都合上すべてとり払われる予定である。

特殊技術に心魂注ぐ「神忠」

別宮荒祭宮、多賀宮の御遷宮はやはりこの十月の御斎行を目途として、この新年早々からお屋根葺きの作業がはじまる。葺師もだんだん乏しくなるらしいが今回は伊勢の葺工だけでなく、会津からすばらしい技術をもった加勢を得た。いや、技術だけではなく、その人々の態度が見事なことに、はたに居る職員たちは打たれるという。

〝神忠〟ということばは、この葺師たちのために用意されたといってもよい、と言った者もいるほどである。

しかし、そういう〝神忠〟の語に価するものは、決してこの葺師ばかりとは限らない。工作場に出入りしてそれとなく見ていても、みなその作業態度が真面目で、心魂をこめていることが、ありありとうかがわれる。こんな嬉しいことは他には見られないだろう。

御装束神宝部にも、その経過をきくために時々訪れるが、ここでもそのような嬉しい話を聞かされることがしばしばである。すでに後継者のなくなった技術を全くちがった地方の人が引受けて、私にやらせて下さいという。そういう人はご撤下のお品を手本にイロハから試みる。試作してはこわし試作してはくずし、何個目かにやっと前例に近い品ができるといった調子である。そういう苦心の作をもふくめて、多量にのぼるお品はいま次々に納入されている。もはや目鼻がついたという段階である。

静かに進むお白石持ちの準備

伊勢の町ではお白石持ちの準備がしずかにつづけられている。私の住む町内でも先日、揃いのハッピの注文とりにきてくれた。お白石も宮川から拾ってきて、町々に積み上げてある。「一日神領民」の申込みもすでに一万人ちかいらしい。去る四十一年。四十二年と二回行われた「お木曳き」行事に神領民が使った経費は、公私あわせると二、三億だろうと、先日も会議所の会頭さんが話していた。〝神忠〟でなくてなんであろう。

募財もおかげさまで、中央八億、地区二十四億という巨額をお寄せいただいた。そのほかに社頭において献金される篤志、「不二」主唱の友の会の街頭募金・仏所護念会々員の年々の献金（これは献納日までの利息までつけて奉納される）、そうした無数の〝神忠〟が寄り集まって付帯事業まで完全に御遂行申し上げることができるものと考えている。

あけゆく空に、うるわしい御遷宮の成功をただ祈るのみ、というのが、本年の元朝である。

遷宮の理由

「読売新聞」昭和四十八年九月（『カミ・くに・人』収録）

くり返される疑問

このたびの神宮式年遷宮の神事がはじまったのは、いまから八年前の昭和四十年の春であるが、その前後から、遷宮はなぜ行わなければならないのか、という理由がしきりに問われるようになった。実はこういう設問はこのたびの新現象ではなく、前回昭和二十八年の時にも、さらには官制時代の最後になった昭和四年度の場合にすら問われたとみえて、当時は宮地直一博士とか阪本広太郎氏などという、その道の学者の論説が見られた。異国に育った異端の徒が疑問をおこした、というなら話がわかるが、日本の風土に生きて、その習俗にだまって順応してきたはずの人々が、こういう伝統儀式の理由を改めて問い直さなければならなくなったのである。これはあたかも、敗戦直後にことあらためて門松論議がかわされたようなもので、むろんそれ相当の社会的原因があってのことである。

ところで、遷宮理由についてのこのような反省は、さかのぼると既に中世にあった。律令制で定められた神郡神戸《かんべ》という神領からあがる神税や役夫をもって、二十年ごとの遷宮が順当に実施されていた時代の記録には、なぜ斎行されるのかといった説明は一切見当たらない。これは、そういうことを記した文献が遺存しないというのではなく、恐らく当時にあっては「常の例によりて」という延喜式のノリトの詞句が示すように、恒例の神事が恒例の通り行われるまでのこと、として何ら疑問をさしはさむ者がなかったからであろう。もしも恒例のことが少しでも間違うと、それこそ「前代未聞」の一大事とされる。それがこの農耕日本文化の体質だったのである。

臨時の税への説明

ところが変容は平安末期からぼつぼつ始まる。神宮についていうと、神税あるいはこれに補充される正税の徴収備蓄が困難となり不可能となる時勢となると「常の例」を守るために異例の苦慮が始まる。太政官は、遷宮費調達のために役夫《やくぶ》工功粮《くこうろう》という名目の臨時税を賦課するが、申し付けられた地頭たちは新規の徴税を何とかしてのがれたいとする。そこで、強権を発動するか、それとも説得力のある理由説明をするか、となる。院宣の権威や将軍の威令がものをいう時代には、恐らく懇切な説明などは不要であったにちがいないが、それでも頼朝のごときは、日本の国土は尺寸の地といえどもすべて大神宮の神地である、という自己の世界観を加えて役夫工米を督促している。大神宮の絶対的な神威に彼自身が深い畏みを抱いていたことは、「吾妻鏡」などによっても察しられるが、彼の信念をそのままの密度で末端まで共鳴させるには骨が折れたらしいことも確かである。

それはともあれ、鎌倉時代を通じての顕著な現象は、伊勢の祠官たちの教学活動の盛行である。度会神道とか伊勢神道とよばれる、神宮中心の神学がおこったのである。式年の遷宮は役夫工米の制度によってどうにか古例の通り守りつづけられていたけれども、年中行事の神供の品を確保するためには、全国一千数百ヵ所の御厨《みくりや》・御薗《みその》・神田・名田の保全を図り退転を食い止めなくてはならない。真言密教の験者にも対比される御師による祈祷《きとう》の功験もさることながら、一面には知識人を納得させるに足る哲学が必要となった。

のちに神道五部書と総称される御鎮座縁起の類は、そのような切迫した状況下における伝統継承者たちの悲願の結晶といってよい。たとえば「御鎮座本紀」には、心御柱《しんのみはしら》について「これは、イザナギ、イザナミのミコトの鎮府、陰陽変通の本基、諸神化生の心台である。天の心にかなって木徳を発揮し、皇化に帰して国家を助ける威力である。故に、心御柱は天皇のご寿命の守護であり、天下統合のしるしとして、永遠不動の存在である。この御柱に万一にも故障がおこると、たちまち天下の危機が訪れる」といった意味を述べている。心御柱についてはこのほかにも秘伝といったものが少なくないが、いずれにしても遷宮行事がこの忌《いみ》柱の料木の奉採にはじまり、その奉建が一大事とされてきた理由を明らかにしようとした苦心の跡がしのばれる。

ところで、遷宮そのものについてはどのような理由づけがされていたか。鎌倉初期の遷宮記には「皇家第一の重事、神宮無双の大営」といった説明句が見える。文句は短いけれどもこれだけで千鈞《せんきん》の重みを持った時代としてよかろう。それが室町になると「天下第一のご祈祷」とか、あるいは「天下泰平、国家安全のご祈祷」と、その効用をのべることになる。しかし、なぜ遷宮がそのような祈祷になるかということをくわしく述べないのは、大神宮をもって宇宙万物の根本とする哲学が根底にあったからであろう。

要するに「常の例《ためし》」という伝統それ自身の権威が危機に際会した中世には、このような学問的権威が、伝統を背後から支える一つの力となっていたと理解してよいであろう。

こういうことは祭というものの本質からみて果してノーマルな状態、好ましい事態といえるかどうか。それは別として、好むと好まざるとを問わず、一九七〇年代もまたこちたき立論を必要とする時代であることにおいては中世と似通うものがあるといえよう。

「富山県神社庁参宮団しおり」昭和四十八年十月（『カミ・くに・人』収録）

日本の祭とお伊勢さま

みんなが共同でいとなむお祭の古い姿というのは、ぜひともすぐれたお力をいただかないと、人力ではどうしようもない、という時に行われたようです。米作りに全生活の基礎をおいた日本では、春、耕作を始めるとき、あるいは夏、田植えにかかる時、また秋、穂がふくらみ始める時、というように、前途に不安と危険が一ぱい、という時季に祭がある。祭によって勇気がわくのです。秋の収穫の時は、お陰さまで、とあふれる感謝を捧げるのはもちろんですが、しかしそれだけではないのです。春からずうっと協同してきた隣人達との人間関係が、収穫完了のとたんに断絶してしまったらどうでしょう。個人々々ばらばら、勝手放題。これでは世の中の経済生活も、道徳、秩序も、娯楽も何も、みんな成立しません。破壊、破滅です。つまり、収穫の悦びの裏には人間関係崩壊の危機を孕んでいるのです。せい一ぱい賑やかに秋祭を行うことで、神さまがこの危機を食いとめて世の中に生気を与え下さることを、先祖たちは永い経験からわきまえていたのです。

こういうお祭の行われる全国すべての神社の統合の中心がお伊勢さまであることは、皆さまご承知の通りです。ですから、お伊勢さまの祭は日本という共同体に生気を与えて下さる祭です。

お伊勢さまの秋祭＝神嘗祭には御門や御垣のお榊をとり替え、純白のみとばりも改め、大神さまの神衣も新しく奉献されます。皆さんのお宮で〆縄を取替えたり、お祭に限って幕を張りめぐらしたりして、常とかわった祭場の姿、生気あふれる状態にしてから大祭が行われるのと同じ原理です。

神宮式年遷宮では、この祭場更新を徹底的に行なってきたところが特色の一つです。

新宮の御敷地ではまず荒草を刈りとる儀式をして鎮地祭をいとなみ、その更新された御敷地の上に御正殿を始め東西宝殿、瑞垣や玉垣、御門等々のすべてが新営され、殿内のお飾り、御神座、御神宝の類もすべて新調されるなど、何もかも新しく用意されます。

第二に、神事は前例に習うというのが原則ですから、唯一神明造の御正殿はじめ諸殿舎の様式や配置も、また、お飾りや神宝類の品目、数量、仕様も、さらには二十年に一度という周期も、神嘗祭に先だって遷御を拝するというその時期も、何から何まで前例に習っています。千二百八十年、六十回を重ねる間には多難な時代もあったのに、よくもここまで古式が守られたものだと、驚き、感嘆し、ありがたい国だとよろこばない人はありません。皇室を中心に仰ぐのと同じこころで、日本の要《かなめ》としてお伊勢さまを仰いできた祖先たちに、つくづく感謝したいものです。今回も全国民の赤誠が結集されて一切の御準備はまさに完了寸前です。

皇大神宮の遷御は十月二日、豊受大神宮では十月五日。この日、宮中では神嘉殿の庭上に設けられた御座にて、御束帯を召された陛下には神儀出御の午後八時・御遙拝の儀を行われる由にもれ承っています。伊勢の御遷宮が日本にとっていかに重儀であるかと、私どもは身の毛もよだつほどの緊張を覚えます。

日本中が生気をとり戻して、永久に栄えますようにと、いよいよあらたかなご神威を、お祈り下さるようおねがい申し上げます。

神宮と民衆

「生活と文化」昭和四十八年十月（『カミ・くに・人』収録）

この国の至上神ご鎮座の地を求めるにあたっては、その年中の祭がうるわしく、そして確実に斎行されることを念願されたにちがいない。そうだとすれば、ご鎮座当時の伊勢地方というのは、皇祖の大御神さまの祭に、心底から悦んで奉仕する人々が、この地域社会を形成していたはずである。武力をもって征服された結果、心ならずも中央の命令によって奉仕した、というような状態はとうてい想像もできないのである。

だから伊勢地方の民衆は、農民も漁民もそれぞれ、稲を、塩を、海山の幸を、あるいは和妙《にぎたえ》（絹布）、荒妙（麻布）を、土器を、真薦を、と心をこめて生産し、年中の祭の時を期して進納してきたにちがいない。そして、この地域社会の代表者たちは一族をひきいて神事に奉仕したり、神域や殿舎の維持管理につとめたり、時あって中央から派遣される官人たちの宿舎や食糧の供給にもつとめたことであろう。

したがって、殿舎がしだいに整備されるにつれて、あたりの山々からの木材の伐採搬出とか、土木や建築の工事にも従事したはずである。いまに伝えられる、いわゆる「お木曳き」も、あるいはまた、祭場に敷きつめるための石や砂の運搬も、はるかなる父祖たちが代々くりかえし、受けついできた奉仕作業の一つであった。

大神の宮のご鎮座地に行政単位として郡がおかれて度会郡と称し、隣の多気郡とともにこれを神郡と定められたのは大化の改新であるが、それもご鎮座以来この地域の人々がこぞって奉仕してきた実情に即した法制化であるとしなければなるまい。神郡というのは言うまでもなくその租庸調のすべてが神用に供される郡とされる。神郡内の人々は神主にはなり得るが官途には就けない。このような規定のできたのも、やはり古来の実態があってのことにちがいない。

神郡は平安初期までは右の二郡であったがやがて三郡となり八郡となった。そのほかに大和をはじめ伊賀、志摩、尾張、三河、遠江および伊勢の国内に神戸というものが定置された。これらの神戸の租庸調もまた大神宮の司が収納して神用に供したことはいうまでもない。これらの神郡や神戸は言葉をかえていうと神領といってもよい。それぞれの土地に定着した人々が、代々かわることなく専ら大神の宮に奉仕したのであって、他の役所や寺やあるいは貴族たちのために田租を納めたり夫役をつとめることはないのが立て前であった。平安中期以後になると中央の威令がしだいにおとろえ、やがて神郡神戸も他の勢力によって侵されることにもなるが、その反面には、大神の宮に新たに寄進される所領の時代と共に多くなった。たとえば永久五年、鎌倉権五郎景政がその私領である相模国の大庭の御厨《みくりや》を「神徳を蒙らんがために」寄進した例などはその規模の大きいものである。鎌倉時代にまとめられた「神鳳鈔」によると、その当時、全国を通じて大神宮の御厨と御薗は八百をこえ、このほかに神田や名田として寄進された所も三百をこえていた。大神の宮にお仕えする人々は伊勢湾周辺からさらに全国にとひろがったのである。

伊勢の大神の宮では庶民の参拝が禁じられていたようによく言われるが、これは謬説である。そんな規定は古来どこにもない。自分の土地の、いわゆる氏神さまにお祭の時に参詣する、というよりも、氏神さまのお祭を共々に奉仕するのが、氏神の森に寄り集まる唯一の機会であったというのが古代の習俗であって、他所の社寺へ参詣することなどは、上世の人にとっては思いもつかなかった。平安時代になると、都の貴族たちは密教のご祈祷を受けるために、霊験高いとうわさされる僧をたずねて方々の寺院へ足を運ぶようになるが、物詣でという風習はここから始まると謂われる。やがて、有名な熊野詣でがはやるのも、こういう祈祷をうけるためであった。伊勢にもそのような要請に応じて御師とよばれる神官ができるようになり、ご祈祷料として御厨の収穫のうちから年々一定の上分をおそなえしましょう、というのが右にいう御厨の寄進である。したがって神領とはいっても、かつての神郡神戸とちがって、その大部分は御師がご祈祷料として受けとり、一部を神用に供したのである。それはともあれ、こうして全国に大神宮の神領ができたことは、それだけ、庶民の間に大神宮の尊貴なことが周知されたことである。伊勢参宮の風とともに大神宮と民衆はこうして次第に親近を深める。明治維新による近代日本の誕生にあたり、いち早く近代的な国家意識が形成される上に、これは少なからぬ意義をもっていたと考えられる。

ことし十月には第六十回の式年遷宮祭をむかえるが、前例によるとご遷宮のたびごとに参詣者が飛躍的に増加している。このたびも恐らくその例に洩れないであろう。木の香新しい大宮のみ前にぬかづく人々のこぞって祈るところは果して何であるか。それこそが日本の前途を決定するとしてよい。

大いなる年

「不二」第二十八巻第十号、大東塾・不二歌道会、昭和四十八年十月（『カミ・くに・人』収録）

生涯の大いなる年明けんとす

これは今年の元朝における私の感懐であったが、その大いなる年も、いまにして思うと一陣の風のように去って行った感がしないでもない。しかし、さらによくよく考えてみると、こんなにもただならぬ出来事が次から次にとうちかさなって天降《あまくだ》ってきた経験は、過去にもなかったし、将来にも恐らく再びはあるまい。

そういう空前絶後の時をすごした直後であるから、当度ご遷宮の全期間を通じての感想をまとめたり、あるいは将来への展望を述べるなどということは、いまの私にはできそうにもないが、たって述べよと言われるならば、とりあえず次のことを記録しておきたい。

当度ご遷宮のご準備当初に話題となった国費支弁の問題については「神宮明治百年史」の中の拙文に述べておいたのでここには繰り返さないことにするが、それにつづいて内輪で論議されたのはいわゆる神宝使問題である。古来ご遷宮の御装束と神宝は特にお使を差遣されてお供え遊ばされてきたことは、延喜式祝詞の一篇を見ても明らかである。この本義を当度はどのような形でか具現されるように、神宮当局は考えてほしい、というのが神社界の一部から提起された要望であった。神社本庁ではたしか特別委を設けて審議されたようであるし、神宮司庁では大宮司の諮問機関として設けられた遷宮委員会の中に小委員会をつくって、そこで研究してもらった。そして一つ二つの案がまとめられたけれども、とどのつまりはまだ数年も先のことだから、さらにお互いでよく研究しようではないか、という故矢尾板委員の発言で、神宮側と同氏との協議に一任された形でこれらの委員会は終った。やがて同氏は故人となられたのであるが、このことについては相当のご心労をなさったようで、想いおこすたびに胸が痛むことの一つである。

いよいよご遷宮斎行の時がせまった今夏、もはや猶予はなるまいというギリギリの時点で、当時の記録を私は再検討した。そして、この時の論議や試案にこだわっていては解決は覚束《おぼつか》ないと気付いた。あくまでも現実の事態に即して、しかも筋の通った方途を選ぶほかはないのである。

今回のご準備そのことについては、周知の通り、神宮大宮司が畏き辺りのご聴許を拝して事を進めることになったのであって、それはかつての律令制下の造大神宮司に相当するとしてよい。この点については決して民間の私営にはなっていないのであって、今日の情勢下における限りでは、大義名分がとおっているとしなければなるまい。したがって七、八年前に、ある一部の者が「造宮使」が今回はないではないか、といったが、その批判は当たらないと信じている。

しかし、その大宮司が事を進めたとしても、畢竟するに私法人の経理に属する資金をもってご調製申し上げた御装束と神宝である。

恐れ多いことながら昭和四十一年度から四十八年度まで、八年間を通じて毎年、両陛下より尊いご下賜をたまわったが、これは経理面からすると、やはり神宮司庁の特別会計である式年遷宮費の歳入に加えさせていただいたのである。従ってご料のすべては右にいう通り、私法人の私経済で支弁された。そこで、できることならばご調製申し上げたお品のすべてを皇室に献上し、しかる上で更めて、上代以来の神宝使に相当するお使をもってご供進をお願い申し上げる、というのが最も古儀に忠実な御装束神宝のお取扱いということになるかと思われる。ところがここに大きな壁がある。皇室経済法第二条という鉄壁の前には献上手続きは不可能といってよいのが現実である。マッカーサーの亡霊にまたもや立ち塞がられたかと嘆じてもはじまらない。

そういう現実をふまえた上で、関係者の間で話をつめた結果は、やはり「造大神宮使」の例に倣うことが唯一の道ということになったのである。すなわち、神宮司庁内に設けられた式年造営庁が調進した御装束神宝を大御前に供進申し上げることについて、あらためて畏き辺りのご聴許を大宮司より願い出るほかはない。そこで、式目を付してそのことを当局にお願いし、九月十二日付で畏くもご聴許を拝することができた。

また、両正宮はじめ別宮荒祭宮、多賀宮のご造営完了のことについては、大宮司が同じ日に拝謁して復奏申し上げた。国民のうるわしい奉賛の状況についても、もとより委細が奏上されたようである。そして陛下より有難いお言葉をたまわったということを大宮司からその直後に承った。

また同じ日に御装束神宝天覧のことが皇居の正殿竹の間において行われた。それは明治二十二年度の正遷宮以来の嘉例ということである。ご供進遊ばされるについて、予めその一部を親しく御覧あそばれる至尊を拝して、御親祭とはかかるおん事か、とさとらせていただく心地がした。というのは、実は思いもかけぬことながら、他の禰宜一人、技監一人と共に、小職もまたその竹の間の一隅に侍らせていただく光栄に浴した折の感懐なのである。高案に並べられたご一点ご一点の前に玉歩を留めさせられ、大宮司のご説明に深くおうなずき遊ばされる至尊のお姿を拝し、いかにもいかにもありがたく尊くて、私は目頭を何度も拭ったことであった。

かくして当度の川原大祓の儀においては、その祓詞の中に「奉らしめ給う」御装束神宝という六文字が加えられたのであった。現状のもとでは「神宝使」問題はこの形で解決するほかはなかったのであるが、やがて来るべき時代をうけもつ人々は、果していかがとり進めるであろうか。

将来の式年遷宮については私如きが何もいうことはない。その時代々々に生きる者が万全をつくすにおいては、徒らに憂えることはないはずである。したがって、今を生きる私共においては、そのための下ごしらえに英智をあつめ、全力を注ぐ、ただそれあるのみと覚悟している。

「瑞垣」第百号、神宮司庁、昭和四十八年十二月（『カミ・くに・人』収録）

政教分離と神宮　―日本の明日のために―

当度のご遷宮を通じて最も大きな特色を一つだけ挙げるとすると、何といっても、全国から寄せられた奉賛のめざましさをいわねばなるまい。当初、昭和三十九年のころ、関係者の間では二十億円という募財目標がせい一ぱいぎりぎりのところであろうといわれた。ところがいざ奉賛活動がはじまると、各地で異常な熱意が示された。やがて物価賃金のとめどのない高騰は、当初予算の改定を余儀なくされたけれども、献金は期せずしてその要請にこたえるかのように、各地から次々に順調に寄せられた。最終的には五十億をこえる経費を見込まねばならなくなったけれども、奉賛会の募財と社頭への献金とをあわせるとそれが危惧なく支弁できる見通しがついたのであった。おかげで職人さんたちの手も揃い工事も工程のままに運んだし御装束神宝も所期の通り調進することができた。万一にも募財が中途半端のところでとまったとしたら、と考えると背筋が寒くなるが、全国の関係者の方々の容易ならぬ熱情と骨身をおしまぬ奔走のおかげによって、国民一般の間にひそかに流れつづけている神宮崇敬のまごころが喚起され、めでたい成果となったものと思う。まことに感激のほかない。

仏教には喜捨ということばがある。これは僧に対して食物などをさしあげることによって、凡下たる自分も救われるという信仰の論理からきていると解される。だから喜捨をする者は「させていただく」という態度であるし、受けとる僧の側は、うけとってやる、という態度である。これはもとより上座仏教の国での話であって、日本では双方の態度は全く逆になっているように見受ける。昔から日本では托鉢ということが広くは行われなかったという歴史にもよるかと思われるが、それにもまして、神社も仏寺も一村一部落のものだけでこれを祭り、これを維持してきたという事情が大きく影響しているであろう。庶民の間にも特別の信心をもって他国の社寺に賽する場合がなくはないが、その場合にはご利益という、いわば反対給付が期待されている。村の氏神さまのために物資や労力をささげる場合とは大きい差違があるといえる。そのような風土の中で、式年遷宮費の募財が行われ、そして「お伊勢さま」のお役にたててもらえることならば、という姿勢でこれに応じる人々が数百万に上ったという事実に、私たちは心をとめなければなるまい。

つまりここには、反対給付の私的な、実利的なご利益というものを期待するこころなどは、恐らくなかったであろう。また、僧侶に喜捨することによって輪廻からぬけ出そうという信仰ともちがっている。あたかもそれは、親代々住みついた村の氏神への奉仕と共通した心情ではなかろうか。お伊勢さまは総氏神、といわれるが、これは決して架空な観念でないことが、大多数の国民によってまさに実証されたのである。これは宗教の世俗化とか個人化とかいわれる現代にあって注目すべき現象としなければならない。

敗戦後の占領下にあったとき、神宮をはじめ神社のほとんどが宗教法人の枠に入れられたために、その宗教的機能までも変革しなければならないように誤認したものが極めて多かった。そして三十年近い歳月を経てみると、実際において変化してしまったケースも決して少なくない。しかし宗教法人として登記されていると否とを別にすると、恐らく十万にものぼるかと推測される神社の全体からすれば、こういう変化をしたのは極めて微少であって、大多数の神社は依然として昔ながらの氏神、すなわち地域社会における社会秩序の象徴として存続しているようにみえる。象徴は宗教的なはたらきを持つという意味においては、そのような神社も宗教にちがいないが、それは個人的内面的な信仰行為の場とは明らかに異質の、いわば文化宗教とか公民宗教として分類されるものに属する。このような公民宗教によって統合された地域社会が寄り集まった統合体としての歴史につちかわれたわが国であるから、神々の中の「惟《これ》祖惟《これ》宗」と仰がれる神宮が、日本の総氏神という性格を備え、そういう機能をはたしてきたのは当然であった。

したがって、このような神宮や神社が宗教法人法によるところの教団や教会と同一の範疇に所属することを極めて奇異に感じる人々が少なくないのも無理からぬことであろう。現に神宮に賽する相当の有識の人々にも宗教法人と知って意外な顔をする人が多い。

このたびの盛んな遷宮奉賛の状況をみて、一部に国家神道復活を警戒する声のあったのも、裏をかえせば神宮が一般の宗教々会と異なるものを感じているからにほかならない。私も幾人かのジャーナリストから、神宮の国家管理問題についての所見をきかされた。しかし公民宗教であるという本質論と、その宗教に対する帰依あるいは信奉を法律的に義務づけるということは全く別個の問題である。

明治の初めから神宮神社を一般宗教の枠外にあるものとしたのは正しかったけれども、これを国家の強い統制下においたのは、近代日本の生成期における歴史的要請であったことを忘れてはなるまい。明治以前の神宮神社の久しい歴史に徴するならば、社会生活の全面に及ぼす宗教的な機能は法律的な拘束の外にあってこそ、よりよく発揮されたとも言えるのではあるまいか。

わが国では政教分離ということを、政治と宗教の完全分離というように誤解しているものが多いのは困ったことである。これは憲法条文のあいまいさ、というよりも、その曲解からきているようであるが、政治といい教育といい、すべては宗教的な敬虔と理想の上にたって行われない限りは、一国一郷の正しい政治、良心的な教育とは言えない。よく引合いに出される米国大統領や市長などの就任式における「神」と国民、あるいは市民に対する誓いの儀礼は、政治と宗教の一体を示すものである。この場合の宗教というのは、いわゆる教会宗教でなくて、公民宗教の意であることはいうまでもない。そういう意味でわが国でも大臣や議長あるいは知事、市長など政治の責任を負う者が神宮神社に公式に参拝することは、決して政教分離の精神に反するものではないはずである。これをも私的な行為と強いて弁明させるような風潮があるけれども、それは一党一派のための政治でもよろしい、国民的志向を尊重しないでもよい、といっているのと同然である。皇室と神宮との関係にはここでは触れないけれども、日本国の天皇の御地位のいかなるものかを、その歴史伝統には無智であっても、せめて憲法の明文によってわきまえる人々は、「皇室の私的御信仰」というような法制局的見解には釈然たらざるものがあるにちがいない。

神宮には修学旅行で訪れる生徒児童も、戦前ほど多くはないが年間には約三十万人に上る。中には教師も学童も共に「参拝」をしているものもあるが、果してその祈念するところは何事であろうか。それはともあれ、自然の風物や建築物を「見学」にくる学校も少なくないのは、やはり例の憲法条文の曲解が原因であろう。

以上あれこれと述べてきたけれども、自らを顧みると、畢竟するところは神宮神社が宗教法人になっているところにも、大きな責任があるようである。先述したように、現在の神宮神社にもいわゆる教会宗教的な要素が皆無とはいえない。それは中世以来、特殊な神社には殊に濃厚でもあったが、近来の社会構造の変化によってさらにその情勢は拡大された。そういう機能分化を率直に認めた上で、宗教法人として存続すべき部門と然らざる部門とを制度的に分離することは、困難ではあっても不可能ではあるまい。

明日の日本のために、また、このたびの遷宮に寄せられた国民的奉賛にこたえるためにもこの問題はあらためて考えなくてはならないと思う。

最後に繰り返していうと、いかなる国家でも、その国民の理想を追求し実現するためには何らかの象徴と儀式をそなえた宗教的な権威が、絶対に必要なのである。現に、社会主義国家といえども、いや社会主義国家の方がむしろ強烈に、政権を独占する党派の信奉する宗教的権威に帰依することを国民に求めていることは周知の通りである。

「館友」第百十一号、皇學館館友会、昭和四十九年一月（『カミ・くに・人』収録）

遷宮十年

昭和三十九年の正月、例によって大宮司始め全職員は内宮と外宮の神楽殿に大晦日の宵から詰めて、初詣でに対処していた。その元日の午後のこと、田中少宮司が賽務課前の廊下で私を呼びとめ「いよいよ今年は宮内庁へ伺書を出さねばならないが」と、やや思いつめた表情で話しかけられた。そのあと、どういう打合せをしたかは記憶にないが、印象の深い元日であったことはたしかである。

それからの経緯は一応『神宮・明治百年史』下巻に述べたのでここには省くが、ともかくあれから十年、遷宮々々で明け暮れた。身近な人の上でいうならば坊城大宮司が亡くなられて徳川大宮司を迎え、宮内庁では矢尾板掌典が亡くなられ、川出掌典は勇退された。私が神社界の第一歩を印した折に最初の教訓をいただいた長谷長老も故人となられた。神宮禰宜を拝命した際に、冠の予備がいるでしょうと譲ってくれた関谷権禰宜も、待望の盛儀を前にあの世へ去った。十年という歳月は、こうしてみるとやはり並々でない星霜であった。

その十年の総決算とでもいうべき時がいよいよ来た、という実感がわいたのは九月二十七日のこと。これから長い参籠にはいるために、身につけるあれこれを妻が揃えている時であった。ふと外を見たら、縁側のガラス越しに真赤に燃えている鶏頭の穂先が眼についた。その赤い炎をじっと見ていると「やっと辿りついた」という想いがこみ上げてきた。

その夕刻、内宮斎館の門までくると一の鳥居の脇の欅が早くも黄ばみそめていた。

門固く禰宜らこもれり夕紅葉

斎館では宇仁禰宜と机を並べて、軒端の椰《なぎ》をながめくらした。よく見ると、青い円《つぶ》らな実が同じ色の葉かげにちらほらとなっていて朝は朝日にてらてらと輝き、雨の日は雨の日でまた鈍く光ってみえた。この間までの繁忙がまるで夢のように思えた。

数々の表だった祭儀のほかに、何かと殿内の奉仕もあり、参籠中も決して暇ではないのであるが、何といっても人間相手でないから心は常に安らかである。内宮につづいて外宮の遷御、七日の午後になって十一日ぶりに帰宅した。その間、最大のヤマは言うまでもなく皇大神宮遷御の儀であった。きらめく星空の下で奉仕をおえて斎館にさがり、ずっしりと重い束帯を解いたときは、文字通り重荷をおろしたさわやかさであった。ガブガブと飲んだ水道の水も甘露の味であった。

ご神慮もかくやとばかり星月夜

八日からふたたび参籠にはいり、多賀宮の遷御を豪雨の中で奉仕した。神嘗祭がこれにつづいて、別宮月夜見宮から帰宅したのが十九日。ようやくわが家のくつろぎに戻った。

鶏頭は地に伏し大儀果てにけり

「新日本春秋」第五百三十五号、昭和四十九年一月(『カミ・くに・人』収録)

遷宮元年　―宗教的色彩とは何か―

晴れわたる星空のもとで、古儀に即してご斎行あらせられた昨秋の正遷宮に奉仕した光栄を想いうかべながら、遷宮元年の初夢を語るのも、たのしいことである。ことわっておくが標題の「遷宮元年」ということばは私の発明ではない。伊勢の神領民の一人が新聞折込ビラに題したそれが気に入ったので早速借用したものである。

祭祀と私祈祷

いま冒頭に私は「ご斎行あらせられた」といったが、その意味を先ず述べておきたい。遷宮は神宮の祭祀の重要な一つ、というのが常識のようであるが、それは、神宮が国の機関の一つであった時代のことである。さかのぼれる限りの文献をみても、神宮が民間任意の祭をしていた事実というのは見当たらない。神宮の祭祀はすべて公の儀式として行われていたという証拠しかないのである。祈願祈祷の類も神宮の祠官によって行われた例はむろん少なくないけれども、それは「大神宮故事類纂」がいみじくも分類したように「私祈祷」に属するもので、神宮祭祀とは別個のものである。いまの時代になってもこの二つを神宮では厳密に区別していて、祭祀は大御前で、私祈祷は神楽殿で行なっていることは周知のとおりである。ところがこの相違が往々にして見すごされる。

たとえば、昭和四十年二月二十二日の衆議院予算委員会第一分科会の速記録に見える高辻内閣法制局長官の答弁の中から抄出してみよう。

「しかし現在八咫《やた》鏡を奉安し、そこで宗教的な団体がその活動をしている。それに対して国費を出すことは、やはり現憲法の存在を前提とする限り、それをいいという解釈は難かしいように思う」

ここには質問の方を省略したのでちょっと判りにくいかも知れないが、長官のいわんとしたところはこうである。神宮に奉祀するご神鏡の公的性格はこれを認めるが、それをおまつりしているのは宗教的な団体であり、そこで行われる遷宮は宗教的活動である。だから遷宮祭の経費のために公費を支出することは、憲法第八十九条の立前から困難だ、というのである。

公的儀式の否定

ここにはどうも概念のあいまいさからくる論理の混乱があるように思われるが、いかがであろう。

それは関連質問の中で、高辻長官が答えているところをみるとさらによくわかる。

「一般的には伊勢神宮の行事を宗教的色彩がないというふうに思い切るには、なかなか困難を伴うように思うので」八十九条からいうと国費支出には疑問がある、と言っている。ここでは「宗教的色彩」の有無を問題にしている。

すなわち長官の解釈によると、宗教団体の行う宗教的色彩のある行事は宗教活動だ、というのである。これは憲法二十条の宗教儀式と、宗教活動の二つの概念の解釈にかかわる問題であって、例の地鎮祭違憲判決でもこれは一つのポイントになったように極めて重要な点である。

私は儀式というものには、すべて多かれ少なかれ宗教的色彩があると考えている。誰がどこで行なっても、極端な例をとると、無神論者ばかり集まって人民広場で行なっても、儀式である限りはかならず宗教的な雰囲気がかもし出されるものである。そこには既成宗教のにおいがないというだけのことである。

したがって宗教的色彩の有無といった表現ではこの問題は明らかにはできない。それはともかくとして、前述のように私たち神宮の神職は大御前の祭祀を決して宗教活動とは考えていない。それは特定の個人やある特定団体の何某のための儀式ではないということが私祈祷の場合とははっきりちがっているからである。このことだけに限っていうと、大多数の神社の大前の祭祀はほとんどがこの類であり、神社に限らず、たとえば寺院仏堂の場合でも修正会とか修二会などはもともと天下国家の祈祷であり、大般若経は今でも一村落の村内安全五穀豊饒のために唱えられる例が多い。こういう地域共同体、大きくは天下国家のための儀式は、それをかりに宗教団体の専門家が司祭しようと、いわゆる宗教活動とは考えられない。その儀式を行うことによって宣教しようとか宗教教育をしようという意図はさらさらないからである。個人々々を救済しようとも考えないからである。それはひたすら共同体の繁栄と永遠を祈るだけである。

今後の諸問題

神宮が政府機関の一つであったというご鎮座以来の伝統は、敗戦とともに終った。そこで宗教法人神宮が生れたのであるが、その後は、専らご歴代に一貫する思召を体して、従来のとおりに公的な儀式を行わせてもらっているのが現状である。したがって当度のご遷宮にご差遣あそばされた勅使の資格が法制局流にいって私的の立場と解されるか否かは別問題で、われわれはあくまでご歴代の思召を継承あそばされる陛下のお使としてお迎えしそのご主宰のもとで奉仕したのである。遷御の儀は「延喜式」によると「御像《みかた》をうつし奉る」という重大儀であり、私法人の主宰しうるところではない。ご斎行あらせられた、としたのは、この本義によるものである。

さてそこで初夢であるが、ここで簡単に述べた祭祀と私祈祷、公的儀式といわゆる宗教儀式との弁別について、さらに詳細な論述が識者の協力を得て行われることが先決であろう。また、そのことと併行して研究を要することは、制度問題である。例の昭和三十五年十月の浜地質問に対する池田答弁書と、皇室経済法第七条に定められた皇室の財産、すなわち神器に関する政府の責任の範囲の関係が明確にされる必要がある。そして一方では神宮の祭祀規程について、この方は私たち奉仕者の責任において、更めて考えてみることも必要である。神宮は今や政府の一機関ではない、という立場で考え直してゆくことが肝要であろう。

初夢ははてしなくつづくが、与えられた紙数もこえたので一応ここらで擱筆する。

神宮禰宜十六年

「館友」第百十八号、皇學館館友会、昭和四十九年七月（『続　カミ・くに・人』収録）

さる五月末日に私は神宮禰宜を依願退職したので、これまで公私につけてお世話になった方々へ挨拶状を出したが、館友の皆さんには誌上広告でご勘弁いただこうと横着を構えたところ、編集部から一文をかけといわれて藪蛇になった。しかし徒らな私的回想記でこの誌面をふさぐのは申しわけないので、いろいろと迷ったけれども、これだけはぜひ皆さんの記憶に留めておいていただきたいということをひとつだけ述べることにした。

固い話で恐縮であるが、それは、昭和二十一年二月一日以降の神宮祭祀とは何であるか、ということである。令制以来の神宮祭祀はあの時点でその法制的根拠を失ったばかりでなく、国家的な意義を社会的には葬られたままで、その後における事態についての解釈らしい解釈が、今もって行われていないのである。大へんうかつで恥かしいことながら、このたびの御遷宮準備の過程で宮内庁関係と折衝をつづけている間に、そのことを痛いほど思い知らされたのであった。

「神宮祭祀令」というものが廃止された後の神宮祭祀は、宗教法人神宮の行う祭祀である、という考えが定着してしまった感があるけれども、果してそれでよいのか。「神宮規則」の中の祭主に関する条文を四十八年に改正したとき、祭主のご職分についての一項を挿入したのであるが、その案文について宮内庁当局と協議した際にも、つき当たったのはこの本質的な一点であったのは、私のにがい思い出の一つである。

この十六年の禰宜生活の間、お前は何と考えてお祭に奉仕してきたのか、と問われれば私は躊躇なくこれこれと答えることはできるけれども、はたしてこのような奉仕者の主観に任せておいてよいものかどうか。現に、右のような私どもの主観は社会的には一蹴されてしまうもろいものに過ぎないのではないか。私は神宮司庁の事務分担の上で、渉外事務と会議運営と部内の連絡といった雑務に明けくれして、静かに考える暇を持たなかった、といえば言訳けになるが、参籠の夜を除いては事実その日その日のことに追われどおしであったこの歳月を顧みて、今はまことに解放された感じである。その上、幸にして教学研究室長という新しい身分を貫い、研究室を一つあてがわれたので、これから、あらためて第二の人生を踏み出すつもりでいる。余生いくばくか計りがたいけれども、わからないことだらけの神宮のことを、スタッフと共に静かに勉強してゆきたいと、今はそればかりを考えている。どうぞこれまで同様に御鞭撻の程を。

天皇さまと伊勢神宮

「別冊週刊読売」昭和五十一年十二月（『カミ・くに・人』収録）

私は昭和三十年以来二十ヵ年にわたって伊勢の神宮に職を奉じ、その大部分の期間を神主としてお仕えしたので、両陛下、皇太子、同妃両殿下はじめ皇族方のご参拝やご視察などにもたびたび奉仕の栄に浴した。ここにはその二十年の間に折にふれて直接身をもって感じたところをいささか披瀝して、ご在位五十年奉祝の微意をささげたいと思う。

四十六年、両陛下がおそろいでこの国を離れてヨーロッパにご旅行になるという、日本開闢以来の慶事があった。こういう平和の時が訪れようと、誰が予想したであろうか。ともあれ、これはお迎えするヨーロッパの国々でも大きな関心事であったに相違ない。その年の三月、早くも在京外人記者クラブは、宮内庁に対して天皇に関するいろいろの質問を発した。神宮に奉仕する私にとって、その問答の中でも次の一項は特に目をひいた。

問　天皇は公式に天照大神の子孫といえるのか。

答　日本神話においては、天皇は天照大神の子孫ということになっており、皇室のご信仰としても天照大神を皇祖として祭祀を行なっておられるが、歴史的事実として公的に断定すべき問題ではない。

一見して何と面白い質問をするものかと思い、それにしても何とまた歯切れのよくない回答をしたものか、と驚いた。

神と人間の間柄を「主と僕《しもべ》」として把握する西の文化に対して、この国では「祖《おや》と子孫」として感得し、神は肉親の父祖と全く同じ情をもって子孫たるわれらを守護もし、いましめても下さるとする、そういうオヤコ関係が皇祖と皇孫（歴代天皇）の間であり、氏神と氏子との関係でもあるので、何も生理的な意味での子孫というのでないことは、相手が外国人であろうと話せば理解してくれるはずである。その前提を欠いたために「皇祖として祭祀を行なっておられる」という事実までも、公的には認めていないような回答になってしまったのは、おしいことであった。実は伊勢を訪れる外人の中にもこれに似た質問をする者はたまにあった。

ニニギノミコトにはお墓とお宮があるが、その祖母に当たる天照大神のお墓はどこにあるか、といった類《たぐい》である。彼らの持っているガイドブックには天皇家のアンセスタをまつる宮と英訳されているから無理もない。宗廟などという中国式の表現もまた誤解の因であった。近来はまた、天照大神の別名大《おお》ヒルメとは太陽神に仕える巫《みこ》であったという民俗学者の一説が大流行で、これがさらに誤解を助長した。その一方で、天皇さまの祭儀を皇室の私的なご信仰によるものだとして、政府がその責任を免れようとする傾向がある。回答の歯切れのわるさの理由は大いにそこにある。

私見によれば大ヒルメとか日神というのは「朝日直刺《ただざ》し夕日の日照る」宮殿の、しかも表御座所の

「昼御座《ひのみくら》」におすわりになられる天皇に照応する神名にほかならない。したがって天皇が皇祖神にお仕えになられるのは決して私事どころか、公的な天皇の根源に属する祭儀といわなければならない。

ご起立のままお聞きに

忘れもしない昭和三十五年九月二十六日、伊勢湾台風は伊勢神宮を直撃した。神殿にこそ何の損傷もなかったけれども、御門の萱屋根が吹っとんだり鳥居が大木の下敷きになったり、そのほか建造物の被害は当時の金額で一億六百万円。大小数千本の倒木の損害は約二億円と記録されている。何しろ参道は数百メートルにわたって倒木と大小の枝葉でおおわれてジャングルとなり、参拝者には一の鳥居の前で拝礼してひき返してもらう日がひと月もつづいたろうか。そうした被害の大体がやっとつかめたところで坊城大宮司は皇居に参内し、その状況をくわしく内奏した。大宮司はそのとき何枚かにわたるくわしいメモを携行していたので、それを御前で読み上げたために、かなりの時間を要したらしかった。大宮司からもれ聞くところによると、その間、陛下にはずうっとご起立のままでお聞きとり遊ばされたそうである。大宮司と前後して三重県知事も県下の被害について内奏のために参内した。その帰来談によると、神宮のご被害についてまず申し上げます、と口を開いたところ、陛下はすっとお椅子からお立ちになられ、神宮関係のことを終るまではお座りにならなかったのに驚きました、と話していた。当時の知事は革新系といわれていたが、あの台風のあとから保守系に転向したと噂された。それはこの時のことと直接に関係のあることではないが、伊勢神宮がどんなところかを、この地元知事さんが身にしみて覚《さと》られたことはたしかである。

坊城大宮司が参内をすませて伊勢に帰任すると、あとを追うように徳川侍従がお使いとして神宮に参拝されたが、それは「視察」ではなくて「お見舞言上」のご代拝と察しられた。

両陛下のご参拝をお迎えしたのは越えて三十七年五月二十日のことであった。その前日に内宮の域内にある行在所《あんざいしょ》におはいりになられた両陛下からのご下賜金が大宮司に伝達された。ご災害復興費としてという思召であった。そこで神宮当局では内宮、外宮、そのほか所管百十余宮社の境内に杉とか松などを補植することとして、三十八年二月に植えおわったのであるが、わざと立て札も立てなかったので、そのような両陛下のお心のこもった杉や松が域内にあることすら一般には知られていない。

神宮のお山の中を貫通していた山みちが二車線のハイウエーとして開発されてから数年間というものは、沿道に山火事が頻発して、その対策にあれこれと苦心したものであったが、そのような山火事の一つが、ある時たまたま全国ニュースになってしまった。実際には本宮から何キロと離れていたし、しかもすぐに消しとめたボヤであったので、宮内庁へ報告するまでもないと考えていた。ところがその翌朝、那須のご用邸から宮内庁経由で、山火事はどうだった、と照会の電話がはいった。宮内庁の人たちはことのほか口が堅いのでその言いまわしから察するほかはないが、この時はどうやらご下問があってのことらしかった。いずれにせよ、この電話を受けたときは、皆が身のおき所のないほど、申しわけない思いをしたことをまざまざとおぼえている。

伊勢神宮には式年遷宮という大規模な祭がある。それは持統天皇の時代に始まって六十回を数えるという伝統を担った祭で、二十年に一度、現在の神殿にならべてそっくり同形の神殿を新造し、そこへ大神が遷《うつ》られる儀式である。律令制がはじまって以来、時の政府の責任において万事がまかなわれてきたが、今回、昭和四十八年度の遷宮は政府が逃げまわっているので、結局、民間募財で行わねばならなかった。しかし両陛下は決して等閑にされるはずはない。四十一年に募財のための奉賛会ができましたと宮内庁へ報告したところ、早速、両陛下からご下賜金があった。その時の神宮大宮司の「謹話」の一節にこう書いてある。「さらに式年遷宮御斎行の年まで、お手許をつとめて御節約あそばされ、引つづき御下賜をたまわるとの有難い思召を洩れ承り」と。そしてその通り四十八年まで毎年金一封が下賜されたのであった。

戦後の神宮は宗教法人という一私法人になったことを知る人は多いが、その経費が何によってまかなわれているかは存外知られていない。天照大神のご神体としてまつられる神鏡は「天皇の公的地位の皇位にともなうものと考えている」と第四十八国会（昭和三十五年）でも政府は公式に再確認しているにもかかわらず、その神鏡をおあずかりしている法人に対してビタ一文の補助金も出ていないと説明すると誰でもおどろく。皇室の内廷費の中から年中五度の大祭には若干のお供え料が支出されるが、これは、両陛下のご日常費の一端から、全くの思召によってお供えされるもので、国家予算に計上されているわけではない。

ご遷宮費としてのご下賜金もこのお供えの延長線上のもので、決して国費ではないことを強調しておかねばなるまい。

感動を呼ぶ教団の奉仕

さてその遷宮の準備としては、神殿造営とともに、神宝調進ということがある。これは大神のお調度品と一応解すればよいが、この神宝は天皇からお供えになるものとされているので、神殿に納める前に、その一部を陛下にご覧いただく儀式がある。今回は四十八年九月十二日、皇居の正殿竹の間で代表的な神宝類二十点をご覧に入れたのであった。

掌典長のご先導で竹の間におはいりの陛下は、まず入口に近い卓上の神宝の前にお立ちになり、徳川大宮司のご説明をお聴きのご様子である。私どもの控えている位置は陛下の真後ろに当たるが、かなり離れているので大宮司の声もよくはきこえない。モーニングコートの陛下はそのご説明の終るのを待って、次の一点の前にご移動になる。そのつど、直立不動のお姿のままでじっとご覧になり、ご下問もなければ、ご感想をおもらしの様子もない。神宝というのは当代一流の工芸家が古代の規格、手法そのままを踏襲して文字通り謹作した、いわば伝統工芸の粋ともいうべきものであるから、これが普通の展覧会などであれば、恐らくいろいろとご下問もあったにちがいない。しかし陛下にとっての神宝は文字通り大神のお品であった。二十点のご覧を終えられるまで、謹厳そのものの御うしろ姿は今もこの眼に焼きついて忘れることができない。

ご遷宮の準備としての木曽ヒノキの購入は三十六年度から始まったのであるが、本格的な準備は四十年の正月からであった。私の伊勢時代の半分はご遷宮にかかわっていたことになる。そういう準備の中で私が最も感動を覚えたのは仏所護念会という一教団の赤誠であった。

この教団のことは世間にはまだよく知られていないので少し紹介すると、昭和二十五年に故関口嘉一師によって創始された宗教法人で、本部は東京都港区の白金台にある。会員百万といわれ、本部のほかに講堂が全国八ヵ所、日光には青年部の練成道場もある。その教えは、現会長関口とみの女史の言葉によると、「私達は日本人です。陛下をいただき、日本の良き伝統を受けつぎ、神仏に喜ばれるような人格をつくり、仏所護念の弟子としての使命を果たすこと」ということになる（五十一年十月一日発行の機関紙「仏所護念」から引用）。そこで具体的な実践活動としては、親孝行、先祖への供養、日本のご先祖としての伊勢神宮への奉仕ということになる。

私は三十八年ごろからこの教団が毎年、伊勢に団体で参拝していることを知った。この参宮は二十五年開教のとき、初代会長以下幹部が大きな悲願をこめて参拝した年からつづけられているのであった。三十八年といえばまだ遷宮準備が本格的にはじまる二年も前である。いち早くこの遷宮という祭儀が、天皇さまにとっての最も重大なお祭であることを理解された関口会長は「私どもにもお手伝いをさせていただくことがゆるされるでしょうか」と、遠慮勝ちに申し出られた。四十一年の暮れに奉賛会が正式発足したのであるが、その発足の前後に神宮大宮司をはじめ、神宮の神主たち一同は、どれほどあちこちへ頭を下げて協力をたのんだことであろう。頭を下げれば下げるほど、相手は、オレのご機嫌を損じたら寄付はまとめてやらないよ、といった態度をとる人が多かった。神宮に対しては誰よりも信仰厚いはずの人々に、そういう傲慢ぶりが目立つのは何とも情けない風景であったが、関口会長をはじめこの教団の幹部の人たちは、お手伝いをさせてもらって有難いというのが口癖であった。

三十九年二月に第一回分ですと献納されたのが四九八万五四九〇円。献納者の名簿は、取扱い者ごとにきちんと整理され、まとめてから神宮への献納日までの預金利子までつけてあるので四九〇円といった端数がついているのである。「ご遷宮までにはせめて一億円くらいにしたい」との話であった。ところがその後、年々献納額はふくれる一方で四十四年度には目標をはるかに超過した。

そのころ海外同胞による伊勢神宮崇敬会という団体では、ご遷宮の事務をとる庁舎が明治三十五年の古い建物では不便であろう、といって庁舎建設資金を米大陸で募金中であったが、金額としてはあまりにも少額なのでその話を関口会長に洩らしたところ、ご遷宮は奉賛会で募金されているのだから、庁舎費を作りましょう、といって三、四ヵ月の間に五億数千万円を集めて持参して下さった。青年部の献金を合わせると六億五四〇〇万円を越える巨額にのぼったので庁舎はみごとにでき上がり、遷宮事務には大助かりだった。おかげで行幸や行啓のときにはこの庁舎でご小憩いただくこともできるようになった。

四十六年度、四十七年度とさらに仏所護念会の献金はつづいて、ついに一八億四五〇〇万円を越えた。庁舎建設費と合わせると実に二五億円に達したのである。

募財というものは大きな組織をつくるので、いわゆる募財費に消える所が少なくない。遷宮奉賛会とても例外ではなく、全国から奉賛会の手で二五億円の献金が集められたけれども、その募財費がぼう大な額に上ったことは否めない。それに反して仏所護念会では募財費を差し引くどころか、利子まてつけて献納されたのである。これが感動しないでおられようか。

聞くところによると現在、伊勢神宮で進めておられる内宮神楽殿改修費として本年八月にはまたもや巨額の献資をされたそうである。こういうのを本当の「神忠」というのであろう。

闇の中おごそかな遷宮

四十八年十月二日の夜八時、内宮のご遷宮がまず行われた。その夜、臨時出仕という資格で祭庭の篝《かがり》火《び》たき役に奉仕した歌人、佐藤佐太郎氏はこう詠《よ》んだ。

星おほふ夜空の下はけがれなき闇となりたり神遷るとき
おごそかにしづかになりて白石をしく神庭にこほろぎの鳴く

また、その夜の大儀をつつがなく奉仕しおえた大宮司徳川宗敬氏の歌集「鶏鳴」には次の一首がある。

浄闇を遷りましたる新宮を仰げば清し満天の星

声に出して誦してみると、ご準備の最高責任者として仕えてきた大宮司の感懐が、いたいほど私には伝わってくるのを覚える。

浄闇に遷り給ひてやすらけく明けそむるらむ朝としのびぬ

これは翌四十九年一月十日の宮中歌会始に「朝」という御題でお詠みになった皇太子妃殿下のお歌

である。

妃殿下には皇太子殿下とお揃いで遷宮二ヵ月前の八月一日に伊勢にご参拝になられ、新しい神殿をもよそながらご覧になり、宮大工の立ち働く工作場もご視察になられた。昭和四年のご遷宮祭の絵巻もご覧に入れたことであった。そういうことどもを思いおこされながら、東宮御所からはるかに伊勢の空をおしのびになられたお歌であろうと思われる。

しかし、それだけではない。ご遷宮を何びとにもまさってお心にかけられていた陛下のお上にも「やすらけく」その朝は明けそめたことであろうと、おしのびになったにちがいあるまい。

ご在位五十年の秋をむかえて、私どももまた、これからの陛下のお上には、やすらかな朝ばかりが訪れんことを、心からお祈り申し上げてやまない。

長鳴鳥

「神社新報」昭和五十六年一月五日号（『カミ・くに・人』収録）

酉という漢字は康熙字典で調べた限りでは鶏の義はなく、就（みのる）、飽、老等々と解されている。それがどういう由来で鶏にかわったのか、その詮索はともあれ、わが国ではもはや動かしがたい常識となっているので、ここにも鶏にまつわる想い出を綴ってみることにする。

私にとって最も強烈な印象をもって、その声がなお耳朶に残っているほどの鶏鳴は、ほかでもない、かの皇大神宮の鎮地祭の折のそれである。

山口祭に始まる御杣《みそま》の祭儀、庭作りの開始に当たっての木造始祭《こつくりはじめさい》などの諸祭を年を逐うて次々に奉仕してきて、いよいよ新宮の御敷地において斎行される祭儀の手始めがこの鎮地祭である。先ずはご正宮の中重に一同著座しての八度拝の儀がある。年中幾度か奉幣のあらせられる度ごとに、この中重における八度拝を奉仕していたのであるが、この日、昭和四十三年四月二十五日の八度拝は、殊のほかの感慨があった。

さまざまの会議、さまざまの行事、祝祭。その間の焦燥、妥協、蹉跌、喜悦。そうした数々の起伏と屈折の積み重ねの果てにやっとのことでここまで辿りついたという思いで、長い参道を進んできたのであったが、今ここに参入して八度拝が始まると、もはやそのような雑念はことごとく雲散霧消した。ただただ、めでたく事を進めしめ給えとの痛切な祈りのみで、額づく石壷の石もほとほとかすむばかりであったことを、十余年を経た今でもありありと想起することである。

ご正宮から新御敷地へと一同は移るのであるが、それには、常は通ることのない二つの西御門をくぐり、そこから荒々しい石組みの磴を降りてゆかねばならない。こうした常ならぬ動作もまた、ひとしお緊張をそそることであった。

古殿地というところは、もともとの古儀をたずねてみると、前のご遷宮の終った時からこの鎮地祭までの十数年というものは、何びとも足を踏み入れることのない、いわゆる禁足地であった。聖なる所が禁足地とされることは、あえて布留の社や三輪の神奈備などの例をまつまでもなく、明らかなことである。しかも、古殿舎そのものも、中世以降のよくよくの例を除いては、そのまま朽ちるに任せてあったはずである。村の社の鳥居に立てそえた斎竹や榊などが、来るべき祭用意の日まで枯れるがままに放置され、曳きわたした注連縄が朽ちるがままに残されていることを思い合わせるならば、聖なるものの古人の扱いかたは容易に推測がつくというものである。

近代合理主義の時代を迎えてすべてはさま変わることになった。古殿の古材はかつて旦那に頒賜された例にならってか、諸方のお社で再度の用に供されることとなり、踏み入るべからざるシメの内は奉仕隊の人々の土足にふまれ、実生の木々も荒草も、伸びるひまを与えられぬまま、見た目にはまことにきれいに保たれることとなった。

このような変化はあったけれども、やはり古殿地には古殿地の風格がある。そこを今日からは新宮のみ敷地と呼びかえるのである。大きな感激ではなくて何であろう。

五色の帛を垂れた棒が四隅と中央に立てられている。古の物忌父《ものいみのちち》にかわって権禰宜が献饌を奉仕し、次いで祝詞を奏する。傍にはかつての地祭物忌《とこ》に擬される童女がはんべる。祝詞がはじまると一同俯伏する。祝詞は微音であるから、その声はきき取れない。しかし心を鎮めると何か聞こえてくるような気もする。

その祝詞が終りに近づいた頃おいであった。突如として、全く突如としてトキを告げる庭つ鳥の声が高らかにきこえてくるではないか。それがまた、常の鶏鳴とちがって、実に美しく澄み透った声で、高く、長く、朗々と中天にこだまするのであった。しかも、ひと声ならず二声までも。それは神饌のかたわらに、古式のままに竹かごに入れて供されている二羽の白鶏の告げためでたい長鳴きであった。

このような生きたままの鶏が何故に造宮関係の祭儀に供されるのであるかについて、その当時、上山春平、戸田義雄の両教授がそれぞれ立論されたことも記憶に残ることであったが、それはともあれ、このめでたい長鳴きはまさに「常世《とこよ》の長鳴鳥《ながなきどり》」という古語を想起させるものであった。

記紀の「常世」の文字はかりそめに用いられたものではなかろうと思う。それは老いを知らぬ永生の世界、不滅の生命のふるさとに外ならない。長鳴鳥の長鳴きには、そのような常世の祝福が象徴されている。

前回のご遷宮はこのような祝福の中でめでたく斎行されたものと私は堅く信じている。

もはや次回のためのご用材のご準備が始まったと洩れ承るが、何とぞ何とぞ、常世の長鳴鳥の長鳴きのめでたさの中で、お滞りなく進められんことを祷ってやまない。

遷宮回想　―次期式年遷宮に向かって―

「神社新報」昭和五十八年一月三日号（『カミ・くに・人』収録）

――昭和三十九年正月、元日の午後のこと、田中少宮司が内宮神楽殿の廊下で私を呼びとめて、「いよいよ今年は宮内庁へ伺書を出さねばならないが」と、やや思いつめた表情で話しかけられた。――

これは、前回のご遷宮の終った翌年の正月、「遷宮十年」と題して、ある会誌にのせた拙文の冒頭の部分であるが、その小文を書いてからまたたく間に、また十年が過ぎた。だから、この宮内庁への伺書云々の話もすでに二十年の昔となったのであるが、この三十九年こそは第六十回式年遷宮の、文字通り発端の年であり、私にとっては忘れようにも忘れられない年となった。

ところで、この伺書については、その正月の仕事初めの日に少宮司は私に一つの案を示された。それは神宮司庁の機関誌である瑞垣用の萌黄色の二百字原稿用紙に鉛筆書きにされていた。その僅か数行にすぎない極めて圧縮された文章の行間に、あの温厚な少宮司の焦燥とも思われる感情が垣間見られた。かねて幾たびとなく宮内庁に足を運んで話合いをつづけて居られたことは承知していたし、その話合いが必ずしも少宮司の意に沿うようには流れていなかったことも察しがついていたので、このような案文になるのも止むを得ないとは思ったけれども、このまま提出したのでは、振出しに戻る恐れがあるし、何しろ山口祭を一年後に控えているのであるから、事はなるべく円満に運びたい――。

そこで少宮司には結論を暫く猶予していただくようにお願いした。そして二、三の学識経験者の意見を、私が直接に承ることにしたのであった。その伺書作製作業には、こんなことで約二ヵ月を要した。その間、二月には本庁統理宛に全国崇敬者の奉賛結集についての見通しを照会するという形で、その所信のほどを文書で回答してもらって、これを伺書に添付することにもしたのであった。

若い読者各位のために、何を宮内庁に伺うのか、ということについてここで若干の説明を加えておかねばなるまい。上古以来、明治二年度までの神宮のご遷宮は、律令制の定める所によって行われた。明治時代には勅命をうけて制定された神宮明治祭式に拠って行われ、大正以降は勅令の神宮祭祀令によって斎行されてきた。昭和二十四年度に予定された第五十九回式年遷宮は帝国議会で議決された予算により、造営と神宝御装束の調進とが内務大臣監督の下に造神宮使庁という官庁で進められていた。ところがかの終戦である。二十年十二月、戦災者の上に寄せられる畏き思召により遷宮事業の中止が仰せ出された。しかし、二十四年にいたって民間からの切なる熱望にうながされ、神宮大宮司よりお伺いをし、二十五年十一月、勅使ご参向のもとに着工奉告祭が行われ、ここに一旦中止されたご造宮等が、正式に続行されることになったのである。

式年遷宮祭は、二十年に一度の大神嘗祭であると解するならば、遷宮祭も神嘗祭以下の年中祭祀もその根本の本義には変わりはない。何れも神宮祭主が天皇の大御手代としてご奉仕遊ばされるのであって、一宗教法人の行事ではないのである。昭和二十一年二月二日以降は、宗教法人神宮規則の定めるところによって、従前の手ぶりを以て祭祀が行われているけれども、この神宮規則は「皇室と連絡協議」をとげた上で定めたものであって、他の神社規則と同列に見なしてはならないものである。しかし、それにしても一私法人の規則であって、これに根拠をおくものとは考えがたい。それは実に不文の伝統の上に立っての祭祀と言わねばならない。ましてや遷宮祭は他の祭祀とちがって畏くも神儀のご遷座を仰ぐ祭であり、この遷御の儀が勅使の奉仕されるところであることは他に異なる重大な点である。

これはまた奉幣の儀についても同様で、年中恒例臨時の奉幣も、遷宮祭の奉幣も、ひとしく勅使の奉仕される祭儀である。これらの場合は、神宮祭主を始め神宮神職等はその介助者たる立場になるのである。従ってこれは決して一宗教法人が行う祭儀ではない。このことはしかと押えておかなければならない原点だと私は確信している。

筆が思わず先走ってしまったけれども、ともあれ第五十九回の遷宮はそういう次第で、国の祭儀として開始されたことの継続であった。

ところが第六十回の場合は、祭祀令も造神宮使もないのであるから、最初の着手から宗教法人神宮が、そのご準備をさせていただかないと、一歩も前進しないのである。とすれば、どこまでの計画なり見込みを立てて伺書を差し出すか、また、何故にかかるお伺いを申し上げるのか、そういう点がかなめと考えられた。

前者については専ら、今は故人となられた矢尾板掌典のご意見を傾聴した。掌典はむろん上局の意をうけて、応待されていたようである。後者については本庁の岡田調査部長に草案を依頼した。岡田氏がどの方面と連絡をとって起草されたかは私の知る所ではない。それらを綜合して成案を作り、所定の機関の議を経てやっと提出したのが三月の中旬であった。その内容は、「神宮大宮司において」「そのご準備を開始」することにつき「謹んでお伺い」をしたのであって、ご遷宮斎行についてのお伺いではないことは、言うまでもない。

(「第五十九回神宮式年遷宮に付上申」という昭和二十六年五月の文書には「今回の式年遷宮奉行については……神宮が行うものでありまして」という文章がある。しかしこれは占領下という異常事態の下で提出されたということを念頭において読むべきものと了解している。当時といえども神宮当局者として遷宮の本義はもとより心得ていたはずである。それは終戦直後の古川少宮司の挨拶に「勅許を得て云々」とあることでも明白である。『神宮・明治百年史』を繙《ひもと》かれる読者のために、念のために注記しておくものである。)

このお伺いに対しては宮内庁長官名で翌四月早々に「御聴許」あらせられた旨が文書で伝えられた。ここで初めて正式なご準備に着手することが可能になったのであり、また、それまでの内々の準備(ご用材や神宝など)が晴れて正当化されたわけである。

この伺書の全文は『神宮・明治百年史』中巻にのっているのでくわしくはこれを参照されたいが、前段の骨子となっているのは、去る三十五年十月の内閣総理大臣の答弁書であり、この答弁書が持つ重みをこの時あらためてひしと感じたことであった。もっとも「神宮に関する重要事項はすべて皇室に連絡協議するたてまえ」になっていると、この答弁書には明記してあるけれども、これは現実的には宮内庁との連絡協議である。しかしその協議の形態はいわば「内談」あるいは「秘密会談」を一歩も出ていない。大宮司や少宮司が長官と幾たび会談しても、立会者も記録もないので、お互いの理解が進んだのか、それとも微妙に食違っているのかが明確でない。従って内談は行きつ戻りつして進捗しない状態も生じるのである。事の重大性からしても、この「連絡・協議」は文書による他は公式な会議の形態をとって進めてもらいたいものと、痛感したことであった。

ご遷宮について回想する時にどうしても気になるのは、昭和四十四年二月の衆院予算委であったか、中曽根康弘委員の質問に対する高辻法制局長官の答弁である。ご遷宮に対する政府の公式見解として、これはまことに重要である。

「現在、八咫鏡を奉安し、そこで宗教的な団体がその活動をしている」「公的な評価が加わっている八咫鏡を奉安するということを中心として、そこに宗教的な団体がある。そしてその宗教的な団体の活動として何事かが行われる」。この「何事」というのは前後の関係から遷宮を指すことは明白である。

この高辻長官の答弁は神儀御遷座の儀、すなわち遷宮祭をもって、宗教法人の行う宗教的な行事（あるいは活動）であるという認識を示しているようである。もしもそうであるならば、遷宮祭について基本的な誤解があるのではないか。それはまた、皇室典範制定議会において金森国務相が、神器に関連した答弁の中で言明した政府の責任を回避するものではあるまいか。この二つの疑問のうち、後者については法制専門家の意見をぜひ聴かせてもらいたいと思う。

前者すなわち遷宮祭は宗教法人が主体となって行う祭儀でないということ、上に述べた通りである。これについて現在の神宮当局者がいかような解釈をとっておられるか、私の存知する処ではないが、十分な討議を重ね、「皇室と連絡協議」さるべき重要課題ではないかと考えるものである。

このほか、御装束神宝の本義など思うことは尽きないが、ここらで一応、筆を納めることにしよう。

伊勢の神宮と式年遷宮

神宮神道青年会、昭和五十九年四月

一、大日孁貴

最近では「伊勢神宮の祭神と斎王」と題する論文を書き、また、日本民俗学会のシンポジウム「伊勢信仰とその周辺」ではコメンテーターとして伊勢信仰の起源や形態などを考えつつ、先学の論述に目を通して気付いたことがあります。それは神宮とはそもそも何ぞや、御祭神の理解に問題は無かったか、という点であります。

天照大御神とか大日孁貴と申し上げる祭神名について、先学の説くところは(イ)天皇家の氏神、(ロ)太陽神そのものという二者に大別できます。尤も折口信夫博士は荒祭宮は太陽神にして内宮はその妻にあたるという見解を示され、西宮一民氏の新潮社版『古事記』では、今日知られるかぎりでの学説が紹介されており、果して古事記の編者自身がその何れをとっていたのか、判断することも容易ではありません。

さて氏神とは一体どのようなものでしょうか。氏の長上たる天皇が皇族ご一同にかわり天照大御神をまつられたという考えかたもありますが、皇族の守護神という本質をお持ちであるかどうか、再考すべきところです。結論から先に言えば、天皇が神として仰がれた社会事実が先行しているという点が肝要であります。このことは古典を繙けば紛れもない事実であります。論者によっては、柿本人麻呂など宮廷歌人が天皇を現御神と讃美したように、天皇の神格化は天武期以後であると説明いたしますが、水なり太陽なりの神格化と安易に同一視するには、あまりにも天皇の神格化という言葉は難解であると考えます。

津田左右吉氏の如きは、たとえば神功皇后が憑依せられたシャーマン的性格を天皇がお持ちになられる場合にかぎり、神と称えた知識人の表現であると見ておりますが、そのような見方では万葉集の歌などからしておよそ説得力のないことは明らかであります。また和歌森太郎氏の場合は沖縄学をとりいれ、村々の村長にあたるニンチュと神憑りする女性のニイガン、より大きな地域状況では男性の為政者であるアンジに対して女性司祭者ノロの関係から、女性のシャーマンの霊力を媒介として為政者たる男性も神的権威を増すのであって天皇の神秘的な御力も采女の介添により付加されるものだと説きます。柳田民俗学では山の神即祖神という考えをとり、天皇が各地の高い山にのぼり国見をなさることにより、天皇が山上の祖神の霊力に触れて神聖になられるものと見做しております。このような考えかたでは為政者自体は本来、神聖性をもたないことになりかねません。しかしながら当屋制では、当人そのものが神と崇められ、他の女性から霊性を賦与される訳でもありませんから、むしろ為政者や司祭者それ自身が神秘的な霊力を有していると考えるのが自然ではないでしょうか。顕著な例では出雲の国造や諏訪の大祝というものがあります。農耕社会で培われてきた為政者＝司祭者はそのまま神であるとするのがわが国では自然な成行で、この原理に着目するならば敢えて中世以降の沖縄における特殊現象、あるいは神功皇后や卑弥呼のような特異な事例に頼らずとも、天皇が神であらせられる理由は明白であると思います。

天皇そのものが神であらせられるという信仰は、日本にのみ、みられる現象ではありません。紀元前数千年の昔からエジプト王は神であると崇められてきました。東南アジアのベトナムやカンボジアでも王はそのまま仏であるとされ、それぞれの信仰形態に応じた神聖化が認められます。さらにエジプトに見ることができるように、王は太陽の子であるとの表現をもって、神聖性の根源に思考をめぐらし、インドシナでも王は仏、王子は仏の芽と形容され、神聖性の根拠に理由説明を加えております。わが国でも天照大御神という御神名について一般には、天照とは太陽をしめすとしますが、これは大神の形容詞であります。大御神は神々のなかの大神という意味をもっています。天皇が、現人神であらせられる根源は、その祖神が太陽の如き唯一の輝かしき大神であることに説明をもとめています。あるいは中国風の知識が影響したかも知れませんが、道教の至上神の表象である北極星を祖神とは仰がず、唯一の輝やかしき存在である太陽に神名をとり、大日孁貴とも名付けたのであります。折口信夫氏はオホヒルメノムチのムチは女性をあらわす接尾語であると説かれましたが、大己貴は明らかに男性神でありますから、ムチは男女に関わらぬ言葉と解されます。むしろ津田左右吉氏の次のような解釈が妥当であると思います。すなわちヒルは日の光を尊んだ語、メとかムチはすべて霊的なる存在をあらわす接尾語とみるものであります。このようなところから一般的には太陽信仰と説きますが、日神はあくまでも神聖天皇の権威の源泉に対して畏敬の情を表現した命名に過ぎません。

神名とはその神をまつる者の信念がこめられたもので、天照大御神や大日孁貴が別にあって天皇と結びついたという形でなく、天皇が天皇であるための権威の源泉、—その御本体に対しそのような神名をつけて尊崇したものと見るべきであります。したがってこの神は天皇以外の者が拝み、あるいは祀るという発想すら起り得ない神にほかならないのです。天皇にもっとも身近な皇太子や三后でも、幣帛をたてまつる時には天皇のお許しを得なければならないという延喜式の規定は、神聖なる権威の源泉に対して、天皇御親らのみが御崇敬あそばされることの本義を証明するものであります。

二、神宮の創祀

では、そのように尊貴この上もない神さまがなぜ伊勢にお祀りされたのか、ということが問題になります。天照大御神を宮中から外にお遷しになられた事情は崇神・垂仁天皇の巻を幾度か読み返しますと国内不穏や王権の危機、対外不安などの要因から、神まつりを鄭重に致さねばならないという発想が生じています。歴史学者の通説によれば神宮の創祀ということは、大和朝廷が東方進出のため伊勢を前進基地に選び、その地に天照大御神をまつり橋頭堡を築いた、とするのですが、これは些か考えすぎでありましょう。

それよりも私が注目いたしますのは、古事記の肝心な箇処ではかならず「常世」という言葉が出て参ります通り、常世思想の重要性であります。天岩屋戸の段では天照大御神の御出現をうながすため長鳴鳥をなかせていますが、その鳥を常世と形容しております。思金神はこの段や出雲神話に出てきますが、天孫降臨の段で、はじめて常世の思金神と形容詞がつきます。古事記上巻において天岩屋戸と天孫降臨はもっとも大きな眼目ですから、常世の何々と表現されているのであります。それとは逆に大己貴・少彦名の神話では、海彼からやってきた少彦名と一緒になって大己貴は国造りにはげまれますが、そのうち少彦名が常世国に去ってしまう。大己貴に協力せず常世国に帰ってしまったことは、少彦名に象徴される常世の生命力が得られず、葦原の中津国を統治すべき能力を喪失したことを意味します。反対に新たなる天皇の誕生ともみるべき天岩屋戸の段では常世の長鳴鳥の祝福があり、その大嘗祭にあたる天孫降臨の段では常世の思金神が随伴するなど、王権の誕生や継承にはかならず常世の生命力がより添っているのであります。神武天皇紀にも、三毛入野命が浪の秀をふみ常世郷に行かれるとの所伝があり、神武天皇の鴻業を兄弟が常世国から守ってくれることを示しております。これら国家の永続や皇室の繁栄をめぐり、常世を重視した思想はきわめて重要といえるでありましょう。

皇大神宮の御鎮座は垂仁天皇二十六年と伝えられますが、それはあくまでも縁起であって、神誨により伊勢にお鎮まりになる縁起は古ければ古いほどよろしい。これを斎王発遣の歴史から見ますと、派遣されたのは五十鈴の川上でなく、多気の斎宮であったと考えられます。

豊鍬入姫命や倭姫命が大御神に近侍したと言われますが、大御神は斎王に憑依されますから斎王が大御神の御姿そのものという関係であります。日本紀略の貞元二年九月十六日条に、伊勢斎宮へ規子内親王が群行し給う時、円融天皇は大極殿に渡御せられ行列を見送られます。それを「送りたてまつる」と表現されていて、すでに大御神であらせられる斎王に天皇すら敬意を表されたことが如実に察せられるのであります。神である斎王のいらっしゃるところが神朝廷であり、ミカドが天皇を御主人とした御殿をさす言葉でありますから、カミノミカドは大御神を御主人とする御殿、つまりは斎宮と考えられます。斎宮の年中行事も宮中における神祇官の祭儀のミニ版であります。日本書紀に日本武尊が伊勢に倭姫命を訪ねたとありますが、斎王すなわち大御神でありますから、伊勢の大神宮に詣でたものとも記述されるのであります。

このような斎王制度が最初からあり、御代ごとに卜定されたと考えること自体無理があります。制度というものにはある事柄が必要に応じて繰返されるうちに恒例化し、やがてそれが制度化されてゆくというタイプがあります。初期の斎王は途切れとぎれで信用できないとよく言われますが、それであるからこそ真実に近い記述と申すべきではないでしょうか。崇神・垂仁両朝はハックニという縁起上で区切られたもので、継体天皇朝あたりからは間違いない史実と信じられます。それと言うのも継体天皇は御代が絶えそうになった時期、丹波国からお迎えいたし皇位にお即きいただいた天皇であって、初期の斎王はそういう切実な祈りをこめて差遣せられるという御性格があられたものと考えられます。

三、祭祀の条件

国家や皇室に関して切実な祈りをこめた大御神への祭りには、およそ二つの必須要件があったと思います。

一つは、天照大御神は神なる天皇にして、天皇は現身の天照大御神であられるとの御関係から考えますと、大御神へのまつりは天皇に奉仕することと同様であるべきです。天皇が日々食物を聞召されて生命を維持され威力を発揮なさるように、大御神にも日毎の供御をさしあげます。既に述べました大和国の東方、常世の重波がうちよせる浦安のめでたい地方で、しかも御食を供進できる有力氏族という選定条件を充たすものが、伊勢地方で豊かな海産物を漁る磯部氏でありました。この氏族は常世の波をうけて生命力を蓄えた志摩の速贄を朝廷に献上し、また大御神の供御として差上げた。しかも御饌料田から豊富にとれる稲穂をも、外宮の御饌殿において日別朝夕に大御饌を進ってきたのであります。このような外宮の宮崎神田の由緒からして、みじめな現状を打開し、今後ともぜひ残していただきたいものです。

もう一つは、秋ごとに初穂をたてまつる新嘗の祭庭も、この日毎の供御をたてまつる場所の近辺に選定されたことです。とりわけ内宮では五十鈴川周辺の伊勢湾沿岸が重要な意味をもち、五十鈴川をくだり二見や鳥羽にでかけて行なわれる贄海神事は、元来磯部氏の担当するところでありました。内宮禰宜以下が伝え、皇大神宮御鎮座の由来を物語るべきこの神事が明治維新の際に廃止されたことは、洵に残念でなりません。ともかく五十鈴川上にも祭場が設けられ、山田と宇治の二つの祭場において、新嘗の初穂がさしあげられることになったのであります。(注)

このような祭場に榊や五色絹をたて、斎王が居られれば、祭祀の事は足ります。『神宮遷宮記』を仔細に読めば心御柱の形状がどのようなものであったか窺うことができ、また『太神宮諸雑事記』にはその榊が牛に喰われたと書いてありますように、榊の神籬を中心として斎王がお臨みになれば完璧なお祭りを営むことができる訳です。あとは幣帛を納める宝殿があれば、何も社殿を要しない筈でありますⅰ。しかし、やがて神祭思想の変化の時がきて神鏡を奉斎すべき段階になりますと、御正殿が建てられます。『延暦儀式帳』でも大御神の建物を指して、「正殿」という言葉以外のものを使っていません。正殿とは天皇が政事をなされる大極殿にあたり、それに擬えて大御神の御座所をも正殿と称したのであります。それはあくまでも神鏡奉斎の施設であって、祭祀のためのものではありません。高欄をめぐらし五色の居玉をかざり、正面に御階を備えた荘麗な正殿は、あたかも天皇の大極殿を縮めた模様が窺えるのであり、御饌殿式の刻み御階では困る訳でありましょう。

古儀の御饌祭は明治まで御床下の神籬の前で行なわれてきましたが、奉幣の儀では勅使は何処にむかって拝むのでしょうか。拝礼の位置は何処でもよろしい訳で、目の前に玉串をおき、これに向って拝むのです。平安期の公家の諸記録によりますと、天皇が下、上賀茂や石清水・祇園・春日神社などに行幸あらせられた際、どのような拝礼をなさったかが知られます。たとえば八坂神社を例にとりますと、天皇は南門前の幄舎に駐輦、中臣が御簾の前に捧持した幣帛にむかって両段再拝なされる。そこで更めて上卿に付して神前に持たしめ、神主に伝えられております。また伊勢斎王の発遣式でも、大極殿において天皇は神宮にたてまつる幣帛を通して、遥かに大神宮を拝みたまい、神宮に参向した勅使も太玉串を前にして拝むなど、何処にあろうとも眼前におられる神を拝するという考えかたをよく示しております。石田一良著『カミと日本文化』のなかでも剣・弓・矢などの物神化に注目されていて、流石であると感銘いたしました。私は日本書紀の記述はともかく、拝礼という事実を通して同様の見解をもつに至りましたが、太玉串や八重榊の意義を究める上でも、これは重要なことであると申せましょう。

いずれにしましても、大御神への祭祀は御鏡や殿舎に限定するものではなかったところに、神宮の起りを考えたいのであります。

四、遷宮制

さて神宮では秋ごとに御榊を立てはやし、瑞々しく御垣内の装いをこらしてお祭りし、おそらく天武天皇の御発想により持統天皇の頃に内宮正殿ができたのでしょうが、実際には文武天皇二年十二月の時点に神鏡奉斎が行なわれたものと考えます。つまり多気の大神の宮を度会郡に移したという『続日本紀』の記事がそのことを表わしており、それまで多気の斎宮に祀られていた神鏡が、はじめて五十鈴川上に奉祀されたものではないでしょうか。お建物は持統天皇朝にすでに用意されていましたが、この女帝は男帝間の中継的性格をおもちになられるため斎王の卜定もなく、文武天皇となるや斎王を派遣され、今申したような記事が出てくるものと思われます。こういう事態になると正宮以下を新らしく造替しなければならなくなり、二十年毎の式年遷宮制がつくられて参ります。従いましてその起源は伝承通りでよろしいかと考えます。

遷宮は毎年行なうべきものでありますが、あれだけ立派な施設の造替ではそうもゆかず、二十年毎の式年に実施されて参りました。しかし今日のように宇治橋まで造替するということは、延喜式の規定にも見当りません。宇治橋は昭和四年の式年遷宮に際して、内務省が当度かぎりと言うことで行ないました。その次の二十四年の遷宮をめざして帝国議会においても二千万円の予算が決められましたが、国史未曾有の敗戦をむかえて延期され、二十四年に前例にならって架け替えられました。建物や御橋を全部造替することは少しく行きすぎであり、却って御遷宮の意義がうすれることを恐れるものであります。やはり中心をして中心たらしめるには、補助的な事柄を一定限度内で抑制することが必要であり、延喜式にはその軽重がよく区別されております。昭和四年は国威全盛の時代でありましたが、為政者が神まつりの本質を充分に理解していたとは言いがたく、鄭重も度がすぎれば非礼になることを銘記いたすべきでありましょう。これは明治の神宮御改正にもあてはまることであって、今後は一定の時代や条件のもとで生じた歴史的事実について、今日の条件下ではいかにあるべきか、ということを常に考えてゆかねばなりません。

五、国民奉賛

前回の第六十回式年遷宮については、私共の力不足から充分にゆかなかったことがあります。第一に、大宮司の方から御上に遷宮斎行の御聴許をいただくのは間違っております。当方から伺い出るのではなく、政府から神宮に対して式年も近いから準備せよと命じるのが本筋であります。池田内閣当時、浜地文平議員が提出した質問書に対して、政府は神宮におまつりする御鏡は皇位と共に伝わるべき由緒ある物と明言しました。したがって皇位と御一体の皇室財産ならば、その維持管理はあくまでも政府の責任下においてなされなければなりません。本来は政府がなすべき造営事業を、現憲法下では出来かねるため神宮が代って準備をはじめるに過ぎない、と考えるものであります。第二に天皇から幾度か内廷費をいただきましたが、これは御日常のお手許金でありますから、たとえ幣帛料にしてもそこから出るのはいささか問題があると申さなければなりません。いわゆる天皇家の氏神まつりではなく、皇位の根源であられる大御神に対する天皇のおまつりであるに拘らず、天皇の私事、私祭の感があるのは残念であります。私共が政治家を説得し、国民あげて当局に要請いたすべきところでありました。

『神宮・明治百年史』巻一所収の「第六十回式年遷宮の御準備について」という論文にも、掲げました五項目にわたる遷宮の基本見解の内、実現できなかった事柄について反省点も多いのでありますが、五項目の最後にあたる国民奉賛だけは完遂でき得たものと思います。この国民奉賛で大切なことは伊勢の地元、つまり青年会議所・商工会議所・観光協会・行政当局のみならず、まさに一般市民が燃えるということでなければなりません。想い出しますことは宇治橋渡初の時、青年会議所の諸君が私自家用車を総動員して全国からお集りの三夫婦を心からもてなしてくれたことです。涙をおさえて私もお礼を申しましたことを記憶していますが、本当にうるわしい奉仕ぶりでありました。お伊勢さまの有難さを伝えたのは歴史的には御師でありましたが、現代の御師はわれわれ全国の神主であり、神宮の御膝元の一般市民でありましょう。神宮職員はもとより、市民ぐるみで御神徳のありがたさを国民全体につたえるという使命感を、ぜひともお持ちいただきたいものであります。

なお神社界では、遷宮がすむとほどなく次期遷宮の声があがって参りますが、これはいささかどうかと私は考えています。それでは遷宮のために神宮があり、神宮の平素の活動がすべて遷宮のためのみにあるものと誤解されかねません。事実はまったく逆で、神宮があるため遷宮が行なわれるのであります。神宮御当局がひそかに御用材や、御装束神宝を御準備なさるのは当然のこととして、それを外部に出される時は爆発的にショックを与えるべきでありましょう。二十年間、絶えず遷宮を言い続けては、新鮮味も感激も無くなるもので、そこに国民全体のエネルギーを爆発させる演出が必要となるのであります。

大変勝手なことを申して皆様のお耳を汚したことをお詫びいたし、御質問をお受けするため、一応ここで終ります。

質疑応答

問　今後、遷宮が政府の責任下で実施できますかどうか、その見通しについてお聞かせください。

答　前回の遷宮の折、河野一郎・山村庄二郎両大臣が神宮参拝され、多額な遷宮費に驚いて、その経費を国庫支弁すべき方法がないかと話されたことがあります。そのことがあり自民党内の憲法調査会小委員会において、国庫支弁の方法が討議されました。次いで衆議院予算委員会の第一分科会でも、中曾根康弘氏が政府当局に大切な儀式執行の責任をもたぬかと質問、法制局長官や宮内庁長官が答弁しました。支弁方法をめぐり文化財や御内帑金が検討され、結局は神鏡の公的性格は認められましたが、宗教団体の行なう宗教儀式に公費を支出することは憲法八十九条との関係から困難であると言うことになりました。それは発想そのものが私共と違うのであります。神鏡の公的性格が認められた以上、今後はそれを奉安する御正殿もしくは附属施設に対して、一私法人神宮に任せきりで政府として責任を果さないのは不届ではないか、という論理でつめてゆくべきではないかと考えます。当時、文化庁のある課長が公金支出できれば文化財でもよろしかろうと発言した時、すぐに植竹春彦氏と清瀬一郎氏が国民感情からして文化財では納得しかねると神宮側の立場を心配されたことを、私はまざまざと想い起します。社会党の野原覚議員がつぎの委員会の機会に当局を責めたのも支出にともなう拡大解釈を不可とする点でありました。あくまでも政府の責任を問いせまる私共の立場からしても、国民感情を無視するがごとき拡大解釈には賛成いたしかねるのであります。財団法人伊勢神宮奉賛会から会長佐藤尚武名で公表された神宮制度是正の見解にも、瑞垣内は皇室用国有財産として政府に移管せよとの主張がみられますが、それも政府に責任をせまる同一論理からであります。新憲法に続く皇室典範制定の時にも、議会答弁において政府は将来責任をもつべきものと言いながら、今日まで何等なすところがなかったのは実に怠慢の至りと言うべきでありましょう。

私はこのような例として、よく引き合いにだすのが正倉院です。あれは勅封の御物ですから正倉院内の建物、即ち正倉そのものが院内の敷地ともに皇室用国有財産なのです。明治八年に政府の財産となり、十七年五月から宮内省所管の皇室用国有財産とされ、今日まで何の支障もなく管理されているのです。あの正倉院の御敷地内にも仏堂が存していません。神宮の場合、法制的には御正殿を祭りの場所とみるのではなく、神鏡を奉安する施設と見做さなければなりません。また遷宮の御儀も勅使中心で、神主はあくまでもその手伝いに過ぎません。主役が天皇の御使であるものを一概に宗教儀式とは決めがたいのでありますが、仮りに宗教儀式としても、国有財産たる御正殿の前でそのような儀式が行なえないことはありません。千鳥ケ淵の無名戦士の墓に例をとるまでもなく、宮中三殿では祭祀が厳修されております。維持管理を宗教法人神宮に委託されたとて、主体は国有財産として政府に帰属するという理義は通るもの、と考えられるのであります。

問　神宮では遷宮御準備にあたり造宮局がおかれ、本格化すると式年造営庁ができますが、それはあくまでも内務省時代の制度そのままを踏襲するものであります。しかし宗教法人神宮にあっては昔の亡霊にすがるより、神宮司庁内の組織としてスッキリとした形で取組んではどうかと思いますが……。

答　それ以前の問題として、宗教法人神宮が宮内庁といかに連絡協議しながら祭式規程を作っているとは申せ、やはり宮内庁が制定して神宮に示されるのが、もっとも基本的な在りかたであると思います。神宮祭祀の姿勢を正すと言うなら、まずこの点から始めなければなりません。

その上で造宮局や式年造営庁を問題視すれば、今後とも現在の宗教法人神宮という形が定着するならばスッキリすると考えがちでありましょうが、しかし遷宮そのものが国家的な重儀、天皇の祭祀大権に属すべき儀式であることを忘れてはなりません。宮内庁でやれなければ、さしあたり掌典職で遷宮のありかたを考えるようしむけるのが先決であります。宗教法人神宮ではなく、天皇の儀式であるという建前によらなければ、本末が立たないことになります。

遷宮は神宮司庁の普段の祭儀とはまったく異なる業務でありますから、日常的なものと混同してはなりません。当方で造営したものを御上にさしあげ、その上で宗教法人神宮において祭儀を行なわしめるという段階をふめば、何よりも造営してこれをさしあげるという考えを経てこそ、筋は立つものと言うべきでありましょう。

問　大宮司から天皇に遷宮御準備について御聴許をいただくことは、遷宮そのものが陛下の祭祀大権に帰属するから筋違いなことであると承りました。歴史的にみて臨時あるいは仮殿遷宮にかぎり、神宮から朝廷に注進状をたてまつり、正遷宮にはその例をみません。戦後は陛下からの御儀中止の御沙汰が下されたため、神宮でぜひとも斎行いたしたき旨、上申いたしたのであります。しかし四十八年の遷宮でもこれを前例となされたことは、今後とも慣例化してゆくのではないかと憂慮せられるところでありますので、将来への見通しをお聞かせください。

答　前回も、ぜひとも宮内庁の方からお言葉をかけていただきたいと折衝したのでありますが、結局は聴きいれられませんでした。当時の宇佐見長官はかって神社局時代にも神祇行政にたずさわり神宮・神社に相当ふかい知識をお持ちであるだけに、その方が戦後の事情や政府の状況をふまえて、まず大宮司から資金計画をたて実情を上申してほしいとおっしゃった。田中少宮司が幾度か折衝に当られましたが、タイム・リミットもありやむなく御聴許を願い出たのであります。遷宮執行の主体をめぐる理義がわかれれば、時勢の動きもあり、将来的にみて何とか宮内庁の方からお声をかけていただけるのではなかろうか、と考えております。

およそ社会全体が保守化の傾向にあることは、中曾根内閣でも敏感にキャッチしているようですが、政局にあたる人々には極端に右傾化しないよう緩急や呼吸をはかることが、実に微妙なものであるようです。例えば靖國神社の公式参拝にしましても、政府関係者に言わせれば、神職が榊をふる修祓という神道儀式に、さも順応しているかのごときテレビの放映があれば、すぐに激しい攻撃が浴せられる。昔の軍隊が玉串奉奠をせず公式参拝したように、ゆとりをもって総理大臣の参拝作法を決めてもらえば、政治家は胸をはって公式に参拝できると言う。参拝の手順について厳格に神職の考えを押しつけることなく、ゆるやかに対応してゆくことが必要であろうと思います。

問　試算によりますと次期式年遷宮は三百億円を要するといわれますが、前回の募財組織について反省すべきところや、今後の課題と考えられる点は、一体どのようなことでしょうか。

答　かつて衆議院議員の松村謙三氏のお部屋に伺った時、面倒であろうとも全国民から奉賛してもらうことを厭うてはなりません、とおっしゃったことがあります。私もまったく同感で、募財の原則は貧者の一燈に象徴されるように、国民全体の浄財をあつめ国民の熱意をもりあげることにあります。遷宮は神宮のためのみにあるのではなく、国民を文化的に統合し皇国日本を守りゆくところに一番大事な意味があります。したがいまして奉賛活動とは、国民に対する文化的かつ精神的な覚醒運動にほかならない、と考える次第であります。

（注）※　二つの祭場で斎行されるのは、天皇さまの大嘗および新嘗の古義（天武紀参照）に照応するものと考えられます。「二」を統一なさるのが「一」たる御一人であり、大御神であるからです。

『別冊歴史読本　図説天皇の即位礼と大嘗祭』新人物往来社、昭和六十三年十一月

大嘗祭と神嘗祭

大嘗祭とは「天皇の行わせられる新嘗」の義であるから、上代は践祚の後初めての新嘗に限らず、総じて大嘗と称えたのであった。しかし、御代始めと平年とでは自ら軽重が感じられるのは無理からぬ仕儀であり、また規模においても、年々は省略するところも、御代始めには省略しないで古例がそのまま行われたであろうし、時代がたつにつれて漸次付加されることもあったにちがいない。そのために後になっての文献によれば名称をも異にして、平年とは格段の差異をみることとなったのも自然の成りゆきと思われる。これは徒らな推測ではなく、一般神社の祭儀にあってもそうした推移は珍しいことではなく、伊勢の神宮の神事についても事例を指摘することは可能である。

それはさておき、大嘗祭の場合、御代始めのそれと年々の新嘗との間において、その意義の上に著しい相違があるように説かれるのが通例であるが、果たしてそうであるか、私にはいささか疑問がないではない。たとえば、践祚大嘗祭を行われることによって、天照大神の霊威ないしは天皇霊なるものを初めて聖躬にお著《つ》けになる、といった言説のごときである。あるいはまた、第八十五代仲恭天皇は御年二歳六ヵ月にて即位されたが、承久の変によりわずか七十日余りのご在位で譲位されたため

に、大嘗をきこし食《め》すことがなかった。そこで、世に「半帝」と申し上げると『帝王編年記』にあるので、それを論拠として大嘗祭の意義を強調する言説もあるが、即位後の大嘗祭は南北朝から近世にかけてしばしば中絶するのであって、この論理を適用するとどういう結果となるか。思うだに慄然とせざるを得ない。

ひるがえって『続日本紀』をひもとくと、文武天皇は元年（六九七）八月一日にご即位、同十七日、詔を発せられ、

現御神《あきつみかみ》と大八嶋国しろしめす天皇

と申された。爾後の天皇の即位の詔もおおむね同じ趣である。大嘗祭を待たずとも、宝祚をお受けになることによって、すでにして「現御神」として天下に臨まれるのであった。

それでは大嘗とはどのような祭かと問われるならば、私は躊躇なく『延喜式』大嘗祭の祝詞を挙げるであろう。曰く、

天《あま》つ御食《みけ》の長御食の遠御食と、皇御孫命《すめみまのみこと》の　大嘗きこし食《め》さむ為の故に云々

とあるように、至尊が親《みずか》ら大嘗をお召し上がりになることに祭の主眼があった。このことは、本居宣長もつとに説き明かしたところである。したがって、もはやこれ以上に付け加えることはないと思われるけれども、念のために、以上を裏付ける一資料として、私はここで伊勢の神嘗祭《かんなめさい》を大嘗祭と対比してみようと思う。

神宮で古来絶えることなく厳格に行われてきた祭儀は、二十年一度の式年遷宮祭をはじめ、年中恒

例の祭儀も二、三に止まらないが、中でも最も重んじられてきたのは、周知の通り、季秋九月の神嘗祭であった。明治初年の改革により時期も十月となり、次第や内容にも少なからぬ変更がほどこされたけれども、この祭が、いうなれば一年の最も大きな節目とされていることには、いささかの変わりはない。

そのあたりのことを若干具体的に述べると、まず御門等の装束がこの祭を期して更新されることが注目される。すなわち、各御門の幌《みとばり》と、内宮御酒殿の麻布の幌とが、何《いず》れも新品と取り替えられ、また外宮の御饌殿《みけでん》内部の装束もすべて一新されるのである。しかも、これらの御料は、御酒殿のそれ以外は、毎年宮中から送り文《ぶみ》を付けて献進される制度であった。

また、御門や鳥居などにはサカキの小枝をさしてあるが、今日見るように一年中を通じて青々としているのは近代の感覚に合わせた配慮であって、平安末期の記録では年に四度だけ刺し立てたという。四度のうちの三度は、詳述は略すが、後の加上と考えられるから、原初の型としては年に唯一度、九月の神嘗に限ったことであった。最も重要な神事に当たっては、その祭場となるべき聖空間の新たな創造を必要とすることの一例である。

かの天石屋戸の神語りにおいて、天照大神が大嘗をきこし召す宮殿のことを「新宮」と表記し、古人がこれにニヒナヘノミヤの訓を付したのも然《しか》るべきことではあった。記紀の神語りは後代に対する神聖な規範として示されたものであるから、恐らく上代にあっては新嘗の度毎に新宮が仮設されたものであろう。「高市に小高る市の高処《つかさ》」に新嘗屋を設けたことを詠んだ『古事記』の歌は、あるいはその一例としてよいであろうか。

しかし、このような設けは、何時しか践祚大嘗祭に限ることとなったものと思われる。それは伊勢において、正殿以下の殿舎を新造し、すべての装束をも一新して、文字通りの「新宮」を設けた上で神嘗の御食御酒《みけみき》を供する祭は、二十年に一度とされたことと正しく対比される（鎌倉末期からこの型は崩れたが）。

さて、この新宮には、勅使を立てて新調の御装束と神宝を献進される古例であったが、その中の楯と鉾と弓の三種は、皇大神宮の正殿正面の扉の東西に飾りつけられて二十年間そのままにおかれるのである。これは、大嘗宮南門の東西に、楯と戟《ほこ》が立てられ、物部氏が儀仗として着床することに、そのまま照応するのではあるまいか。

大嘗の御料の抜穂田を悠紀と主基の両国に定めることは古来かわらぬ制度であるが、なぜ一国でなく、あえて両国とするのか。それは悠紀殿・主基殿とその祭場も二つに分かれていることにも対応するが、なぜ一殿で宵暁の祭をいとなむことが不可なのか。ひそかに思うには、「天《あめ》と国」「岐《き》と美《み》」「山祇《やまつみ》と海童《わたつみ》」等々といった双分によって、全宇宙を表象するというのが上代の世界観ではなかったのか。そうだとすれば、悠紀・主基両国の所産すなわち「天の下の御食神酒」をきこし食《め》すことには大きな意味があるといえる（ただし、これをもって国魂の摂取という解釈はとらない）。皇大神宮の抜穂の神田は、古代、荒木田と宇治田の各一町歩であったというのも決して偶然ではなく、この世界観に倣ったものであろう。

飯《いい》を炊《かし》ぐのに特別の職掌人は大嘗にも神嘗にも存在しないが、神酒造りのためには前者に造酒児《さかつこ》がおかれ、後者には酒作物忌《さかとくのものいみ》と清《きよ》酒作物忌があった。何れも童女である点も同じである。

皇大神宮で祝詞を奏する大中臣は「太玉串に隠り侍りて」奉仕したが、これは大嘗祭で賢木を前に立てて寿詞を奏上する中臣の姿を彷彿させるし、八開手を拍って大神を拝する作法は、かの『持統紀』に初見する、至尊を拝する作法そのままかと考えられる。

神嘗祭が終わると直会の儀がある。采女《うねめ》により三角柏に盛られた神酒をいただき、伊勢歌や鳥子名《となこ》舞を奏するのは、かの風俗歌に該当するし、倭舞や五節舞まで行われるのは、やはり豊明《とよのあかり》の節会に通じるものであろう。

このように対照してみると、天照大神の宮居は現御神の大嘗宮に、神嘗祭は大嘗祭に、正に対応するもの——というよりも、両者には同一の意味の存することが明らかに意識されていたとしてよいであろう。

換言するならば、至尊と天照大神とが顕幽一体のご存在であることをこれほどあからさまに表現し、繰り返し確認できる儀礼は他にはないと言えよう。重ねて言う。大嘗とは現御神がこれをきこし食《め》すことに本義が存し、大嘗によって初めて現御神となられるのではない。しかし、かく解するからといって即位大嘗の儀を決して重しとしないのではない。御代始にあってこそ、最も厳《いつ》くしくご斎行になることによって、厳くしき大御代が千代八千代に栄えますことは申すまでもない。

徳川宗敬先生を偲ぶ

「神社新報」平成元年五月二十二日号（『続　カミ・くに・人』収録）

草刈りをしていて蜂にさされた

昭和四十二年五月の末に坊城大宮司が逝去されて空席となった神宮大宮司の後任を誰方にお願いするかと、当時の田中少宮司始め責任総代の皆さんが熟議の末に白羽の矢が立ったのが余人ならぬ徳川先生であった。私は会議の担当課長として終始その場に在ったために事の経過を垣間見ていたのであるが、その頃たしか先生は、神社界の代表者を神宮役員に加えるためにというので、役員のポストを快よく明け渡して総代の座についておられたかと記憶している。先生は昭和二十八年度式年遷宮以来の深い御神縁もあったが、何よりも皆さんが口を揃えて御推挙になったのは、その類なく高潔なお人柄によるものであったことは言うまでもない。最終的な会議は東京大神宮の社務所を借りて開かれた。きまったからには善は急げとばかり、最年長の中野種一郎役員と田中少宮司が、折からの梅天の大豪雨の中を小石川の徳川邸に赴かれたことは今も記憶に鮮烈である。

やがて皇居に参内、賜謁の上で大任を拝受された先生の水戸のお邸へ取材に出かけた某紙の記者に

「草刈りをしていて蜂に刺されたよ」と仰ったという記事が新聞に出た。そして「ゴルフは如何ですか」との質問には、山歩きだけで運動は充分だよ、とのお答えが返ってきたとも書かれていた。政治家がよく自然体ということを口にするが、そうしたことは自分から言ってみせるものではない。本当の自然体というものは日常の生活態度や、さりげない会話の中におのずとにじみ出てくるもので、そのような人格をこそ神道的と申してよいとすれば、先生こそまさに神道人の典型であろうと、この方を神宮に迎え得たことを、神慮畏しと喜んだことであった。

眼はいつも遠い未来へ

先生の神宮ご在任中のことについては憶い出が少くないが、そのなかの二三について記しておきたい。あれは四十二年の初夏のことであった。内宮神楽殿では延寿神楽という、戦後の恒例行事が何時ものように行われた。これは伊勢市とその近郊町村にわたる旧神領内の、八十歳以上の高齢者を招待して行うものであったが、どういうわけか市部と近郊とを隔年に交互に招く慣例であったために、折角八十歳になっても、翌年まで待たないと延寿杖を拝戴できない老人が出来るという仕儀であった。そのことに気付かれた先生は、傘寿の喜びを一年待たせるのは如何か、とお年寄りへの思い遣りを示された。そこで翌年からは全神領の該当者を年々招待することになった。恐らくは終戦直後の財政事情のために隔年の制度となっていたのであろう。しかしそれを四十年代までそのままにしていたために、温かい心遣いを欠く始末となっていたことを指摘されて、初めて気付くとは迂闊千万であった。

それにつけても慣例は絶えず点検していないと時勢に即応できなくなることを反省させられたことでもあった。

昭和三十四年の伊勢湾台風は神宮を直撃したために、倒木の被害が甚大であった。杉と桧だけでも両正宮や別宮摂末社等の神域では材積にして約七万石、神路島路などの宮域林でも約三万石が倒れたと記憶する。これらの処分代金は処理や補植などの諸費を差し引いても数億円に上ったので将来の管理資金として積立てられていた。先生はこの資金を山林に替えた方がよいと判断されたので、そのご意向に副って逐次購入することになった。その結果、熊本、宮崎両県にわたる約一千町歩近い広大な美林を神宮は持つに至った。二百年三百年の将来の御造営用材は木曽の国有林だけでは到底まかないきれないことを見通された上でのご英断であった。先生が幼児教育にご熱心であったことはよく知られているが、先生の眼は何時も遠い未来へと向けられていたことの、これは顕著な事例というべきか。

教えられた「一事に打込む」の姿勢

神宮では毎年四月に遷宮用材に備えての桧苗を職員や家族が総出で植栽する行事が行われるが、多分その折のこと、山の中でふと眼にとまった見なれない広葉樹を指して、前を歩いておられる先生にその木の名前をお尋ねしたところ、「林業をやる者は松と杉と桧さえ知っておればよいので、ほかの木は知らないよ」というお答えであった。私はこの時、またしても一つ教えられた。あれやこれや徒らに興味を持つのは、一事に打ち込む者のやることではないということを。

終生忘れ得ぬ御温情

このような思い出を書いていると際限もないが、私が神宮を退職していた時のことを今一つ付け加えておくと、先生はそんな私にある仕事を与えて下さったのであった。それは『神と杜』という標題で公刊された本の編集の仕事である。こんな趣旨の本をつくりたいと思うがやってみないか、と既に大学の教授を引き受けていた私にわざわざお声をかけて下さったのである。

私が神宮から自ら身を引いた本当の理由を先生だけは承知しておられたことがわかって、私は感謝した。あの時のご温情は終生忘れ得ないであろう。その上、五十一年三月に大宮司を退かれた時には、私の陋屋までわざわざお立ち寄り下さった。偶々伊勢の自宅で病後の静養をしていることがお耳に入ったからのことであろうが、私はあまりにも思いがけないことに口も利けないほど感動したものである。

努めて会議に、絶妙のスピーチ

五十八年六月から神社本庁の副総長として再び先生の高風に親しく接し得ることとなったのも、思えば不思議なご縁であった。

先生は「統理が召集」する限りの会議には実によくご出席をいただいた。会議のほかにもいろいろの栄典の授与式とか、地方での大会、あるいは慶弔などにお顔をみせて戴くことを皆が待望しているので、そのような期待には努めてお応え下さった。そのご精励ぶりには真に頭が下ると同時に、お元気に見えても年々齢を重ねておられることなので、何とかご負担を減らしたいと考えたけれども、大丈夫だ、行くよ、と仰言るのでついついご無理を強いたのではなかったかと、悔やまれる。

それにしても先生のスピーチは絶妙であった。自然に流れ出るユーモアで集いの空気は一ぺんに和やかになった。あれは達人でなければ、真似ようにも真似られるものではない。

「清く正しく」厳しい一面も

しかしその反面に、先生は極めて厳しい一面を具えておられたこともまた事実である。これは某有名神社の本庁離脱の因となった一件において、先生が断乎としてそのご意志を貫かれたことでもよくわかるであろう。

先生は鏡のようなお方であったから、相手が邪心を持っているか否かは鋭くお見透しであった。先生に対してはいささかのごまかしも利かないのである。あの一件もこじれる前に当事者が素直におわびをしていたら、破局を迎えることはなかったであろうと惜しまれるが、今となっては繰り言にすぎない。あの当時、会議終了に当って「清く正しく」という言葉を再三仰言ったのが、今も耳底に焼き付いて消えない。

清明にして正直なるを神道の理想像とするならば、先生こそはそれを身を以てお示し下さったお方であった。しかも常に温容をもって万人に接しられ、仁慈あふれる繊細なお心遣いをわけへだてなくお示し下さったことを「亡くてぞ人は」の思いで追慕申し上げ、謹んでみ霊の御平安をお祈りしてやまない。

葦津珍彦大人を偲ぶ　―神宮制度是正と在野神道人―

「神社新報」平成四年七月二十日号・『葦津珍彦先生追悼録』同編集委員会、平成五年十二月収録（『続　カミ・くに・人』収録）

葦津珍彦大人の御逝去は、戦後の神社界の行くべき方向を照らして下さった大きな炬火が、忽然と消えたごとき衝撃であった。大人をお送りしてから一ヵ月をとっくに過ぎた今日まで、葭の髄から天井を覗く非礼を犯してはとためらっていたけれども、大人が斯界に残された課題の重さを考えると、やはりこの際しかと書き留めて、後につづく人々に語り継いでおくのが老朽の務めであろうかと考え直して、あえて筆を執ることにした。

書き留めておきたいと切に思うこととは外でもない。神宮制度是正問題のことである。

昭和二十年の敗戦につづく連合軍の占領下、アメリカの主導によって引きおこされた変革の中で、皇国日本の礎にかかわる問題の一つは神宮の私法人化であった。

全国十万の神社がすべて大きな変革をうけたので、うっかりすると、神宮もその一つというように考えがちであるが、それは重大な誤認である。御創建以来、悠久の歴史を通じて神宮はかつて一度も制度上「国家の神宮」でなかったことはなかったということを忘れてはならない。その神宮が国家と断絶させられ、皇室との関係もかろうじて内廷においてのみ残されたのであるから、一般神社の場合とは全くその次元を異にしているというべきである。ここにこそ正に問題の重大さがあった。

この一大事について、恐らく当時の人々は誰しもこころを痛めたには相違ないけれども、さてその「是正」について、そもそも如何なる方法で、どのようなアプローチで切り込みをかけるか、については、明治、大正の時代と同様に、いわゆる在野神道人の力に俟つよりほかなかったもののようである。

葦津大人は恐らくは、神社本庁設立の立役者宮川宗徳翁の要請をうけて、このことに深くかかわりを持たれることとなったのではあるまいか。

『神宮明治百年史』下巻によって確かめると、この問題が公式にとり上げられたのは、平田貫一、富岡盛彦の両宮司が宗教法人審議会の委員をなさっていた昭和三十二年のことである。当時、宮川、平田両翁ともに神宮責任役員の要職にあられ、神宮奉賛会（現在の崇敬会）の会長は佐藤尚武氏であった。まさに役者は揃っていた。ことの経過は上記の百年史に詳らかであるからここには詳述しないが、ただ、昭和三十四年、佐藤会長名をもって初めて公表された「神宮制度改正要綱」（案）の要点だけはこの際、葦津大人の御功績を銘記するために、そして今一つは本紙の読者諸賢の御記憶を呼びおこすために、ここに記すことにする。

1、皇祖神授の御鏡が私法人の私物として取扱われているのは国民の良識上認めがたい。

2、天皇祭祀に必要な神殿と敷地等は国有とするのが至当である。

3、神宮御参拝は「国の象徴」としての天皇の御資格をもって行われる道を開きたい。

以上の三点である。このうち第一点は、同三十五年、衆議院議員浜地文平氏の名において議長宛提出された「伊勢の神宮に奉祀されている御鏡の取扱いに関する質問主意書」に対する、池田首相の答弁書によって、皇室経済法第七条の規程にいう「皇位とともに伝わるべき由緒ある物」であるという公権解釈を引き出して、所期の成果をあげることにより一応の解決を見ることができた。こと茲に至るまでの葦津大人の御苦心御斡旋が如何ほどのものであったか、到底知る由もないけれども、それは恐らく骨身をけずるほどのお働きであったことと、拝察するだに粛然たる想いである。

しかし、さきに掲げた改正要綱の第二、第三の事項については、その後何らの展開を見ていないのである。二十年近くも神宮に職を奉じ、さらには神社本庁の役職にも在りながら、遂にその責のかけらすら果すことのできなかったことについて、筆者には一言の弁明の辞もない。さきに、御霊前に玉串を捧げつつ、ひたすらお詫びを申し上げたのはそのことであった。

葦津大人こそは正に明治の在野神道人の志操を継承された最後のお方ではなかったろうか。その卓抜な発想、明晰な論理、さらには時の要路を動かさずにはおかない情熱と意志。これらのすべてを兼ね備えた神道人は滅多に出現するものではない。

しかもそれだけではなくて、いわゆる反天皇反神道者と見られている学者、評論家たちと対等に討論して、ある程度まで相手方に自説を納得させるリベラルな一面も備えておられたことは、図らずも筆者がいただいた最後の書翰――「昭和六十年晩秋」の日付――に御自身が書いておられるとおりである。最後の在野神道人と申し上げる所以である。

繰返していう。神宮制度の問題は神道人の全てに課せられた大きな宿題である。今日風の官僚や政治家相手では一朝一夕に解決できるとは思われないが、決して放擲してはなるまい。皇国日本の真姿回復はこれが解決なくしては到来しないという覚悟の持続を、大人は幽世から切に望んでおられるに相違ない。

神宮に関する四つの新見解

原田敏明著『宗教 神 祭』岩田書院、平成十六年六月

原田敏明先生（以下、先師と記す）の学説の中でも伊勢の神宮に関するものは極めてユニークであり、未開発の分野を解明されたといってよかろう。以下、その四項目に就て順次紹介することとする。

その一は、祭神名の語釈、換言すれば神格の解釈である。すなわち、天照大神を太陽神とするものは、あえて吉田兼倶や本居宣長、またはこれに追随する人達ばかりでなく、素朴な自然崇拝と解する人々の執るところであるが、先師はそれらを否定して、「天照というのは多くの例から見ても神威を賞讃したもの」で、「名の示すところはむしろ『大神』という点にある」とし、「至上神Highest God的なもの」と断定された。（『日本古代宗教の研究について』昭和五年十一月。のち『日本古代宗教』中央公論社、昭和二十三年五月所収。）そして、さらに天照大神は一般にいわれたように「Sun Goddessと訳すべきものではなくて、むしろGlorious Goddessであり、Great Glorious Goddessというのがその真意でなくてはならない」とされた。（『神社』至文堂、昭和四十一年十一月。）

ムラのカミを基礎的な地域共同体の至高神とする社会では、ムラの連合体であるクニのカミは鹿島大神や出雲大神などの如く「大神」であり、さらにそれが統合されて大倭国ともなると、それを象徴

するカミは国家の至高神すなわち大神の中の大神として、大御神あるいは皇大神と称えられるほどの神格を備えることになることは多言を俟たないであろう。そのことを、先師は右のように端的に示されたものと思われる。また、これはわが国に限ったことでもない、とも述べられている。古代ギリシャの事例などを指されたのであろうか。

第二は、内宮と外宮の関係の新解釈である。

些か私事にわたるが、筆者が東京在勤中の昭和五十年代の終り頃であったか、町田市のお宅へ帰られる先師を新宿駅まで見送った折、改札口近くで突如、「キミ、外宮の神さんは内宮と同じではないだろうか。どうかネ」と仰言ったひと言がそれ以来頭の隅にやきついて離れず、あれこれと考えあぐねた末にやっと拙著『伊勢神宮の祖型と展開』（国書刊行会、平成三年）で筆者なりの解釈をしたつもりであったが、この度本書に収められた論考を拝見して始めて、あのお言葉の意味が解けたことである。それは、外宮をもって内宮の若宮とする解釈である。

若宮祭祀については、すでに「若宮祭祀」（『社会と伝承』十二―四、昭和四十六年三月。のち『村の祭祀』中央公論社、昭和五十年に収録）において委曲を尽されている。すなわち、本社の分霊をまつる社を若宮と称え、本社の祭礼以前に先ず若宮の祭を行い、然る後に、多くは宵祭をもってこれを本社に迎え、そこで「本まつり」の行われる事例が多いことが指摘されている。そして「伊勢神宮ではこれに類するものも無いように見えるが、賀茂、八幡、春日、祇園、大神、大和、稲荷などそれぞれの社には附属した若宮がある」とも見える。この時点では、未だ外宮をもって内宮の若宮と解することを憚っておられたのであろうか。

外宮即若宮とする見解の初出は、管見によれば本書所収の「日本人の神観とまつり」（昭和二十六年十一月）である。そこには五項目の理由が挙げられているが、これを要約すると

(1) 外宮先祭。

(2) 外宮の御饌殿では毎朝夕の御饌が、先ず内宮の神に供される。

(3) 内宮では神嘗祭に先立って神衣祭が行われるが、外宮にはない。

(4) 神嘗祭に当り、五十鈴川の中島の石畳に外宮の神が迎えられる。

(5) 内宮荒木田神主家の初見は、外宮度会神主家よりもはるかに新しい。

以上である。さて、これらを解釈するに当って依拠するところの最古の文献である『皇大神宮儀式帳』と『止由気宮儀式帳』の両者の性格に就て、留意すべき諸点を述べておかねばならない。その撰上が延暦二十三年（八〇四）という、両宮成立より遙かに距った時であるから、度会氏が外宮即豊受大神の宮とする観念が定着し、従って両宮はそれぞれ特立の宮とされていたので、この文献の内容には、本宮と若宮という関係にあった時代の祖型と、令制確立以降の新儀、即ち奉幣の儀とか、荒祭宮、高宮などの別宮列格等々により祭儀の日時にも著るしい変化が生じているので、古態の神事と雖もその日時や解釈には必ずしも従い難いものの存することを念におかねばならない。五十鈴川中島の石畳に迎える神を豊受神と解してその前で御贄調理の儀を行うこと、あるいは両宮各々が宵暁両度の大御饌を供えるかの如き記事なども亦この類である。例えば三宅和朗氏の「古代伊勢神宮の年中行事」

(「史学」七二―三・四、三田史学会)の如きは両儀式帳の記事をそのまま信憑して記述されているけれども、杜撰の謗りを免れないであろう。外宮に暁大御饌の行われていなかったことは、『神宮雑例集』その他各種文献に照らして明らかであるし、内宮にては暁大御饌に初めて新稲の御食を供したことは、宵大御饌が元来は行われていなかったことの証であろう。(委細は前掲拙著参照。)

さて、以上のことを念頭において先師の説を逐次確かめておきたい。

(1)の外宮先祭に就ては、度会神道にあっては天照大神の神託によって先ず豊受大神を祭ることとなったと説き、また宣長は、「天照大御神の尊み祭らせ給ふ御神にますが故とこそおぼゆれ」(『伊勢二宮さき竹の弁』)と説明し、近代になっては星野輝興氏のサバ(生飯)説[注]なども出されたけれども、この若宮説に立つときは極めて明快に解けるというものである。

(2)については更めて述べるまでもないとは思われるが、今尚『大神宮諸雑事記』の如きを引用して、外宮の御饌殿は聖武朝の神亀六年に新造されたと唱える学者もあるので、あえてその辺りを明らかにしておくこととする(西宮一民氏「伊勢神宮の〝なぜ〟(二)」・『瑞垣』平成十六年新春号・神宮司庁)。この諸雑事記はかつて吉見幸和が「孟浪而似寓言」とか「篇内難信者許多」などと評した(『難大神宮諸雑事記』寛延三年)ように、極めて誤伝の多い文献であることは定評の存する所である。例えば同書天平神護三年七月七日条によると内宮鎮座の宇治山に五色雲の立ったことが改元の事由とされているが、これは「等由気乃宮乃上」に瑞雲が起こったことにより改元されたとする続紀の記事と明らかに矛盾するものであり、内宮方の外宮に対する対抗意識による歪曲かとも思われる。また諸雑事記は雄略朝の項において、大神の託宣により山田に御饌殿を造立したと記しながら、宇治の大神宮に参向して朝夕の御饌を供したかのような記述をしているけれども、是亦同様の意識のなせるわざであろう。すなわち御饌殿とは御饌を供進する殿舎であって、調備する施設ではないからである。従って御饌殿で一旦供進した御饌を、さらに内宮まで運ぶことなどは断じてあり得ないことである。

なお『神道大辞典』（昭和十四年・平凡社）が、「徳雄神主（筆者註・貞観十年~延喜五年在任）以前の記文中には御饌殿創立説の如き、本書の記録のみを信用すべからざるものもある」と断じていることも付け加えておくとしよう。

そもそも御饌殿は雄略朝に初めて設けられたものか否か、今日までのところ明徴は見当らない。『止由気宮儀式帳』の伝える所によると、「吾一所耳坐波甚苦、加以大御饌毛安不聞食云々」という大御神の神託により等由気大神を迎えたこととなっている。神託とはある事実を権威づけるためにあえて神言に托して伝承したものと考えると、大御神はその時すでに一所（一柱）のみで大御饌を聞食していたことになるので、御饌殿造立は、雄略朝よりもさらに古い時代にあると考えることも可能ではなかろうか。

(3)については敢て多言を要しない。

(4)については降って文化十三年に内宮長官が山田奉行に提出した「内宮由緒覚」（神宮文庫蔵。『三重県史　資料篇近世2』平成十五年三月）に見える、次の記事に注目したい。曰く「五十鈴川之内、本宮第四御門之南に当り候川は御川と申候て御鎮座以来の霊所にて御座候（中略）仍此川は上下雑人渡り越候儀堅禁中候云々」と。はるかに降った時代になっても尚このような「霊所」とされていたことは、その由来の並々ならぬことを物語っているのではあるまいか。しかし、明治六年この場所に御贄調舎なる建造物が設けられるに到っては、若宮の神迎えなどは想像も及ばぬこととなったのである。

この若宮説に依るならば、かの御手洗場近くの滝祭の祭場（『皇大神宮年中行事当時勤行次第私註』）における神送り、一名跡見ずの神事も、外宮における九月十六日の凌晨の抜穂供奉と称する神迎えも、容易に理解が可能であろう。稲束を担いで神の送迎となす神事は、かの春日若宮おんまつりの荷前《のさき》を初め、大和や伊賀などに多くの事例を見ることができる。

(5)の度会、荒木田両氏の先後であるが、『校訂度会系図』（神宮文庫蔵）によると、度会氏はもともと「二所大神宮禰宜」を称していた。これを内外両宮の禰宜を兼帯していたと解するのは誤りで、外《と》ツ宮である御饌殿にて天照大神とその御食つ神への奉仕をその任としていた証である。そして、天武朝に到ってその神主の一人が「大神宮禰宜」に補せられたと系図は記している。しかし、続紀によれば多気の斎宮から大神が度会郡に遷されたのは文武二年（六九八）十二月であるから、荒木田神主の出現は早くてもその頃としなければならないであろう。なお、荒木田神主という姓が正史に初めて見えるのは元慶三年（八七九）である（『三代実録』）。

第三は、心御柱に関する見解である。（本書一一六、一一七頁）

そこには、「建て終ると榊の枝でこれを囲い奉る。神籬の一種とみられるが、この地方では一般民間の神社でも多く存した。」とある。伊勢地方の神社の事例については、本書所収の「榊巻き」の一文にくわしい。しかし、それらの事例が心御柱と異るところは、榊を巻きつける芯となっているのが、檜の柱でなくて石柱が用いられていることである。その榊は「毎年巻き足され、遷宮に当って取払ったものである」ともある。神宮の心御柱の場合、その榊が果して年々巻き足されたものであったか否かは、文献による限り定かでないが、明治初年の改正までその前に大御饌が供されたところを見ると、神籬の一種であることは間違いないところである。強いて推測すれば、祭の度毎に斎王以下の太玉串が立て加えられて、秋の神嘗祭前にこれが取払われた時代があったとも考えられる。そうだとすれば、神宮周辺の氏神の社に見られる榊巻きと同一の様式をもつものとしてよいが、しかしこれはあく迄も筆者の推理の域を出ないことであって、先師は決してか様な記述はされていないことを断っておきたい。

第四は、式年遷宮の理由を「祭典遷宮」の語で説明されたことである。(「祭典遷宮について」昭和二十七年六月、「神道史学」三。『村の祭祀』中央公論社所収。)

神宮の正殿・宝殿・外幣殿等の造替は古来二十年一度と定められ、新宮に御形を遷し奉る儀式は九月十六日亥時に始まり、新宮入御の後、神嘗の由貴の暁の大御饌を奉ることとなっていた。(度会宮は内宮遷御の翌々年の九月十五日夜。)しかし、後醍醐天皇元亨三年(一三二三)を以てこの式月式日の例は最後となり、爾後は月日も一定せず、明治二十二年度より十月二日(外宮は同年十月五日)となって現在に到っている。要するに遷御が、神嘗祭と全く切り離されて別個のものとなっているのが現状であることを予め断っておきたい。

式年遷宮については、特に昭和四年度の遷宮を機としてその理由に関し、種々の説が行われることとなった。二十年は掘立式建物の耐用年限であるとか、茸萱の腐朽によるもの、或は建物の尊厳維持の限度が二十年であるなど、或はまた「神宮御鎮座の折の観念を反覆して信仰を新たにせんがため」と説く座田司氏説、さらにはまた「大嘗は天皇尊の御光の新に輝き給ふ」御儀であるとすれば「神嘗は皇祖の御光の新しき輝きを拝する御祭」で「遷宮も亦斯く拝すべきもの」とする星野輝興説など、神威更新の面から説明するものもあった（「神社協会雑誌」二八―十。拙著『伊勢の式年遷宮―その由来と理由』皇學館大学出版部、平成十五年二月など）。

要するに造替遷宮説と神威更新の両説である。先師の説はこれらと異り、ムラの氏神奉斎のさまざまの事例に照らして実証的に論じられている点が特色である。

すなわち、①ムラの氏神奉斎は当屋で一年間まつる、という形態から漸次変化して、若宮、お旅所という形態をとる。そこからお宮へ神遷し―お宮が神常在の所と観念されると、その神霊は氏神の分霊と解されることともなるが―それが遷宮である。奉斎設備から言えば新しく斎場を設けることである。②祭礼と奉斎設備の関係からみれば神出現の行事が遷宮であったが、神霊の存在を確認するに必要な設備、さらには神霊鎮座のための設備すなわち神殿造営へと移行したのである。

以上の遷移を大和や近江、山城などの実例をあげつつ実証的に明らかにされた点が、座田説や星野説などと大きく異るところであり、「神嘗祭の前段階としての遷宮」すなわち祭典遷宮であるとの先師の説は、爾来通説ともなっているようである。

伊勢の神宮に関する師説について他と異る顕著な見解を、筆者の管見を通じて及ばずながら紹介してみたのであるが、これらは家を基点に据えた柳田系民俗学と異なり、水田農耕によって強く結合された地縁共同体に軸足をおきつつ、その神観念の形成や奉斎の基本型、さらにはその変容過程等を、地方文献や実地踏査に基づいて検証された先師の学問体系の一端であることを強調して、拙い小文を終ることとする。

〔注〕 星野輝興氏のサバ（生飯）説（「神宮と賢所との御関係」『瑞垣』二・三号、昭和六・七年）

大御神の御像《みかた》が斎宮に奉安されていた時点では、日別朝夕の御饌を供するに当り外宮の御饌殿の北の扉を開いてその神霊を迎えたのであるが、やがて五十鈴の川上に高床の正殿が造立され、さらに斎王の下向その他諸般の準備が整えられた上で、文武天皇二年十二月に多気の大神宮の御像が皇大神宮に遷座された以降にあっても日別の大御饌供進の殿舎に変更はなかったのである。

このように、御像の所在と、神霊の所在とが両所となっているために、続紀は大まかに「度会郡」に大神宮をお遷ししたと表現したのではあるまいか。

そして、神嘗の朝の大御饌と、元正朝の霊亀二年の初見といわれる神今食に倣って始まった両度の月次の朝の大御饌の折に限って、大神を宇治の川上にお迎えしたのである。

先師が外宮を以て一般の若宮に該当するとされたのは、このような状態となって以降のことを指示されたものと思われる。

第三編　神社本庁のあり方

「神社新報」昭和六十一年二月三日号

神社本庁設立四十周年を迎え思い出すまま
―神社庁誕生の前後―

私が熊本県の別格官幣社菊池神社宮司を仰せ付けられたのは、復員してようやく一ヵ月たった昭和二十年十月五日であった。これは東久邇内閣最後の日であり、そのことは、日本共産党が白日の下で大手をふって活動を始めることになった記念の日でもある。野坂参三氏が亡命先の中国大陸から、あたかも凱旋将軍のような大歓迎を受けて九州に上陸したニュースは、田舎町の神主にさえ、「日本は大きく変るぞ」という警告として受取られた。

京都のさる旧知のY宮司から「別格官幣社は占領軍によってつぶされる公算が大きい。早急に連合体を作って陳情した方が賢明だと思うから賛同してほしい」といった意味の信書を受け取ったのは、神道指令が出されるより以前のことだったと記憶する。

菊池神社の御祭神は、一族殉忠の亀鑑として県民歌にも謳われ、「菊池精神」が横溝光暉知事の音頭で熊本県の県是とされていたことを聞かされていたので、取りつぶされるものならば、菊池神社の如きは真先に槍玉にあがるであろう。しかし、その時はその時のこと。かくれ切支丹の例もあるではないか、と考えたので、私は不参加の回答を出しておいた。その話はそれきりで立ち消えになったが、後年神社新報社の『近代神社神道史』によって、一九四四年の国務省文書の中で米国政府が神社を三種に分類し、その第三類について「国家的英雄を祀る神社は宗教信仰の場ではなく、国家主義神社であるから閉鎖し得るものである」といった意味の主張をしていたことを知り、Y宮司の心配は決して根も葉もない杞憂ではなかったのかとも一応は思ったが、さらに考えてみると、Y宮司だけがそんな情報を察知するはずはあり得ないので、ただ何となく、漠然とした不安によるものであったかも知れない。占領下、特に本庁設立以前は情報が全くないために、そのような「漠然たる不安」におののく時代であった。

話はあれこれするが、菊池神社に着任早々、秋の大祭の神幸式を十月十五日にすませると、何はともあれ神祇院に挨拶のために上京した。リュックは米や握り飯で重かった。社務所の小使さんが松明で足許を照らしてくれて無事に百数十の石段を降りた、あの朝のことも懐かしい思い出である。神祇院に辿りついてみると、どの部屋も映画でみるゴーストタウンのような空虚さであった。旧知の角南隆技師がにこやかに迎えて下さったのは、以前を承知しているだけに一寸驚かされたが、差し出した菊池米の一袋をとても喜んで下さったのには二度びっくりであった。

ついでに、かつて津島神社時代にただならぬ薫陶をうけた伊達巽先生がたしか居られる筈だと、大日本神祇会を訪ねた。現在「神社本廳」の標札のかかっている所に、「神社教設立準備委員会（？）」（文句は少しちがっていたかも知れないが）と墨書された標札が出ているのをみてハッとした。その日も宮地直一博士以下が来られて会議があるというので、伊達先生とも落着いて話すひまはなかったが、ともかく「ただならぬ気配」がひしひしと感じられて、私とても何か悠長に昔話などしている場合ではない、ともかく早く帰社すべきだ、とそこそこに引き揚げた。ただ菊池神社創建にゆかり深い細川家には御挨拶に上れ、とくれぐれも禰宜から言われていたので、早稲田車庫前から白金台のお邸まで歩いた。

お目にかかったのはご先代の護立侯であった。「天子さまは神社の神々さまよりお偉いのだと、ぢいから聞いている。戦に負けてもこの事は変ってはならない」というお話を、例をあげてして下さった。私が後年になって天皇の神社行幸とか、神宮の御事など学問的に考えてみるようになったのは、実はこの細川侯のお話がヒントになったのであった。必死の思いの上京は決して無駄ではなかった。(当時の列車は超満員で、おまけに第三国の人々に座席を占領され、日本人は通路に新聞紙を敷いての旅であった。)

やがて運命の十二月十五日の「神道指令」が出た。社号標の中の社格を消せという命令が出た。(県庁からであったろうか。)出入りの業者にたのんでモルタルで五文字をつぶしたら、何とも見栄えのしない社号標となった。手を合せて、どなたにともなくお詫びを申し上げた。

やがて神社本庁が誕生し、県神社庁ができたけれども、当時まだ馴染みのない他国者(よそもん)の若輩宮司如きは、その設立に関与するはずもなかった。恐らくは従来の大日本神祇会と神宮奉斎会の両者の幹部が、本庁の指示をうけつつ組織作りにご苦労されたものと思う。昨年引退された藤崎八旛宮の岩下忠孝宮司は、当時たしか到津保夫宮司のもとで阿蘇神社の禰宜をして居られたかと思うが、この方はもと社事兵事課の主任属のご体験があったから、こういう練達の人物が主軸となって働かれたのであった。

当時こんなこともあった。たしか郡支部の発足について、初めて郡内の「宮司」が集会した際であった。私が会場に宛てられたO神社の社務所に着いたら、その神社のS宮司が「宮司さんがおみえになりました」と、既に集まっていた四五子に告げたところ、途端に「宮司さんて誰ナ」という大きな声がはね返ってきた。「菊池の宮司さんですタイ」と、判り切ったことを聞くなといった調子でS君が応じると、その大きな声の主から「此処に居る者はみな宮司タイ」と再びはね返って来た。このやりとりは解説を加えるまでもなく、これまでの社司、社掌の職名がなくなり、すべて一社の主管者は宮司となり、その限りでは官社と民社の差別が無くなったという平等感がそこには如実に現れていて、今思い出しても興味深いが、この平等感こそはその後における神社界の一体感を築き上げることに軽からぬ意義を発揮したことを考えると、この一挿話を書き留めておくこともあながち無意味ではあるまい。

宗教法人令下の庁規では、伊勢の神宮を本庁が本宗と戴くのではなく、「神宮ハ神社ノ本宗トシ、本庁之ヲ輔翼ス」と規定されていた。ところがこの「神社ノ本宗」という概念は全く新しく降って湧いたものであったから、神職間でも解釈はまちまちであった。時期ははっきり憶えていないが、片岡常男宮司がまだお元気で奉仕中の宮崎神宮において、九州地区の宗社《そう》（これも今は死語となった）宮司会が催された。その席上でこの「神社ノ本宗《ほんそう》」が話題となったが、私が最もショックを受けたのは

「天照大御神を主神とし、在来の主神は配祀としなければ庁規の趣旨に副わないのではないか」という意見であった。これでは大教宣布時代の再現ということになる。しかも、かような祭神変更をGHQが認める筈はあるまい、など思いながらだまって私は傾聴していたが、本庁設立ということは、神職が自分でものごとを根本的に考え直すための一契機となったことだけは確かなことである。爾来四十年。自らの頭で考えるべきことは、次から次と尽きる所はない。

神社本庁神祇に関する調査委員会　調査参考事項照会回答　昭和二十三年一月

教理及び教範に関する管見

一、敗戦国民は従来信頼し、依存してゐた国家・民族に対する失望による極端な反動として個我の観念が強くなることは必然的である。之は近代的人間観―市民的社会を構成する個人の発見と混同されてはならない。といふ意味は敗戦国日本の民衆が個人的乃至は巫覡的宗教に走ることは病的現象であつて将来の神社神道をかゝる「所謂」文明教の枠内に追い込んではならない。

二、神社神道は人間の本質をその単数性、孤立性の中に見出すものではなく、社会性の上に追求してゆかねばならぬ。更に言ふならば神社神道の歴史は最も具体的な即ち「閉された世界」の上に建設せられたものである。閉されてゐるが故にそれは人間の生命そのものであり文化それ自身である。

三、このことは神々を「おや」の名に於て拝し、生活の内容を限界づける地域を「くに」の名に於て―小にしては郷土の一郷一村、大にしては一国を、更に大にしては民族生活の全域を表現していることによつて明らかである。

四、要約すれば神社神道は世界教、人類教に非ずしてあく迄も民族教として過去もあつたし、将来もあらねばならぬ。これは教理の上に明瞭にされたい。

五、かゝる民族或は「くに」とは他に対立し、或は他を排斥する観念では無い。神道に於ける自他は相争ふものではなく、調和する運命を以ている。古事記の国生み神話の男女神はその在り方の相違を発見することによつて創造・生産の「おや」となり得た。これは神社神道に於てあらゆる祭儀のもつ創造的生産的性格によつても立證せられる所である。それと共に、自他の区別。自己の属する「くに」と、他の世界（他の氏子、他郷の客人等）とは常に明白に厳然と区別せられるけれども決してそれは排他的ではないことも古来の祭儀にとつて証明せられる。即ち神社神道は平和的、創造的な民族主義の上に立つものである。

六、神社神道は祖先神の信仰を本質とするといふ表現は屡々誤解の原因となる。此の場合の祖先神はブラッドの祖先のみを意味しない。と言ふよりもむしろ、神を「おや」の名に於て把握した表現であることを明瞭にしておく必要がある。

七、氏神を以て本来的には血統的祖先とする見解は柳田民俗学が殆ど前提的に持つ所であるが、之は頗る危険である。（その理由は本文に立証するにはあまり厖大であるから省略する。）

八、神社神道は特定の「くに」の宗教である事からして、特定の土地をその儀式の斎庭として持つことが不可欠の要件である。この点は他の傳道的宗教と異る所である。換言すれば神社神道は儀式（まつり）を要件としてのみ成立する。従つて「まつり」の社会的意義を明確にしておかねばならぬ。

管見によれば生命体たる生活共同体がそれ自身欲するリズムとしてのリクリエーションが「まつり」である。社会が己れの支配的権威を自認し、甦生し、増強する神聖行為である。「まつり」の公共性と創造性も亦この意味で先天的な特質である。呪術性を屢々指摘するけれども、これは私的な陰惨なものでは決して無いといふ点で他宗教のそれと区別される。

九、神社神道は八百万神を拝する。こゝに近代的平等観、人権尊重の思想と通ずる面を持つ。神道の世界性を見出すことが出来る。

一〇、死後の問題を取り扱ってはならぬ。

教会や寺院がその本来の宗教的偉力を失ひかけた時に最後の武器として取上げた死後の問題を、われわれが「宗教なるが故に扱はねばならぬ」といふ理由ハない。死後を問題にしないことは決して浅薄なことではない。

元来、死を通して生を見、死に於て生を捕へることが如何に深刻であっても、それはそれ自ら再び生の構造の中で決定せられることである。灰色の死を思ふことのみが深いのではない。肝心なことは、死を内蔵する生を如何に「ひかりうるはしく」彩るかである。神社神道は生の宗教である。

一一、死を意味するもの—分裂、不調和、闘争—はすべてつみけがれである。つみけがれは常に祓ひ清められねばならぬ。そして祓ひ清められることが出来る。これは明るいことである。神社神道は祓の宗教である。

一二、心霊術は疑似科学であつて宗教的現象ではない。異常心理の偶然性に依存しなければ発見出来ない神々は神社神道と無縁である。この様や感覚的に把握せられた所謂「神霊」は巫覡的似而非宗教の対象に過ぎないからである。神社神道はかゝる素朴な段階にはない。シャマニズム原始宗教であるが、私的シャマニズムは近代の所謂文明教である。神道には原始的な＝即ち宗教として欠くべからざる要素―時代を経ると共に益々強化されるエレメント＝が多分に有ることは頗るその基礎を強固にするものであるが、併しそれは素朴低級なものと混同してはならぬ。心霊学（?）的なものを排斥する所以である。

一三、以上の叙述の中にも明らかな如く神社神道は記紀の古典を尊重する。古典を無視して神社神道はなく、日本民族の将来もあり得ない。

一四、神職は社会救済に積極的であるべきである。郷土を愛し民族を愛する者こそ神の奉仕者と言へる。雲上の半官僚人であつてはならぬ。社会の業と社会教育―これは神職のやむにやまれぬ活動面である。心は清浄界において身は罪穢にみちた俗界に働かせる―これこそ神職が祓主たりうる資格である。教範の上にこのことは是非明らかにして頂きたい。

以　上（昭和廿三年一月記）

神社本庁を支えるもの ―庁憲第二次試案を読んで―

「中外日報」昭和五十三年十月十七日号（『カミ・くに・人』収録）

神社本庁では、昨年来、その基本憲章を制定する動きが表面化してきた。すでにいろいろの機関にかけて討議を重ね、本庁機関誌『月刊若木』七月号には二十二ヵ条から成る庁憲（仮称）第二次試案なるものも公表されている。

今さらいうまでもないが、神社本庁という全国神社の大多数を包括する団体が組織されたのは、いわゆる神道指令が出て間もない昭和二十一年二月のことであったから、以来すでに三十二年を経ているにもかかわらず、これまで庁憲もなくてよくも信仰上の統制がとれてきたものだ、という人もあるかも知れない。

しかし、全くそれらしいものが無かったわけではなく、二十六年に「宗教機能に関する規程」というものができている。ところがこれは僅か八ヵ条のきわめて簡単な規程で、その中からすでに庁規が規定している役員構成などに関する無くもがなの条文を除くと、正味は三ヵ条にすぎない。

これしきの規程ならば、あっても無くてもという感じさえするけれども、ともあれ、神社本庁はこの法三章を看板にして神社界をまとめてきた。目にあまるような脱線者も、まずまず出さないできたばかりか、神社界は一枚岩の団結を徐々にかためてきたのである。その秘密はほかでもない。実は庁憲に代って統合作用をはたした「行動」があったからである。

敗戦のショックに追い討ちをかけた神道指令の打撃から、神社界が立ち直ったモメントはというと、それは昭和二十四年から始まった第五十九回伊勢神宮式年遷宮の奉賛運動の体験とその成果とであった。この運動こそは神社界が団結して行動するための絶好の目標であったし、しかもその輝かしい成功を現前の事実として、国民大衆と共々に仰ぎみることができたのであるから、このことは、神社人の一人々々に大きな自信をよみがえらせると同時に、民族意識の回復という明確な、そして共通の目標を再発見させたのであった。

さらにまた、昨日まで神社非宗教を主張してきたのに、一夜あけたら否応なしに宗教団体の代表者となっていた、という正に百八十度の転換で途方にくれていた神職が、拠るべき指標を再び掴んだという実感は、占領下の二十六年から延々十五年間に及ぶ息の長い建国記念日制定運動の過程において、いよいよ確かなものとなった。この運動の中で神社本庁の組織もまた確固不動のものとなったことはいうまでもない。そして、その間あるいはその後につづく神宮制度是正、靖国法案、地鎮祭訴訟、一世一元制等々の運動のすべてを通じて、神社関係者は常に日本回復運動の先頭に立っているという自負のもとに、一糸乱れぬ行動をとってきた。

こうして振りかえってみると、これら神社界の行動はすべて神道の骨抜きを企てた占領政策への反撥であり、独立後にあっては神道指令の亡霊との闘いであり、換言すれば、日本回復へのたゆみなき熱祷であった。そしてこれこそが、本庁庁規に魂をふきこんできた「書かれざる庁憲」であった。

したがって今回の庁憲制定の目的の中の一つは、こうした行動の軌跡を貫く理念の成文化に外ならない。しかも、それはまた一面では現行宗教法人法の不備に対する不満の表明ともうけとれる。

神社界では、かねて現行法が神社という特殊な民族信仰団体には十分に馴染まないことを主張し、その改正を要望してきたけれども、ついに黙殺されてきた。ましてや神社法の制定にいたっては、沙汰の限りというご時勢である。したがって本庁庁規の基本となり淵源となる憲章を、信仰のことには触れない宗教法人法のほかに、あるいは「神社法」に代って、自ら制定せざるを得ないと考えるにいたったようである。試案前文が「信仰上の規範」を整備しなければならない、と称しているのは、まさにそのことを指すものと解される。

ところで、ここにいたって神社界三十年の行動を見ると、それは明治神道の復興といってもよいほど、明治初年の神道政策に共通する所が多い。これは一面において決して間違っていないと思われるけれども、明治初年の施策の中には、大教と称する新しい国民教を樹立する企てがあったために、古来の神社祭祀の伝統になじまない施策が混淆していたことも否めない事実である。

また、神社の経済的基盤の変革に対応させるために、いわゆる宗教活動を暗に奨励するような施策もないではなかった。時代の変転と共にやがて制度の上では、祭祀と宗教の分離という方向を打ち出すことになったけれども、個々の神社活動の面からみると、明確な分離は不可能のわざであって、そのままずるずると戦後を迎えたというのが実情である。

しかも「神道教」とか「新しき神道宗教」をという呼びかけが神道最高学府の碩学によって提唱される状況のもとでは、祭祀一筋の道を歩いてきたかつての官社でさえ、なりふりかまわず宗教活動に力を入れることともなり、いうなれば明治初頭の大教時代辺りまで後戻りすることが時代相応とされる風潮を生んだのである。

神仏混淆時代の昔から、あるいは国家管理時代となって新たに、広大な境内と壮麗な社殿諸建物をかかえるにいたった神社の如きは、その維持管理の財源を宗教活動にたよる以外にはないというのが実情であるとするならば、その行為をあえて否定するわけにもゆかないであろうが、しかし、さればといって、それはあくまで八万神社中の一部少数の問題でもあり、かつまた神社本来の性格上からして祭祀を第一義とし、本領とすることには変更があってはならない。

神社本庁という団体は、その成立の事情からいっても神社教の教団ではなく、全国神社連盟というのがその性格である。したがって傘下八万神社の一社々々がその歴史と社会的環境に応じておのずから課されている使命を謬《あやま》りなく、かつ積極的に遂行し得るための基本的な指針を与えることが何よりも肝要ということになる。

むろんそれはこれまでの行動理念と何ら矛盾するものではなく、むしろその活力の源泉が、かかる一社々々の祭祀において涵養蓄積され、ことある折に怒涛となってほとばしり湧き上がるといったものである。

したがって、庁憲には何よりもそのような神社の伝統的な機能原理が権威をもって表明されることは当然である。

その反面、いわゆる宗教活動については積極的肯定を与えるのではなく、むしろ節度を求める抑制的な姿勢が望ましい。まして神葬祭奨励のような明治初年の大教時代の誤謬を再び犯すおそれのある表現は絶対にあってはなるまい。(当時は、神葬祭は「神州の古典に基く」などの謬説がまかり通った特殊の時代であったことを銘記すべきである。)

およそ以上のような観点から、私は庁憲第二次試案をよませてもらった。そして、大綱においてはまことによく神社信仰の核心が表現されていることに敬意を表すると共に、一部においてはいささか気懸りな点がなくもないが、それらの諸点は今後賢明なる当局者たちによって修正加除されることを期待して一応この小論を終りたい。

重責をお受けして

「月刊若木」第四百四号、神社新報社、昭和五十八年八月

この度は図らずも副総長の重責を担うことになりました。実は、私の人生設計図には影も形も描いてなかった一齣が忽然と降って湧いた感がありました為に、いささかの戸惑いを覚えたのでありますが、副総長という役目は、統理様のご高導のもとで総長の方針とその歩みにひたすら追随してゆくことで、それも人一倍寛仁のお徳を具えられたお二方についてゆくのですから、私ごときわが儘者でも、この三か年を最後のご奉公と観ずるならば、何とか勤まるであろうかと考え直した次第でございます。どうぞよろしくご叱正ご鞭撻を賜りますよう謹んでお願い申し上げます。

すでに黒神総長も繰り返し申しておられますように、今期の大きな課題は式年遷宮奉賛体制の準備と本庁々舎建設の事業であります。

神宮におかれましては遠からず「皇室と連絡協議」を正式にお始めになるものと拝察いたしますが、この御儀について今回は政府当路者からどのような見解を示されるのか。果して一宗教法人の行う宗教儀式であるという占領下同然の解釈から一歩でも踏み出した良識が示されるか否か。

これは独り神社界のみでなく、天皇さまをいただく日本の将来に深く想いを寄せる国民のひとしく

注目する所であります。私共は御国がらに即した式年遷宮祭のご斎行をひたすら祈り上げながら、奉賛のまごころを結集したいものと念願いたしております。

次に、庁舎の建設でありますが、これは単に事務処理の能率化という実利的な意味だけではなく、八万神社が真に一心同体であることの実を示すという象徴的な意味をかね備えた大事業でありますので、これまた総力を挙げてとり組まなければならないと存じます。

こうした二大事業の成否の鍵は、本庁傘下の一社一社のご神威が遺憾なく発揚されるか否かに存するものと存じます。弱小神社ということがよく言われますが、たとい氏子僅に十戸の神社でも、全氏子から祖さまと仰がれ生命の柱と頼まれておわす神社ならば、どうして弱小と言えるでしょう。み国にとって力強い礎の役割を立派に果しておられるのであります。市川浩之助宮司（菱進不動産KK会長）の著書『わが友わが人生』の一節に「人々の心に深く根をおろすこと、その地方にひたすら土着すること」を説いておられますが、全ての神社がそのようにして神威を発揚されますことを心からお祈り申し上げてご挨拶と致します。

第四編　いまを語る

「産経新聞」平成七年五月八日号（『続　カミ・くに・人』収録）

父母　―幼な心の誇りと自覚―

父母が世を去って、それぞれ六十二年と四十五年の今日、ようやくわが両親を語る心境となりました。

私がもの心ついたころの記憶では、両親ともに毎日を忙しくしていました。

私は父の唱える「祝詞（のりと）」の声を夢うつつにしながら朝を迎えるのが常で、早朝から玄関に詰めかけて、父にご祈祷をあげてもらう人が、農繁期を除いては絶えないほどでした。神社は公共の空間ゆえに、「私祈祷は神職宅の神床で」が地方の風でした。

母によると、祖父が末子への唯一の遺産として、父に祈祷の秘伝を授けてくれたとのことで、四人の姉と私と弟の学資は父の「祝詞」のおかげです。なにしろ年俸二十五円では年三度の養蚕はやむをえず、私たちも桑摘みを手伝いました。屑まゆは母の手で真綿や父の羽織になり、家族の木綿の衣類はほとんど母の手織りでした。

多忙な明け暮れでも楽しみはあり、中でも姉たちが帰省する正月の歌留多（かるた）とりは最高でした。私のひそかな楽しみは父の硯で遊ぶことで、四、五歳のころには毛筆を一応会得して、父が書いた草書のお手本を習ったものでした。少し長じて、父は秘蔵の大国隆正とか福羽美静といった国学者の書蹟を見せてくれ、大正六年に全国神職会のため上京したときには、旧藩主、亀井侯の邸に連れていってくれたものでした。

中学五年のころ、寮の図書室に森鷗外の全集が入りそめた時のよろこびは今も忘れません。私は、津和野藩の末端の村に生を受けたというだけで、ひそかに肩身の広い思いを抱いておりました。

清貧でも、神主が何となく特別扱いされていることは幼な心にも感じ、恥ずかしいことをしてはならないと心に決めたのでした。それは結局、一生の支えとなりました。

父にしかられた記憶はただ一度、中学入試直前に夕暮れまで悪童どもと遊びほうけたときで、真っ暗な拝殿に独り座らされて、夕餉のだんらんに加えてもらえませんでした。

父母の年齢を超えて久しい私たち夫婦は、父母として、背中で何を教えてきたことか。恥じ入るばかりです。

「産経新聞」平成七年五月十五日号（『続　カミ・くに・人』収録）

終末論　―稲作文化にはなじまない―

吉田松陰（一八三〇―五九年）に「志」と題する詩があって、次のような対句が見えます。

《此日難再、此生難復》

今日という日は二度と来ない、この生も繰り返すことは難しい、という意味かと思われます。「此の日」はいわば容器であり、「此の生」はその内容というわけですから、これは彼の「志」に生きる現世の覚悟を表明しているのであります。再び反復することのできない、有限の生命の尊さの自覚に発する詞章としてまことに珍重であります。

はたして松陰は幕政批判の咎（とが）を得て江戸に送られ処刑されます。「此生」はわずかに三十年で終末を迎えたのであります。

ところが、彼には次のような辞世の歌があります。

《身はたとひ　武蔵の野辺に　朽ちぬとも　留めおかまし　大和魂》

すなわち松陰が抱き続けた現世の志は、さらに普遍性をもつ大和魂となり永世に生き続けるのであります。それは直接には高杉晋作、伊藤博文ら門人に受け継がれて近代日本の形成となり、その著述と詩文は後生を長く教導します。

神道の祝詞には「生みの子の八十続（やそつづき）に至るまで」という詞句が常用されますが、一身は有限であっても、その生命は子々孫々に伝わるとの信仰があります。儒教の刺激を受けて祖先祭りは知識層から次第に一般に普及すると共に、公共のために忠誠を捧げた人をカミとして祭り、永くその神徳を敬仰するという信仰形態が、近世以降は特に盛んになりました。

一例をあげますと、千葉市の昆陽神社は、飢きんから民衆を救うためにサツマイモの普及につとめた青木昆陽を祭ってあります。去る昭和二十一年六月七日には昭和天皇も親しくお訪ねになりました。このたぐいの、いわゆる義民を祭る神社は百社をこえるでありましょう。大楠公を祭る神戸の湊川神社や、護国の英霊を祭る靖國神社など、旧別格官幣社の例などは今さら語るまでもなく衆知のことであります。

浦島太郎が不老不死の国を訪れて、いかに長生きしようとも、ただ遊楽の日夜を過ごしていたのでは何の価値もありません。まことの不老不死は次の一句です。


　生きかはり死に代はりして打つ田かな　　村上鬼城

稲は一年限りの生命ながら、年ごとに蘇りを繰り返して終末はありません。稲作文化の日本には、いわゆる終末論はなじまないように思われます。

「産経新聞」平成七年六月二十六日号（『続　カミ・くに・人』収録）

安らぎ　─神の加護への感謝から─

政治家が国家目標を見失い、功利主義的価値の支配に屈服したり、あるいは政権維持のための駆け引きに明け暮れする時を乱世と言うならば、平成の新時代が始まったばかりの現代も正にそれに該当するかもしれません。こういう乱世には本当の安らぎがあろうはずはないというものです。それでは過去における乱世に生きた人々の安らぎは何だったのでしょうか。

室町時代という未曽有の乱世にあって、わが国家における最も主要な祭りの場である伊勢の神宮をお預かりする神主、それも禰宜の長官という要職にあったのが、荒木田氏経（あらきだ・うじつね）神主でありました。私はかつて神宮禰宜在任のころ、この堅信と学殖を兼備した老神主の残された日記や神事の記録類を、いつも感激をもって読みふけったことでありました。神領は横領されて名ばかりとなり、二十年ごとの遷宮費はおろか、年中恒例の神事費にも事欠く状態で、おそらく長官たる氏経老神主は、心の休まる時とてなかったのではあるまいか、と思ったものでした。

ところが、神主の記録を読んでいますと、時には連歌の記事が出てくるではありませんか。都のお役人を囲む神主たちの接待ごころもあってでしょうが、その記事に出会った時は、真実、ホッと致しました。息づまるような心労、心痛の日夜の中にも、こういう安らぎのひと時があったということに、私は救われた想いをしたのであります。そしてなお読み進むうちに、氏経神主が某に与えた手紙を見つけました。その一節に、《人は神の御（おん）守りにて　安穏なることに候ほどに、いかにも敬神を本（ほん）と候はば、いよいよめでたく候》とあります。

時には連歌に遊んだ氏経神主の安らぎの根っこが、後輩を教えさとす言葉の中にはっきりと書かれていたのです。それは神の加護に対する絶対の信であります。ひたすら敬神に徹しなさい、それこそが心の平安の源ですよ、とはだれでも言えますけれども、氏経神主の文には彼自身の深い体験の裏付けがにじみ出ていますから説得力がちがいます。

本居宣長の《世の中は何事もみな神のしわざに候。これ第一の安心に候》という教は、古事記の研究がもたらした認識です。これと違って、氏経の《神の御守りにて》には感謝の情があります。ここに真の安らぎが生まれたものと思われます。

「産経新聞」平成七年七月三日号（『続 カミ・くに・人』収録）

豊かさ ―衣食余って栄辱見失う危機―

話は少々古いのですが、去る三月の末に、氏子わずか七十二世帯という、滋賀県の農村から招かれて、氏神さんの創建二十周年大祭に参列してきました。この神社のことではその当初いささかお手伝いをした関係で気にはかけていたのですが、このたび二十年目にお参りしてみると、本殿は大きくなり、拝殿と大鳥居が新築されるなど、景観が一変しているばかりでなく、壮年組は大太鼓を担ぎ、三世に当たる幼い子たちも、おみこしや稚児さん行列という、ムラをあげての賑やかな祝祭に一驚いたしました。

昔、斉の国の名宰相とうたわれた管仲の語録に、

《倉廩（そうりん）実（みつ）れば礼節を知り、衣食足れば栄辱を知る》

という、治世の要諦（ようたい）を教えた言葉がありますが、なるほど、昭和四十一年に入植したこのムラも、減反・転作の嵐をくぐり抜けてここまで豊かになったのだ。それだからこそ、ムラにも秩序意識がこういう形で表現されるようになったのであろうと、二千数百年前のこの名言を思いだしたことでありました。

それにしても、入植十年目に氏神さんを祭りたい、という発想はどうして生まれたのであろうか。ぜひ尋ねてみたくなりました。祝い酒が回ったところで、自治会長さんたちの思い出話を引き出してみました。三十年前、この干拓地に理想的農村建設の夢を抱いて集まったとたんに、増産政策は一八〇度の大転換。そこで兼業として乳牛飼育とハウス栽培を始めたところ、運よく高度大消費時代が到来したために、稲作一辺倒時代よりもはるかにムラは豊かになった、ということでした。

ところが、その豊かさは、入植当時みんなで苦労を分かち合っていた時代の、あの一体感を徐々に忘れさせる方向に働いてきた、というのです。穀倉の充実が礼節に直結するどころではありません。何とか共同体意識の回復を図る手段はないか。そうだ、祭りをやろう。氏神さんを統合の核に迎えよう――そういうことで衆議一決したのですよと、当時を懐かしむように交々（こもごも）語ってくれました。

豊かさが共同体の危機を招き、ムラ結合を散漫にさせたということは、ムラの理念を忘れさせたことを意味します。衣食あまって栄辱を見失っている、われわれの国を顧みずにはおられません。何を核としてこの日本を建て直すことが可能なのでしょうか。国家理念の明確化が急務であります。

挑戦　―世のため、人のため―

「産経新聞」平成七年七月十七日号（『続　カミ・くに・人』収録）

私がいま理事長をつとめている大学に、一年課程の神道学専攻科という部門があります。神職になりたい希望者だけでなく、日本をもっと知りたい、という人たちも志願してまいります。法学部を出て司法試験に七、八回も失敗したというつわ者とか、原発に勤めていた古稀をこえた老書生とかの変わり種も立派に修了してゆきました。これなどは、自己への挑戦者でしょう。今も文通しています。

変わり種といえば数年前にタキザワ氏というハワイの商社マンが、同じく実業畑にいたという夫人同伴でやってきました。もちろん、二人とも神道には全く無縁の経歴で、強いていえば夫人の母親がハワイ大神宮でボランティアの経験がある程度でした。ホノルルには五つの神社が戦後に復活しましたが、神職の後継者は心細い状況です。義母から奨められたタキザワ氏は二年間考えました。そしてついに「人々を助けることができるならば」と、新しい世界に挑戦する決意をしたのでした。

両人のことを忘れかけていた今年の四月ごろ、タキザワ夫人からハワイ・ヘラルド紙が、夫人に英会話のレッスンを受けていた家人に届きました。その記事によると、二人は「終身任用」で迎えられたハワイ琴平神社・同太宰府天満宮に着任して、境内で夜は麻薬の取引が行われたり、泥棒が横行したりすることを聞いて驚きました。タキザワ夫妻の第二の挑戦が始まりました。

まず近所の人々を誘って夜警を始めました。老人の家々の生け垣の刈込作業も始めました。社務所の階下を地域の子らに開放しました。無料の日本語教室は、次にはタガログ語もと欲ばっています。神社青年部ができて、あれこれと手伝ってくれます。

二人は人々を神道に改宗させようなどと考えたことはありません。地域の道徳をとり戻して住みよくしたい。文化面から支援して、自分たちが受け継いできたものを子や孫の世代まで伝えてゆく、そのお手伝いをするのが神道だ、と記者に語っております。三年間の日本滞在で夫妻は見事に神道を会得して、従来の「日系人のための神社」から「民族を問わず地域に開かれた神社」への転換という、ハワイに神社ができて以来はじめての試みに、果敢に挑戦している姿を垣間見て、私は深い感動を覚えました。

自己への挑戦はとかく自己満足で終わりがちです。しかし、世のため、人のための挑戦者には道連れが現れます。孔子曰、徳不孤。

「産経新聞」平成七年七月三十一日号（『続　カミ・くに・人』収録）

私の八月十五日　―気概なきは軽蔑の対象―

補充兵役海軍二等兵曹―これが「あの日」の私の肩書でした。私たちの分隊は大竹海兵団の兵舎から出て、ある山あいの村のバラック兵舎に移されていました。そして、新たに招集されてきた、かなり年配の新兵さん相手に、何か訓練らしいことをやっているうちに、十五時頃でしたか、突如として出発用意の命令が出ました。当分この静かな村で新兵教育だろうと覚悟していた所でしたから、班長たちは色めきました。

村の人々が三々五々、畑を隔てて見送るともなく、水兵、丘を下るの図を見ていましたが、後で思い返してみると、その眼差しには、何か憐憫の情があったような気がしないでもありません。歩きながら、どこからともなく「戦争が終わったらしい」というささやきが聞こえてきました。海兵団へ帰ると、留守番役の上曹が、そのことをはっきり言ってくれました。

私は薄暗い洗濯場で靴下を洗いながら、「戦争は終わった」と繰り返し自分に言い聞かせるのでしたが、何か釈然としないものがありました。あれほど一億玉砕を叫んでいたのに、私はこうして生きているではないか。千葉県の館山砲術学校で、寒風の中をはいずり回ったりして対空射撃を身につけてきたというのに、一発も撃つこともなく、なぜ戦争が終わったのか。

そんなわけで、あの年の八月十五日という日は、私にとっては生涯の中で唯一の、割り切れない日として記憶されております。玉音放送をこの耳できくこともなく、上官から聞かされることもなくてシャバに帰されたのですから。

割り切れないといえば、今も毎年のその日にくり返される「儀式」は、戦争の傷痕の掘り返しと、不戦の誓いです。地球上のどこに、こんな「儀式」をくり返している国があるでしょうか。

敗戦の翌年でしたか、新任地の熊本の宗教者の会合で、一人の牧師さんが言い放った言葉は、今も強烈な印象を私の胸に残しております。それはこうです。「文化立国とか言って武器を捨てたというけれども、強盗がはいってあなたの妻子を目の前で辱かしめても、手をこまねいて見ていますか。不可能なことを言うのは欺まんですよ」と。

祖国を守る気概を失った国民は軽べつの対象でしかあり得ません。このままでは、北方四島はおろか、竹島も尖閣諸島も取られっ放しでしょう。この八月十五日、私は靖國神社で祖国の威儀の回復をお祈りしたいと考えています。

「産経新聞」平成七年八月二十八日号（『続　カミ・くに・人』収録）

師　―求道の志あれば出会う―

師ということばで何よりもだれよりも一番始めに浮かんでくるのは、私ごとで申しわけありませんが、父であります。若いときは教師を兼ねていた父も、物心がついたころにはすでに還暦に近く、訓戒めいたことを口にすることはありませんでした。その代わりに、お宮のお掃除やら、何やかやと、父が作業するときは、いつも相棒をさせられました。

百二十五段もある石段の草取りは独りでいたしましたが、これはこたえました。しかし、今から思うと、これも根性を鍛えるためであったかもしれません。後年、別格官幣社の宮司になっても、職員とともに箒を持たないと気がすまなかったのは、「三つ児の魂」のおかげだったでしょうか。

学校時代の恩師の中では、やはり、ご自身が一筋の道をまっしぐらに突き進んでおられる師には頼もしさがにじみ出るもので、そういう先生は魅力的でした。中学生くらいになると人物を見分ける目が備わるものです。

旧制中学時代にも幾人かそんな先生に巡り遭えたのは幸せでした。中でも修身科を担当されたS校長は哲学科のご出身だけあって、古人の事跡を踏まえながら、熱っぽく人生を語ってくださいました。

ともすれば、流行のマルキシズムに走り勝ちであった当時の若者に対し、自信を込めて天皇国日本の誇りを説かれました。

今にして思うと、私たちが道を誤ることのなかったのは、そのおかげでした。その後、プロレタリア文学に溺れた一時期もありましたが、そのマンネリに飽きて、古典文学に入ったのも、当時のS校長の教訓が潜在力として作用したもの、とひそかに信じています。

近世末期の経世家、二宮尊徳があるとき、額に棒を立てて、腰でバランスをとりながら、笛を吹いたり踊ったりする、あのタテモノという芸を見物して、こんな感想を述べています。

《舞ふも躍るも両眼はきつと見つめ、心を鎮め、体を定めたる事、『大学』『論語』の真理、聖人の秘訣、此の一曲音中に備はれり》

大道芸能も、道を求める人がこれを見るときは、聖典であり、師匠であります。いかにも「天地をもって経文とする」といった尊徳ならでは、と敬服させられます。

ひたぶるごころをもって、人生の道を求めて倦まない者にとっては、良師は、また時には反面教師も、至るところに見つかるはずであります。

「産経新聞」平成七年九月十一日号（『続　カミ・くに・人』収録）

食　―新嘗祭《にいなめさい》こそ食文化の原点―

町中を一歩出ると、早くもあちこちで稲刈りが始まっています。この季節に、きまって思い出す万葉の一首はこれです。

《誰ぞ　この屋の戸押そぶる　にふなみに我が夫（せ）を遣（や）りて　斎（いは）ふ　この戸を》

「にふなみ」は新嘗（にいなめ）の東国なまりと言われます。ムラの男たちが鎮守の杜（もり）に集まり、新米でつくった酒や飯（いい＝蒸しご飯）をカミと共飲共食するのが新嘗です。

常陸風土記によると、富士山の神や筑波山の神は新しくとれた粟で新嘗をしたと伝えています。祖神（おやがみ）が一夜の宿を求めたところ、富士の神は、新嘗の夜だからと断った、とあります。たとえ祖神であろうと、外来者は参加させなかったのです。そのムラ以外の者はどんな親しい仲でも神事に参加させないのは今も同じです。

新嘗というのは稲魂（いなだま）を身体にとり込んで活力をいただく神事だと説く学者もありますが、それよりもむしろ、人間の主食を媒介として共同体の成員（ムラびとたち）がカミと一体化することにより、共同体が生命力を回復するところに、この祭りの大きな意味があると、私は考えております。

この場合のカミとは家々の祖先神でもないし、穀霊（こくれい）でもありません。歴史的社会的統合体としてのムラの象徴なのです。主食とする米の収穫という、一年一度の最大の喜びを迎えて行うこの祭りこそ、日本の国に、年ごとに、大きな活力をよみがえらせてきたのであります。

十一月二十三日がなぜ休日なのか。この日から翌日にかけての深夜、天皇が神々と新嘗祭の神事を行われる、いうなればわが国の生命更新という重大な祭日だからこそ、日常とは異なった心がけで休業するのであって、レジャーのための休日ではなかったのです。

食文化とよく言われますが、このような秋祭りこそ、まさに食文化の原点といってよいでしょう。ところが、事態は米輸入が本格化するにつれて大きな危機を迎えようとしています。二十一世紀の初頭ともなると、国内消費米の七〇％は輸入米で、国産米の占める率はわずか三〇％と予測されています。そうなりますと農村の空洞化は必至であると、専門家は言っております。米の輸入はまさに国土の荒廃、文化の崩壊につながっているのです。

上古以来の秋祭りが果して何時まで本来の意味を持ちつづけられるか。対策が急がれます。

「産経新聞」平成七年九月二十五日号（『続　カミ・くに・人』収録）

未来　―皇室への敬語喪失は重大事―

九世紀の初、斎部広成（いんべのひろなり）は時のみかどの召問に応じ、古語拾遺一巻を奏進しましたが、そのあとがきの一節に、

「愚臣広成、朽邁（きゅうまい）の齢すでに八十をこえ、犬馬の恋（おもい）旦暮にいよいよ切なり」

とあります。私もすでに八十はおろか九十に近い、朽ち果てたよわいとなりましたが、犬馬がその飼い主を恋慕するにも似て、わが伝統文化に対する思い入れは、年とともにますます切なるものがあります。もとより広成ほどの地位も学才もありませんが、「恨みを地下に」持ち込むことのないよう、折にふれてこれまでにも、思いのたけを述べてきたつもりです。

しかし、このごろ、新聞やNHKのラジオなど見聞きするたびに、気にかかるふしが多く、これまで限りないお蔭をいただいたわが祖国の未来のために、言い残しておきたいことは少くありません。

ことに気になることの一つは敬語の喪失であります。話し言葉における敬語が、日本社会を支える潤滑油として機能していることは周知のことですが、これが文章の中ではとかく無視されます。一例を最近の某新聞から引用してみましょう。

「天皇ご夫妻と紀宮さまは……御用邸に向かった」「戦没船員の碑に供花し…交通センターを視察した。」

まず目ざわりは「天皇ご夫妻」という表記。天皇皇后両陛下という慣用の敬称をなぜ忌避するのか。週刊誌が皇后陛下や皇太子妃を○○子さまと表記するのも同類であります。皇室をあえて一般の列にひきずり落とすたくらみが見えて不快です。さらに右の記事の「向かった」などには寸分の敬意も表現されていません。

韓国や中国などに媚びて、わが伝統文化の放棄を促す評論をよく見かけますが、そのようなへつらいが国の威厳を失墜させることは、当然わきまえながら、あえてかような立論をする所に彼らの醜悪ないやしさがあります。

「天は人の上に人をつくらず」とした福沢諭吉も、『帝室論』の中で、わが日本では古来、皇室と国民が深く情誼によって結ばれてきた。この情誼に依存しなくては国の平安はない、とわが皇室の「至尊至重なる」理由を明快に論じました。彼は人間平等と皇室の尊厳とを、はっきり分別しています。日本の未来のために、再確認してほしい重大事であります。

第五編　人生を省みて

「全学一体」第二十六号、学校法人皇學館大学、昭和五十五年五月（『続　カミ・くに・人』収録）

私と皇學館

中国山脈のふもとの寒村に一村社の社掌の長男として生を亨けた凡庸な私ごときが、おおけなくも大神宮遷御の御船代に奉仕するなどとはと、今にしてまことに不可思議の感にたえないのであるが、それも、考えてみれば皇學館に学び得たおかげに他ならないように思う。こんな風にいうと、学生時代にはさぞかし模範生であったろうと思われる恐れがあるが、どうしてどうして、神祇道には全く無縁、というよりもむしろ正反対の方向に顔をむけたまま四年間をすごした私であった。

中学四年の春、卒業してゆく先輩が残してくれたリンゴ箱一ぱいの文学書が縁となって、受験勉強などそっちのけで、トルストイだモウパッサンだと夢中になって読みとばしているうちに、当時文壇の先頭におどり出たプロレタリア文学に傾斜してゆき、伊勢に入学してからもひきつづいて『改造』だけは毎号欠かさず愛読していた。京大を追われた河上肇の『第二貧乏物語』に魅力を覚えたのは一年生の夏休み中のことであったろうか。『蟹工船』も『太陽のない町』も雑誌でいち早く昂奮をおさえながら読んだものである。ついに高畠訳の五冊本の『資本論』を予約購読するところまで行ったけれども、もはや『戦旗』はとっくに弾圧をうけて姿を消し、『文芸戦線』もやがて見られなくなった。

「紅茶会では回覧しているらしいぞ」という情報がはいったので、メンバーのY教授にそっと伺ってみたけれども「そんなものが今どきあるわけないよ」と一笑に付されてしまった。時勢の転回をその一言で強く感じとったことである。私のプロ文学熱も次第にさめてゆき、いわゆる純文学の奥行きの深さが私を次第に捉えることになった。このような遍歴の中にも講義は欠かさずに受けた。たとえば国民道徳、というような講義の時はひそかに文学書をノートの下にしのばせていたが、国文学や漢文学は楽しかった。中学時代の教科書のようなコマ切れやダイジェストではなく完本で読めるということは、たとい全巻に目を通すだけの根気がなくても、古今集なら古今集の、詩経なら詩経の全体像をいつとはなしに掴みとれるという恩恵があった。その愉しさがおのずから片言隻句も洩らさじとする聴講態度につながった。これは私一人ではなかったらしく、そういう講義には教室がいつもピーンと張りつめていてここちよかった。

いま一つ特筆したいことは、精華寮やいろいろの部活動の中における先輩後輩の間柄がきわめて紳士的であって、戦後の寮生活やクラブ活動の中で往々にしてみられるようなきびしい学年階梯意識とか、新入生に対するシゴキなどといった子供っぽい風習が微塵もなかったことである。あのような寮風を確立した先輩はまことに偉かったと思うが、それが部の生活にも及んで、学園全体が一つの風格とも称すべきものを備えた「おとなの世界」であった。そこに自由闊達の学風も育ち、のびのびとした青春の謳歌があったのかも知れない。

一夕、友人にともなわれてS教授のお宅を訪ねた。蝋燭の明りのもとに木版本を展げたまま相手をして下さった。そこのレコードを勝手にかけよと言われて友人はモーツァルトの魔笛を選んだ。ご母堂のいれて下さったココアのさめるのも忘れてききほれた。私は二度三度と勉強のお邪魔をしてはクラシックの悦楽にひたらせてもらった。そういう憶い出は、書いてゆくときりがないのでこの一齣にとどめておくが、いま一つ是非とも述べておきたいのは弓のことである。中学時代の私は脚気をやったり肋膜炎で長欠をしたり、体育はからっきしという、まことにひ弱な少年であったが、皇學館では弓道部にはいり、選手にもなったりして、われながら驚くほどにたくましく鍛えられた。亡父の齢を超えてなお神勤に堪えられるのもそのお蔭にちがいない。

せっかく神都に学びながら、在学中はついに神祇道に開眼することがなかったけれども、心身ともに子どもからおとなに成長させて貰った皇學館は、私にとって最高の楽園であった。

「歴史手帳」第十九巻第九号、名著出版、平成三年九月（『続　カミ・くに・人』収録）

歴史と私

国文学専攻の私が否応なしに歴史に親しむこととなったのは他でもない。まさに敗戦の結果であった。国家の手を離れた神社の将来の在るべき姿と、神職としての自己を見据えるためには、この国にとって神社とは果たして何であったのか、神主とはいかなる存在なのかについて、自らの眼で確かめてみる必要が痛感された。生涯の恩師原田敏明先生との出逢いは、恰もそのような切羽詰まった時点であった。

先生の慫慂によって近在の社会科の教師によびかけ菊池郷土文化談話会をつくり、私が宮司を務める菊池神社で先生を迎えて月例会を開いたり、夏休みには阿蘇谷や天草などへの採訪も試みた。ムラ堂や板碑などがあると辻説法ならぬ辻講義がえんえんと続き、夜は枕を並べてなお昼間の続きを聴講した。古老から取り繕ろわない話を引き出すコツも、系図や村方文書の表現の奥にひそむものを読み解く用意もこうして教えられた。昭和三十一年六月創刊の『社会と伝承』の扉には、社会と伝承の会の主旨が明記されているが、そこにはまず、手近かな資料で学問の根拠を固めることと、学術的研究の必要性がうたわれている。先生に肩書を付けて歴史民俗学者としたり、宗教社会学者としたりするのが、どれも当っていていてしかも掩い尽していないのはそのせいである。先生が最も念に置かれた方法は「社会的なことがらを伝承の事実によって見、伝承を社会的に見る」ことであったが、不肖の門弟子、果してこの道を踏み外していないかどうか、顧みて忸怩たるものがないではない。

白すことつもりつもれる墓参かな（平成二年八月展墓の作より）

「悠久」第二十八号、桜楓社、昭和六十二年十一月（『続　カミ・くに・人』収録）

師恩忘じ難し

小学校、中学校を通じて忘れ難い恩師の面影は二三に止まらないが、中でも浜田中学校の五年間を通じて尊敬してきた校長杉本栄一郎先生の温容は今もってなつかしく憶い出される。先生のくわしいご経歴については、生徒たちは知る由もなかったが、ただ東京帝大で哲学を修められたということだけは伝承されていた。先生の唯一の授業は修身であった。その時間になると、教室の空気が他の先生の折と全く異なって、ピーンと緊張していたのは、また快いことであった。古今東西の人物の事蹟をよく例に引いて講義を進められたので、いろいろの古人の名を知らず知らずの間に覚えこんだものである。

しかし私が今もなお鮮烈に記憶に留めているのは、宗教についてのお話である。先生は「自分にはどうしても合理から非合理への間に横たわっている大きな溝を跳びこえることができない」と、きっぱり断言された。そしてさらに続けて強い語調で仰言った。「しかし、皇室に対しては決して人後におちない尊敬を抱いている。私の思想にあえて名付けるならば皇室中心主義である」と。周知の通り大正期の後半は社会主義者や無政府主義者が非合法活動にはいった時代で、われわれ中学四、五年生の間でも、『改造』などという硬い雑誌を鞄の中にひそませている者が何人かはあった。そんな仲間が寄り集まって、学校には内緒で同人雑誌を作ることになったとき、この幼稚な文学誌に『黒猫』というもっともらしい標題をつけて店頭に並べるまでの手筈をしてくれたのは、どこから流れてきたか正体不明の人物であった。彼は何時もオリーブ色のルバシカを恰好よく着こなしていたが、『黒猫』の二号が出たころにはわれわれの前から姿を消してしまった。トロツキストだったらしい、とか、捕まったらしいとかの噂も間もなくささやかれなくなり、『黒猫』も文字通り三号雑誌で廃刊になった。今にして思えば杉本先生の授業は、このような流行におぼれかねないわれわれに、存在の根拠を与えようと汗をふきふき熱心に語りかけて下さったのであった。

現代文学に開眼させて下さった国語の千代延先生は神主であったが、神様の話はついぞ聞かされなかった。教科書を早くすませては、その頃売り出した芥川龍之介などを読んで下さった。私が伊勢に行ってから内外の文学書にのめり込む一つの機縁はこんな所にもあったかも知れない。

『言海』を全巻暗記して文検に合格されたという伝説を持った先生もおられた。多田知敏先生で、われわれは国語でなく漢文を教わった。病膏盲ではなく膏肓だといった知識もこの先生から教わったものであるが、博学な方なので授業が大へん楽しく、伊勢に行ってからも、この漢文の基礎は大いに役立った。

伊勢では、神道関係の講義には、正直なところさっぱり興味がおこらなかった。その代りに伊藤正雄教授の俳文学とか、酒井秀夫教授の現代詩などは魅力的であったし、殊に千田憲教授の万葉講義は楽しいものの随一であった。その楽しさというのは一寸表現しにくいけれども、あえて言ってみるならば、未知の世界に踏みこんで、日がたつにつれて、行けども行けどもまだ奥がありそうだということが、少しばかり判ってきたという悦びであろうか。ともかく全身を目にし耳にして集中した憶い出はなつかしい。これらの教授はご自身の研究に打込んで居られたので、学生もひき付けられたのである。

　卒業前の一日、呼び出されて千田先生のお部屋に伺うと、いきなり「君は東北へ行かないか」と仰言った。私は一瞬ためらったけれども、田舎で待っている老父の顔を思い浮かべて「もうこれ以上は学校はつづけられません」と帝大への編入をお断りした。先生は「そうか、残念だな。しかし神主だけにはなるなよ」と言われるので、どうしてですかとお尋ねすると、「神主は勉強しないから、あんなものになったら駄目だよ」というお答えが返ってきた。私自身その当時は専ら中等教員のくちを探していたので、そういうご意見には別に驚かなかった。しかし、この時先生が吐いて捨てるような語調で仰言った「神主は勉強しない」というお言葉は、私の生涯を通じての大きな戒めとなったのであって、先生にはいくら感謝しても尽せない思いである。先生は後年、皇學館大學が再興してから教授として返り咲きして下さったので、神宮に奉職していた私は再び教えを受ける機会に恵まれた。「どうだ、万葉をもう一度やらんか」と誘われるままに、二三子と共に神宮文庫の一室で月に一二度集まった。この時は『続日本紀』の記事との関連で万葉を読み直してみようという先生の企てに興味を持ったのであった。

話を元へ戻すとしよう。昭和六年といえば若槻内閣の緊縮政策のあおりで、どの府県でも中等学校は学級を減らすばかりであったから、なかなか教諭のくちは無かった。そこで一先ず待機のつもりで老父母の待つ山陰の田舎へ帰山することに決めた。そこで二年近い歳月をすごすうちに、同級生のHから誘いがかかった。「神主になれ」というのである。どうせ今でも田舎で神主の真似ごとをやっているのだから、同じことではないか、同じことならば広い世界に出て来い、という論理である。

出てみた結果はあまり「広い世界」でもなかったけれども、ともかく友だちに飢えに飢えている状態であったから、教員はあきらめて故郷を出ることにした。家を出て四か月目に父の危篤の知らせが届いた。

誘われるままに赴任したのは愛知県の津島神社であった。学生時代に神社奉仕に出たこともなかったし、神道学会のメンバーでもなかったので、官国幣社に関しては全くの無知であったが、幸いにしてよい宮司さんと、よい同僚に恵まれたスタートであった。今沢昇宮司は毎朝早く白衣に平服用の袴をつけて社務所に出て来られ、そこで潔斎をすませると、本社から摂末社まで巡拝されるのが日課であった。それだけならば何ということもないのだが、巡拝のついでに宿直室の戸をドンドン叩いて「さあよ」と大声を掛けられるのである。枕元の目覚時計が鳴るよりも、その「さあよ」がきまって三分か五分早いときているので「ミゼラブル」と心中で叫びながら起き出したものである。若い者がうっかり寝坊をして、朝の太鼓打ちの時刻におくれないようにとの親ごころとは判っていながらも。

歳末になると独身者だけが宮司職舎に招かれて、すき焼の大盤振舞を頂戴した。宮司は一滴も召上がらないのに、われわれには、さあ飲め、さあ食べよと、ご夫妻で勧められるので、ついつい袴の紐をゆるめるまでよばれたものである。そんな時にどんな話題が出たかは全く記憶にないが、ともかく家族的な雰囲気に包まれた楽しい一夜であった。社務所では「仕事が片付いていたら手習いをせい」と口ぐせのように言われた。当時の官国幣社はどこでも官報を購入していたが、その付録は保存の要がなかったので、これを習字用紙に使えといわれた。手本は、鳴鶴流の書家の手による千字文であったろうか。幸い先輩の主典に名手が居て、教育勅語の漢字を次々に六文字づつ書いてくれたので、これをお手本にした時期もあった。幼年時代には草書の大文字を半折や全紙に書いていたけれども、楷書を基本から稽古することができたのは幸であった。勤務時間中でも、習字さえして居れば宮司さんはご機嫌であった。

今沢宮司の思い出で忘れられないのは真野時綱祠官の自筆本の写本をさせられたことである。有名な『古今神学類編』五十一冊で、この著述は近年『神道大系』にも収録されたので広く知られるようになったが、当時はまだ活字本は皆無であった。岡崎市の万徳寺から次々に借り受けては、若い職員に手分けして筆写を命じられたのであった。近世の稀に見る碩学の神主の高い志操に触れる機縁を与えられたという意味で、これはまことに有難い仕事であったが、ただその写本用紙がぶ厚い生漉きの和紙なので、筆のすべりが悪く遅々として捗らないのがもどかしかった。しかしこれも少しでも長持ちするようにとの宮司の配慮であった。

一見のんきそうで実は細かい心遣いをされる、それでいて寛厚そのものの今沢宮司が健康を害して甲府に引退された後には、気性のはげしい石川勝宮司が神宮禰宜から転じて来られた。神宮神部署長やら会計課長など歴任されたとかで、会計事務に明るく、また神宮式の斎戒など、そのまま適用はされなかったが、いろいろと教えられた。神宮に入られる前はいわゆる民社の神職をして居られて神道講演の講師としての実績をお持ちだったので、津島に来られて間もなく、氏子を集めて神道講演会を開けという命令が出た。かつてない企てなので禰宜以下みんなで人寄せに苦労し、会場には火鉢を配置したり、お茶のサービスをしたりしたけれども、聴衆はパラパラであった。しかし宮司の前座を承わるわれわれ若手は必死であった。何しろ弁論部にいた経験もないし、神道のことを大衆に話せるほど勉強していたわけでもないのだから、お義理で座っていてくれる聴衆に何の反応もないのは当然で、あんなに冷汗をかいたことはなかった。宮司もあきらめられたか、二回でこの企ては取止めになった。

石川宮司の時代に木曽川に架けられた尾張大橋の渡初式を県の依頼で宮司以下が奉仕することになった。当時としてはこの大橋は今の本四架橋にも匹敵するほどの大プロジェクトであったが、その晴れの祭儀の祝詞の起草を宮司から命じられた。祭儀係でもない私としては僭越の沙汰なので当惑したけれども、断れば雷が落ちること必至なのでやむを得ず二晩かかって下宿の二階で清書し、宮司の机にのせておいた。渡初式の当日、石川宮司が音吐朗々と奏上されるのを席末で聞きながら、面ほてりがするのを覚えたことであった。それにしても全く駆け出しの若者にあえて起草を命じて下さった親ごころが嬉しかった。

内務省主催の長期講習会に出席させてもらったのもその前後であったと記憶するが、参加してみると私など全く青二才の方で、何れも宮司一歩手前といった面々であったには驚いた。しかし多くの知友を得ることができたことは何よりの収穫でもあった。國學院大學の三上茂理事さんもその一人である。

石川宮司のあとには伊達巽宮司が唐沢山神社から転じて来られた。これまでの二人の老宮司と違ってまさに壮（おとこざかり）という文字にぴたりと当て嵌まるような新宮司を迎えて社内はどことなく活気づいた。（これはひと事ではない！　老兵は消え去らねばなるまい。）「朝御饌は私が奉仕する」と着任早々宣言されて、晴雨にかかわりなく、定めの時刻になると判で押したように社務所から社頭へと狩衣姿で参進して来られるので、宿直員二人は祓所でお待ち受けするのが常であった。当時の伊達宮司はかなりの酒豪であった。われわれ若い者は時々お伴をさせてもらったが、適当にまわってくるにつれて談論風発というのか、大きな声で教訓を垂れて下さった。二軒ぐらい廻って最後は「送って来い」と言われるままに職舎にお邪魔すると、奥様が実にタイミングよく酒肴を運んで来られるので、またひとしきりお説教を拝聴して引き退ったものである。もちろん午前さまである。しかしその翌朝も必ず宮司は水をかぶって定刻通りに、例の少し前かがみの姿でお日供の祝詞を上げにのぼって来られるのには頭が下がった。事務の上でも、届いた文書はすべて先ず宮司室に持参せよ、ということで、宮司はそれに一々目を通しては主任を次々に呼びつけて指示を与えられるので、まことに能率的であった。当時の津島神社程度の規模ではこれは適切な方法であった。

この宮司のもとに今少し長く居ることができたら、学ぶ所は更に大きなものであったと惜しまれるが、ご縁がうすく、やがて私は真清田神社に迎えられた。ここでは中林善雄宮司にお仕えしたが、温厚と謙虚そのものという、神主の基本を生まれながらに備えておられるようなお方であった。春秋の職員慰安旅行も家族同伴という和やかさで、これも宮司のお人柄の反映であったように思われた。

このお宮にはごく短い期間で、金原利道宮司のお声掛かりで多賀神社へ移ったのは、あたかも日支事変から大東亜戦争へ突入する寸前であった。そういう緊迫の時代に神社局では祭式行事作法を改定し、全国各地でその指導者講習会を催していた。やがて神祇院ができると、無格社の合併を企てて実態調査のためにお役人が地方まわりをしたりしていた。神社合併というのは明治四十年前後に試みて失敗した筈であるのに、あの非常時にそんなことを企画した役人の意図は今考えてもよく判らない。それはともかく、大政翼賛会が生まれ、中央錬成所ができると、禊指導者講習にかり出され、おかげでまた、各地の神職各位と顔なじみができて教えられることが少なくなかった。金原宮司は常に「先を見よ」というのが口癖であった。碁将棋でいう所の先を読むということであるが、これは口で言うほど容易なわざではない。宮司は経営者ではなくてはならないという一面を教えられた。

またある時、手水の場合の拭紙の所役と柄杓を取る所役はどちらを上席がつとめるのか調べてくれ、と突然命じられた。神祇院のS先輩から電話でお尋ねがあったということなので、私は早速、祭式関係の書物をあれこれとめくったけれども、そんな些細なことは書いてない。あればとっくに神祇院で見つけている筈だ。困《こ》うじ果てて宮司室の書棚から埃だらけの古事類苑神祇部を借りてきて、しらみつぶしに探索した。見付かった。「神祇官年中行事」の引用文で、大史が手洗（水）を献じ、その上席の権少祐が紙（手拭）を取る、とはっきり出ているのである。古事類苑というものの有難味をお蔭で初めて知ったのであるが、それにしてもこんな重宝な事典が、出入りしにくい宮司室の飾り物になっているのはいささか不都合に思えた。

この時代に県内の官社の青年神職の有志で祭祀研究会なるものをつくって時折勉強会を開いた。地政学の小牧実繁博士に先年久しぶりにお会いして当時をなつかしんだが、講師は伊勢や京都から、時には叡山からもお招きした。金原宮司は学問好きの方で、ご自身も「忌服をしない社家」についての資料集を出版されたり、また中村直勝博士に依頼して「多賀神社文書」の影印本と解説集を上梓された。

十九年に召集をうけ、二十年八月末に帰任し、十月に別格官幣社菊池神社宮司を拝命した。原田敏明先生が郷里の熊本県に帰って居られると聞いて、菊池からは峠を一つ越えた村なので、お邪魔した。父祖代々の土蔵を改造した書斎を「退考窟」と命名して、夜はそこにこもって研究をつづけ、昼間は百姓仕事を奥さま共々になさって居られた。母屋の方には母堂が居られたようである。私はひまさえあれば退考窟に通ってお話を承ることを愉しみとした。やがて熊本大学の法文学部長に就任されたので、こんどはその学部長公舎に参上して、次々と宗教学の本をお借りした。西日本史学会、熊本史学会、熊本みんぞくの会にも入会し、研究発表もさせてもらった。また菊池郷土文化談話会をつくって小・中学校の社会科教員をあつめ、先生の指導で月例会を持ったり、夏休みには阿蘇や天草、球磨の五木村などあちこちへ野外調査にも出かけた。先生はそんな時は歩きながら講義をされた。夜は各自の報告会を開き、枕を並べてやすむと、寝床の中でも講義がつづき夜半を過ぎることも屡々であった。「社会と伝承の会」という会を作り、年四回の会誌を出そうとご相談にあずかったのは、菊池生活十年目のことであった。

学問とは他人の説を批判することではない。自分を批判することだ、というご訓戒は骨身にこたえて忘れようにも忘れ得ないお言葉のひとつである。

紙数の都合で神宮時代は省略するけれども、こうして過ぎ来し方を振り返ってみると、私は到る所でまことに得がたい良師に恵まれてきたと、つくづく有難さが身にしみる思いである。師恩忘じ難く、且つまた報じ難しの感が深い昨今である。

芦屋大学福山重一学長に提出、昭和六十年四月（『続　カミ・くに・人』収録）

二にして一の天職

第一の岐路は中学（旧制）からの進学校選択の時であった。わずか三学級の複式教室で小学校の課程を終え、当時県下に三校しかなかった県立中学校において、先ず先ずの成績で進級を重ねていたために、数学や国語、漢文の恩師たちは高等学校もしくは高等師範を受験するように強く奨められたけれども、山村の小社の神職を勤める父はすでに六十四才という、当時としては老境に入っていた事情もあり、教員と神職の双方の資格が同時にとれる学校として神宮皇學館を私の意志で選んだのであった。

神宮皇學館の四年間においても、中等学校の教師となる夢は捨てなかった。望みどおり郷里の中学校もしくは女学校に就職が叶うならば、休日には老父の手助けもできるであろうという、後から考えるとまことに虫のよい、甘い考えからであった。

卒業の前年、昭和五年ごろからわが国は世界的大恐慌の影響をうける未曽有の不況に見舞われ、失業者問題などで社会不安に陥った。いわゆる緊縮財政の影響により中等学校も定員減となり、強力な人脈でも持たない限り到底就職ができる状況ではなかった。それかあらぬか、国文学の恩師は私に東北大の法文学部でもっと勉強しないか、と奨められたが、前述の如き家庭事情により残念ながら辞退した。広島高師出の哲学の恩師はあちらこちらに紹介状を書いて下さったが、何れも好返はなかった。そこで私は一先ず帰山することとし、父母の膝下において空しく一年をすごし、翌年（昭和七年度）四月より、母校である村の小学校の代用教員（小学校教員の資格がないために）として、三・四年の複式教室を受持つ生活をはじめた。教師兼神職といっても何れも正規のものではないが、一応は教壇にも立ち、神社のことも手伝うことになったのである。

この年の夏休みに、伊勢の母館において恒例の公開夏期講座が開かれたので参加した。この受講者の中に国幣中社の禰宜をつとめている先輩が居られ、官国幣社では若い人材を求めている。教師をあきらめては如何かと熱心な慫慂を受けた。同年冬に入り、国幣小社に勤めている同期の親友からも同じような勧誘をうけた。私の心は動いた。老父母もこの親友の友情に答えるがよいと勧めてくれた。

昭和八年二月、学年末をひかえて小学校には迷惑をかけることとなったけれども校長も快よく理解して、時ならぬ退職を許してくれた。そして国幣小社津島神社（愛知県）の神職といっても神社限りの辞令であって、県の辞令による正規の神職ではない――の末席に列することとなった。これが私の神社界入りの第一歩であった。

津島神社雇の辞令をうけて約一週間もたったころ、郷里から一通の封書が回送されてきた。例の広島高師出身の恩師からの親展書である。大阪府下に教師の空席ができるから、まだ浪人中ならば如何か、という懇篤なお知らせであった。事情を述べてお断わりしたことは勿論である。運命というものはまことに不可思議なものであると痛感した。

その後、国幣中社真清田《ますみだ》神社、官幣大社多賀神社と、それぞれの宮司に請われて転任。大東亜戦争が始まり、大政翼賛会中央錬成所の錬成会に数度参加して指導員の資格を得、多賀神社における県下各階各層の錬成行事の講師をつとめ、偶々参加した彦根高商の古典研究会の学生諸氏と知り合い、乞われて月一回、高商に出かけて古事記の講義をつづけたこともあった。しかし、正規に学問らしい学問に志を立てたのは敗戦の結果である。昭和二十年八月末に海軍より召集を解除され、次いで十月五日付で別格官幣社菊池神社宮司を拝命、翌二十一年二月一日官国幣社の官制廃止により神社は寺院教会と同じく全て宗教法人とされた。「国家の宗祀」と称して胡坐をかいては居られなくなったのである。

任地熊本県にあっては幸にして生涯の師に出遇うことを得て、神道の学を一からやり直した。在熊十年、かつての神宮皇學館館長平田貫一先生の懇切なお勧めにより伊勢の神宮が設けた神宮皇學館の教師として迎えられ、この時代に福山学長先生の厚遇を得たのも不思議なご縁であるが——やがて皇學館大學が再興されてそこで非常勤講師をつとめ、神宮禰宜の激務の中で著作や論文を発表してきたのであった。

いま七十余年の生涯を顧みると、少年時代に立てた志はどうやら遂げられたように思われる。教育者と神社人とのどちらに比重をおくか、ではなく、学問に生きる、道に生きるということにおいては、この両者の職業は私にとって二にして一、一にして二の関係にあり、一つが他を妨げるものではなく、むしろ相補って私を一歩ずつ向上させてくれたものと考えている。二つながらが天職であったといえよう。

「神社新報」平成三年五月十三日・二十日・二十七日、六月三日号、『年輪を重ねて』
神社新報社、平成四年三月収録（『続　カミ・くに・人』収録）

奉仕に終始した一生〈インタビュー〉

島根の山村から出て来て

私は島根県の浜田から中国山脈に向って十五、六粁入った久佐八幡宮の社家に、姉四人の下の長男として生まれました。貧しい農山村で、小作人たちはご多分にもれず子沢山。それが満足に養えないので奉公に出すような所でした。そこで少年時代を過ごした私は、父は神主にしたかったようですが、将来は教師になろうと思って神宮皇學館に進みました。

学生時代、神道の講義は面白くないので後の方で近代劇全集を読んだり、プロレタリア文学やら高畠素之訳の『資本論』を読み、ランカシアの労働事情解説と日本のそれとを思いくらべたりしていましたから、決して模範学生ではありませんでした。最近、大学が社会人に門戸を開く制度を始めましたし、大学審議会の答申にもそのことを強調していますが良いことですね。学問に興味が出た時、しかも実社会で壁に突き当たったところで学ぶ場ができると、大学の講義も生きるでしょう。

五冊本の『資本論』は青春の記念として大切にしていましたが、戦後になって後輩から乞われるまま『六国史』と交換してしまいました。とっくに「左」には見切りをつけていましたから。

昭和六年卒業。尊敬していた万葉の先生は「神主は勉強せぬ。君は勉強を続けるため東北大学へでも行け」と、言って下さったのですが、大学に行く余裕はなし、不況で教室がどんどん減らされていた時代です。教師の口もない。止むなく郷里で父の神職を手伝ったり、小学校の代用教員などをしていました。そんな半浪人中に同窓生の勧めで津島神社に雇っていただくことになり、結局神職生活に入ってしまいました。やっと親孝行ができたわけです。

だが身分は雇です。奉職直後に神宮神部署から堀田房之助さん（旧社家）がお詣りになり、「ここは若い者が多いな、月給はいくらだ」ときかれたのでお答えすると、「何だ、ここは失業救済所じゃないか」と笑われました。でもお陰様で十年には主典になり、内務省主催の神職講習会もうけました。後に国大の理事を勧められた三上茂氏と私が一番の若僧だったと覚えています。

三人の津島神社宮司

津島では三代の宮司に仕えましたが、各々個性をお持ちで勉強になりました。今は人事交流が止っていて、このような経験が若いうちにできないのが気の毒ですね。

最初は今沢昇宮司。後に郷里山梨の金桜神社宮司になられた方でした。ご自分はお酒を一滴ものまないのに、若い者を官舎に呼んで下さってスキ焼きを腹一杯食わせ、酒を好きなだけのませました。

又、昼間から料理屋でわれわれのために芸妓を呼んでくれて自分はカステラを食べていた人です。だが反面、「お前たちは天引きして貯金させぬとロクなことに使わぬ」と、少ない失業救済の給料の中から三分の一程度を強制的に貯金させせられました。また写本もさせられました。それは『古今神学類編』百巻で、津島の社家の真野時綱の著した本ですが、このような勉強のさせ方は神社のためにも神職のためにもなりました。特に時綱の著書にふれたのは一生の幸せでした。宮司は早起きで、目覚し時計が鳴る前に、宿直員を叩き起すような厳しい方でもありました。「暇があれば手習をせよ」というのが口癖で、若い者は皆小学生にかえって楷書からやり直しをさせられました。これも大変ためになりました。

つぎが石川勝宮司。講演がお好きで民社時代には全国を歩いてきた方でしたが、私ども若い者にも大衆の前で神さまの話をすることを勧められました。また、祝詞などもどんどん若い神主につくらせました。木曽川大橋の渡初式の祝詞を徹夜で作ったことを覚えています。多少は不安でも若い者に試みさせるのは大事なことです。

そして三人目が伊達巽宮司。事務処理などは実にテキパキやられる方で、文書がくると担当を宮司室に呼び、考えを聞いて目の前で指示を出されました。無駄のない方でした。朝もお早く、朝御饌は必ず自分で奉仕されました。どんなにゴゼンさまをされても毎朝宮司官舎で水をかぶって出てこられたのです。三人とも、厳しい宮司さんでしたが、それぞれ指導性に富んだ、若い者の訓育については、実に心を遣われた人でした。

真清田から多賀へ

その後真清田神社にスカウトされて二年ほど御奉仕して会計事務を覚えたところで、またもや金原利道宮司のお声がかりで十四年に多賀大社へ行きました。『社家の庭訓』を著わされたあの宮司さんで若くして神宮禰宜をつとめ、ご遷宮も奉仕されたということでした。京大の中村直勝博士が多賀大社の古文書の影印本を出版する事業をやっていましたが、そのお手伝いをさせられ、ここで出版というものと接する機会を持つこともできました。

その後、日本は戦争の時代に入り、私も大政翼賛会の中央錬成所のみそぎの指導者養成に何回も行ったりしていましたが、やがて応召。呉の海兵団に入り、館山の砲術学校を経て大竹の海兵団に行き、そこで原子爆弾のキノコ雲を見たのち、終戦を迎えました。多賀に帰りついたのは八月三十一日、約一か月後の十月五日付で菊池神社の宮司を拝命しました。随行に正服と冠を入れたリュックをかつがせて、熊本まで超満員の列車で赴任しました。

金原宮司には「君は若く見られるから心配だ。ヒゲを生やして行け」などと忠告されました。前任宮司は七十歳すぎで、その半分位の歳の者が行くのですから。現地に行くと禰宜の方がはるかに年輩なので、あちこち挨拶まわりに行くとみな、まづ禰宜の方に先にお辞儀をするのです。

混乱時の神社で

大きなお社にばかりいた私が、四、五人のお社に行ったのですから勝手の違うことも次々に出てきました。戦時中の反動も大きくて参拝者はガタ減り、神社の維持も困難な状況となりました。

何とかしなければと崇敬会組織をつくることにしました。神道指令には触れるが近在の町村長や区長などを役員に入れ、神社維持の組織を作ったのです。誰かが密告したのか、軍政部のピーターソンという男が県の役人をつれてとんできました。私は皆が任意で出したような金額の凸凹の名簿だけを選り出して見せ、「強制は何もしていませんよ」といったところが、「でも村長が肩書きつきで入っているのはいかん」。調査はその程度で、胸をなでおろしましたよ。奉賛会長が元の五高教授のクリスチャンで、英語で対応してくれたので大いに助かりました。お供えの餅米はヤミで買っていると職員から聞いたので、早速桜の苗木畑になっていた社地で陸稲をつくることにして、職員一同で草とりや刈入れもしました。おかげで翌年の秋祭りからはヤミをしないで、すがすがしいお祭りになったことも想い出の一つです。

敗戦の混乱期

別格官幣社であった神社には、戦後の空気は殊の外に厳しいものでした。しかし横溝光輝知事時代に「菊池精神」こそ大切だ、これを県是にするのだと言っていたくらいでしたから、地元の人々には菊池一族に対する崇敬の心は篤く、これが神社維持の活動をする上での大きな心の支えになりました。

神社庁の教化委員長もやらされましたので、神道青年会を作れとか、教育関係神職協議会を作れなど様々なことを言ってきます。それに従って動きましたが、時と場所を考えて、少しは独自の味もつけて動きました。

たとえば全国教育関係神職協議会の県組織ですが、これは教育基本法を検討し、宗教情操教育研究会として発足させました。その方が風当りが弱いし学校のうけも良い。活動しやすい体制を作らねば何にもなりません。住職の方もどうぞ、と言って発足したんですがそちらは誰も入ってきませんでした。菊池郡支部では坊さんとも仲良くしていたので宗教連盟なども作りました。

時は前後しますが、神道が一本立ちをした直後、県と占領軍が相談して各宗教の代表の講演会が熊本で開かれ、神社関係は私が講演しました。占領軍が企画した意図がわかるので、尻尾を捉まれぬよう慎重に注意しながら神道を説きましたが、牧師たちが「神社のヤツ！」とささやいていたのを思い出しますね。

原田敏明先生との出合い

この頃、私の生涯の恩師となる原田敏明先生に出会いました。先生の講義は内務省の講習や滋賀県時代での祭祀研究会で聞いたことはありますが、一対一の関係ではなかった。先生が「私は戦争中に書いたり教えたりしたが、間違いなかったかを考え直したい」と、熊本の田舎に引きこもりお百姓をはじめられたんです。田んぼをつくったり、畑でイモを植えられたのですが全くの素人で、いいかげんな方法。通りがかりのお百姓さんに「先生、違うよ」と教えられたりしてやっておられたのです。

そこへ私は暇を見つけては弁当を持って、山を越して徒歩で通いました。

先生はお宅を「退考窟」と称しておられましたが、私はたった一人のそれも戦後第一号の弟子となりました。いまでも奥さまが当時を思い出して、「櫻井さんが来られると主人はとても喜んで。その様子を今もはっきり覚えています」と懐かしそうに話して下さいますが、そこで先生から次々に本を借りたりして、実に多くのことを学びました。私にとってこれは大学院の個人ゼミでした。

そういえば今や神宮少宮司の酒井氏が退考窟に転がりこんできて、しばし内弟子で勉強していました。だから彼と私との交友も古いですよ。彼は目が悪いくせにせっかちだから芋掘りなどすると片っ端からイモを切ってしまい、本人は本気なのだが、手伝いになるどころか邪魔になり皆よわってしまったなど、面白いエピソードの持ち主ですよ。彼の神社本庁調査部時代に手がけた祖霊社調査。あれは原田学徒らしい仕事でした。

彼が解説書をつくった憲章に関しては様々の見方があると思います。私は日本国憲法要不要論と似たような感じで憲章を見ています。憲法がなければ共通の理解はできない。しかし明文化するより不文の方が奥行きも味わいもある。だが憲法がなければ法律もつくれないわけで、神社も敬神生活の三綱領程度の柔構造では混乱も生ずると言った時代になったということでしょうか。

少々脱線しました。原田先生は別に追放されたわけではない。やがて望まれて熊本大学の法文学部長に就任されて熊本史学会をつくられたので早速入会しました。菊池郡内の小中学校の社会科の先生たちに呼びかけて「菊池郷土文化談話会」をつくり、神社で月一回先生を招いて例会をやったり、夏休みには阿蘇や天草などへフィールドワークに出かけたのも愉しかったですね。先生に一対一で教えられた熊本での十年間は、私がもっとも勉強した時期でした。その経験からも、先に述べたように、大学が社会人に門戸を開放すると、更に深い学問の世界が開けるのではないかと思うのです。熊本では神社は一体どうなるのだろう、神職はいかにあるべきかを、切羽つまった状況で考えた時期でした。その背後には、かつて皇學館で「神主になると勉強しない」と言われた師の言葉が常にあり、それに反発したい意識もありました。『熊本県祭礼調』は私の熊本時代の最後の仕事でした。

伊勢に

第五十九回の式年遷宮直後の昭和三十年に、神宮に来いと宮川宗徳先生と平田貫一先生からお話があり、六月に伊勢に行くことになりました。伊勢にはすでに、幡掛正浩氏、阪本健一氏がおられて、そこで三人揃って御奉仕となるのですが、これは神宮の教学を固めるという宮川人事だったという人もあります。そして三十三年三月に神宮の禰宜になりました。

神宮について考えるとき、人的構成をいかにするかは大切な問題です。神宮のみに奉仕する人は神宮の伝統を守るメンバーであり、そういう人があってこそ不文の伝統が続くという良い点がありますす。しかし神宮しか知らぬ人が多くなると、世間が見えなくなり、神宮だけの神宮になるという独善的なところも出てきます。そのようなことをこれからも大いに考えてもらいたいものと思います。私なんかその期待に応えることができたかどうかは分りませんが、その間に実に得難い体験をさせてもらいました。

私は神宮に関しては全く無知のまま伊勢に赴任しました。着任後半年くらいの時に、社頭で頒布するための『伊勢の神宮』を書かされました。百頁ばかりのガイドブックですが、何をやらされるよりも効果的に、神宮について学ぶ機会を与えられたことになりますね。爾来やみつきになったのですが、神宮学は一生かかっても卒業できませんよ。

第六十回式年遷宮

第六十回の式年遷宮は、私が終始事務に携ってきた最も印象深い御遷宮ですが、敗戦により、一から十まで募財の事業を民間募財で進めざるを得ない最初の御遷宮でした。まずその一端を語る前に、この計画実行にあたり、戦中戦後にわたった第五十九回御遷宮の経験が大変大きな力となったことをあげておきます。この苦難の記録、努力した人々の話が充分に聞けたので、第六十回遷宮の基本大綱を固めることができました。

遷宮奉賛運動は、神宮の性格、式年遷宮の基本となる本質はしっかりと守りつつ、政府がタッチできない現状に応じて国民運動を盛り上げねば成就しません。そのためにはマスコミ対策なども新しく取組む重要な課題でした。

一例をあげると御杣始祭からはじまるお木曳き行事。木曽と裏木曽で木を伐り、二つのルートを曳いてきて桑名で合流、伊勢に一緒に入ってくるのですが、沢山の所を通って盛大に行事をやり、関心を深めて貰う。これにはマスコミも協力的で、その情報がその地ばかりでなく、伊勢の市民の神宮に対する意識に大きく響きました。他所でもあんなに熱心にしているのに、地元が盛り上がらなくてはとね……。伊勢の人たちが結束して協力してくれる気運が日々に強まるのを感じました。

また、戦後大きな制約があった皇室との関係を深めることもできました。陛下のおぼしめしはもちろんのこと、背後で積極的に動いて下さった高松宮さまのお蔭で、御遷宮に先立って常陸宮両殿下はじめ皇族方八人もがお揃いで二日間、別宮や神宮施設をバスでめぐってくださったことは忘れられません。皇太子殿下（今上陛下）も御遷宮直前におまいりになられ工作場などご視察下さいました。

遷宮がどんなに行われ、どんなに盛儀であったかは、今更ここで触れるまでもない。公式な記録が沢山出ています。ただ、私にとって遷宮活動中に、あれ程大きな物価の上昇が起るとは、それだけは本当に予想を遥かに越えていました。物は上り人件費も上り、奉賛目標も補正また補正、御遷宮予算も最終的には七十億にも達してしまいました。あの時代の経済成長は異常でありましたが、それにしても長期間の計画には、凡ゆる事態への取り組みが必要だとしみじみ思いますね。

将来の御遷宮にむけて

神宮はいま、全国神社界や財界の協力で第六十一回の御遷宮奉賛運動の最終段階に入っています。微妙な時ですから、御遷宮に関する意見は、注意しながら語るべきでしょう。勿論、今回の御遷宮は今回の基本計画通りにやるべきでしょう。

しかし、第六十回遷宮を神宮ですごし、次回は神社界を代表する神社本庁で関係した私としては、その将来を深刻に考えるが故に、数多くの意見を持ち、それを何かの機会にお役にたてたいと常に思っています。その一部をこれを機に漏らしておきましょうか。

その第一点はいまの造営計画が、日本が国威発揚に最も力を入れ、遷宮も精一杯盛大にしようと力を入れた昭和四年の第五十八回式年遷宮をモデルにして、それを基本に成り立っているという点です。修繕でよいものを、全部新素材で造替したのはあの時が最初です。国体明徴の声が異常に高ぶっていた時の方針を基礎にした計画を毎回続けていくと、総費用は莫大なものになって行くでしょうし、森林破壊とまでは言われないにしても、環境問題として批判を受けるような現象まで生み出さないとはかぎりません。

前回四万円の材木が今回は五十万円。これでゆくと二十年後には一体いくらになるのだろう一千億、あるいはそれ以上とも予想されます。そこでどうしても歴史を反省してみなければなりません。私は、延喜式の規定にまで戻れとは言わないが、少くとも明治時代位までは遡って、現代の社会感覚ともかけ離れないような、国民により身近に、を基礎としたものにすることも検討すべきだと思います。明治二十二年の宇治橋の写真を見ますと、木除杙などは曲りくねった自然木です。質素ではあるが、厳そかさにはいささかも障りませんよ。それに昨年、大嘗祭の終ったあとの大嘗宮を拝観しましたが、あの簡素と清々しさに感激をいたしました。

前例にならうお蔭で伝統が続くことは貴いが、形だけを無意味に固守することになってはいけない。一つの流れの変更には決断と勇気が要りますが、この辺で大英断をすることが将来の弥栄のために必要だと思いますね。細かいことは、実は沢山ありますが、今はこの程度にしておきましょう。

再び多賀大社へ

御遷宮が終り、私は透析療養中の三浦重義宮司に乞われて多賀大社に移り、やがて宮司になりました。多賀大社は全国的な崇敬者により支えられているお社です。しかし神社の基本は氏子にあるのであって、それに加えて崇敬者がある。私はその基本をこの多賀に定着させようと考えました。「何気なく見えるところに教化がある」。これが私の行きついた結論ですから。

氏子と、氏子から出ている総代さん。行政当局や諸団体と交流を密にすることを大切にし、町民全戸に社報を配布して神社の情報を知って貰うなど、ともすれば株式会社化していると評されましたが、純粋な神社らしさを十五年間、多賀では追い求めてきました。

神社が神社らしい風格を出すこと。経営的態度を表に出さない。神社らしい運営をする。みな当り前のことですが、それを着実に実行し、全職員に徹底させる。それが私の多賀大社宮司としての方針でした。神社ではとくに大改革といったことはしませんでした。緩やかに、より着実な実のあることを続ければ、いつかはその良さが神社のカラーとなって、余り感心しないなと思った色彩は薄れていく。経験を重ねた末の結論でしょうか。そのような方針で神社を着実な軌道にのせ、若い者の指導に力を入れ、平成二年三月、宮司を辞して名誉宮司ということになりました。

神社本庁

私は実に思わざる事態で神社本庁の総長になりました。昭和五十八年、黒神さんがぜひにと乞われたので、理事の経験もなくて副総長になったのですが、総長は就任直後に病気になられ、お仕事に無理を生ずるので出しゃばるようでしたが、副総長が答弁したり代決したりしているうちに黒神さんが亡くなられて……。しかし我が人生、振り返ってみると自分から望んでその地位を得る、といったことが全くなかった私です。いつも余儀なく、とか、強く勧められてと言った人事ばかりで一生を過ごしました。新庁舎は私が作ったなどと言われますが、とんでもありません。前からの計画にのっただけで、強いて言えば菊竹清訓さんを引っぱって来たことでしょうか。あれは辱知の川添登さんの人脈でした。ただ、庁舎ができた機会に機構の整備は、こちらの方が大切だとかなり強引につっぱって実現しました。特に教学と研修を柱にしたものでした。将来を担う人材を不断に育てねばなりませんからね。

妙な縁から六十二年五月には総長になり、天皇陛下の御不例、崩御、御大喪という大変な事態に遭遇することになったのですが、自分なりに精いっぱいにとりくんで、私相応には対応してきたと思っております。

本庁の総長になってまず感じたことは、全国の神社が神社庁を中心によくまとまっているということでした。神社界の団結の強さといいましょうか。それは喜ばしいことなのですが、他方、単立神社が本庁に入りにくい壁になっているという副作用もあります。創立当時の緩やかな時代なら、比較的簡単に仲間入りできたのに、いまは話が出ても支部辺りでつぶされてしまう。団結ということは良い面ばかりでもなく、反面には閉鎖性も持つのですね。だが、この短い期間ではあるが総長をやって、神社界を良く知ることはできたと思いますよ。

質疑応答

――紙面の都合で先生のお話を全部聞けないのは残念ですが、以下、ぜひお聞きしたい点のみお答え願ってコラムをしめたいと思います。いま、神社界の姿も見えるようになったと話されたが、神社界の将来を先生はどう見ておられますか。

櫻井　私は余り楽観的に見ていない。うっかりすると御利益信仰に走る危険性が高いと思っています。氏子中という共同体が、崩れたとはいわないが結束はきわめて弱くなっている。神職や少し目先のきく総代が、神社を御利益信仰的に持って行き、神社を栄えさせようとすると動かされやすい体質になっているのではと心配します。氏神さまはそんなものではないと思います。

――神職の後継者難について。

櫻井　神職のよい後継者がこれからできるのか、いかにして作るかは神社界にかかわる一番大きな問題だと思う。氏神さんを自分の口の糧にしよう、主職業にしようとあせると御利益信仰に走りやすい。神社界は全国の沢山の小さな神社に支えられているからこそ機能しているのです。その一つ一つを大事にすることを皆で考えねばいけない。私は主職業は学校の先生や農協職員でも、自分は神社の宮司だという自覚を持つ人がどんどん出てきてほしいし、神社界もそれを支える努力をすべきだと思う。

――先生は現在の神職に何を望みますか。

櫻井　日本という国は小さな神社がコミュニティーの統合の核となって有機的にまとまっている。だから全国津々浦々の神職がみな、自分が日本を支えているとの自覚を持って欲しい。その自信を持つためには勉強して欲しい。そして心の底から誇りを持ってほしいと思います。

――今回、皇學館大學の理事長になられましたが、学生の神社への就職状況は。

櫻井　明階を取得する者は多いのに、本年などは六十数社の採用希望に対し三十何社にお断りせざるを得なかった。反省は私もしているが、神社側もうちの神社はこういう神社だという細かい情報提供に不得手で、それが学生を神社以外に就職させる事にもつながるのではないかと考えました。中小企業は人材確保に熱心ですよ。神社側からは条件はこれこれと一枚書いてくるだけです。これでは若い者の意欲をかきたてません。良き後継者をと考えたら、豊富なデータを提示するような努力が欲しいと思いますね。

――今後の人生をどうすごしたいと考えておられますか。

櫻井　昭和五十年から芦屋大学の講座を持つようになり、今もつづけています。若い時には教職をめざしながら結局は神職の生涯を送った私です。芦屋大学が必要とされるなら健康の許す範囲で続けるつもりです。

また、神社本庁を退き、多賀大社をも退職することを君（記者）に話した時、私が「読書三昧に今後はすごしたい」と言い、君は「それは無理でしょう」と笑っていたが、残念ながら現在のところ君の観測の方が当っている。忙しくてなかなかそれはできそうもない。しかし現状に満足しているわけではありませんよ。いま、本を出す準備しています。必ず出します。大いに叩かれることを覚悟でね。君は笑っているが、必ず出しますよ。

――そしてその後は。

櫻井　あまり先のことは考えない。いま、何をしなければならないかと言うことだけを考えてやって行きたいと思います。さきにも言ったように、自分で人生の進路を積極的に決めたことはなかった。みんなあっちに行け、こっちに行けで歩いてきたが、これからは自分の意思で目標を決めてやって行こうと思っています。君、もうこんな質問は良いよ。昼食でも馳走するから、もう根ほり葉ほり先輩をいじめるものではないよ。（笑）

櫻井勝之進『神社新報ブックス10　聖恩は雨の如くに』神社新報社、平成八年十月

『聖恩は雨の如くに』序

今年は皇大神宮ご鎮座二千年の佳歳に当るので、伊勢ではさまざまの催しが春から秋へと行われている。先頃その一つとして「伊勢を語る」シムポジウムが伊勢神宮崇敬会で主催され、筆者も参加したところ、冒頭で各自の伊勢との出逢いに就て語ることになった。そこで図らずも思い出したのが、幼い頃の伊勢大神楽のことであった。これがお伊勢さんから派遣された一行でないことを知ったのは後年のことで、当時はこんな辺鄙な里まで伊勢の大夫さんが訪れて面白いお神楽を見せて下さるものとばかり信じこんでいた。それほど本もののお伊勢さんとは遠くはるかな存在であった田舎者が、やがて図らずも、神宮の名を負う学園に遊ぶ身となったものの、何しろ小学校以来、天皇陛下のご祖先をおまつりする尊いお宮とのみたたき込まれていたので、何はともあれ、不敬の振舞いだけは犯してはならないという畏怖が先に立って、正直なところ「忝けなさ」などという感情を催すゆとりなどは全くなかったものである。

卒業の翌年、母館の夏季講座を聴講のため、久々で数日を伊勢で寝起きしたある日、思うところがあって独りで内宮にお参りした。夕日の傾くころで参道に人影もなく、静寂を独り占めして神前に額

ずいた。どのくらいの時がたったのか、全く念頭になく、ひたすら額ずきつづけた。宿舎にかえると同室の先輩から、あまり遅いので心配したぞ、と言われたが、実にこの一夕の参詣こそ、筆者の一生を左右することとなったことは確かである。

爾来六十余年。おほけなくも、天皇と神宮のおん事を折にふれ事につけて、あれこれと筆に上せてきた。この度、神社新報社の葦津社長の乞われるままに、その中からなるべく近い年代のものを選んで収めてもらうこととしたが、禿筆些かなりともお役にたつならば、朽邁の身の幸とするところである。

「朝日新聞」平成十年十二月二十二日号

自分と出会う　―カミ、我を捨てたまわず―

明治維新前後に優れた人物の数々を輩出した旧津和野藩の末端の寒村に、私は神主の長男として生を享《う》けた。神主は院家と同様、どこに行っても床柱を背にして坐るのが当然とされていたから、その後継ぎの自分は並の子らとは違うのだ、恥ずかしい真似は出来ないと、いつしか思い込むようになっていた。その上、父は折にふれては大国隆正など旧藩の国学者の話をきかせてくれた。幼心にも何か責任感のようなものが芽生えたに違いない。

そのせいか、自然の流れのように、神道を柱とする学校の国文科に進んだのであるが、興味は専ら文学に傾き、ついに神道の何たるかを見いだし得ないままに卒業した。当時の国文学の教授たちの、常に自ら研究に打ち込んでいるひたむきな姿勢が私をひき付けたに相違ない。これは後年、大学の教壇に立つ身となった時、自戒の鑑《かがみ》となったものである。

二十代半ばごろ、在任中の尾張津島神社の旧祠官、真野《まの》時綱（一六四八―一七一七）が三十九歳の時に著した『神家常談』という一書に巡りあった。その中で彼は、世の神家（神主）が全く学に志すことのないことを慨嘆し、「諸国の神家として可なる神書一巻　撰《えら》ぶ事も稀也《まれなり》。一社の伝義旧記をさえ浮屠《ふと》氏（仏家）の手に任せて邪正を知らず」と一喝していた。私の生涯の戒めとなった。

神主人生の最大のショックは祖国の敗戦であった。昨日まで真剣に祈ってきたのは、あれは何であったか。今日からは何を祈ればよいのか。神主とはそもそも有用な存在なのか。参詣人の乏しくなった神社はこの後も必要な施設でありつづけるのか、等々。一切を一から問い直すこととなっては、自分そのものの在りかたすら見失うに至ったのである。

しかし、カミ、我を捨てたまわず。熊本の田舎町に在任していたお蔭で、生涯の恩師原田敏明教授に巡りあえたのである。そして、古来、地域社会が自らの意志で設けた神社が果たしてきた聖なる機能の何たるかを、一から学び直すこととなった。村々を訪ねて、人々が大小のカミガミに対応する組織、制度、慣行などの事象を、民俗学などの先入観を排して観察し、その実態を把握する作業に、神務の暇を割いては没頭した。

この作業は伊勢の神宮に勤めてからも続けたが、そこで教えられたことは、ムラごとに必ずお宮と普通名詞で呼ばれる一社があり、地域共同体を統合する機能をもっている事実であった。明治時代にこれらのムラは合併されて新行政町村となったが、かつてのムラがこの国を構成する単位社会としてその生命を持続し得たのは、実にこのお宮の存在による所、大であった。固《もと》より国内には恐らく十万をこえるカミ奉斎の聖所があり、そのすべてがかかる意味でのお宮ではないが、それは歴史的社会的諸条件下において、動機や対象、祭る主体などに変化を生じた結果としてよいであろう。

ムラに帰属する人々にとって、そのお宮が「われわれのカミ」であるのと同様に、日本という文化共同体に帰属意識を持つ限りの人々にとって、伊勢の神宮は「われわれの元《はじめ》なるカミ」である。このことの解明に至ったとき、私はようやく自己の存在を確信した。

私が生涯をささげて本務としてきた所は、あくまで神主であった。学問はその神務の意義を問うことに外ならなかった。従って、折にふれ発表してきた微々たる著述のごときは、このような自己の信念の一端を表現することによって、常に自己を問い直す手段の一つに過ぎなかったのであり、それ以外の何ものでもなかった。

『皇學館百二十周年記念誌―群像と回顧・展望』学校法人皇學館、平成十四年四月

皇學館に望む ―あたたかい絆―

皇學館の歴史は百二十年とひと言で括るには、あまりにも重い歳月であった。その草創期以降の制度づくりや内容の充実に力を注いで下さった先賢の偉績は、到底筆者ごときの語り得るところではないので、ここには皇學館にご縁をいただいて以降七十余年間の憶い出に残る事ども、わけても恩師先輩たちとの絆を軸として、ありし日の母館の学風の一端をしるし、将来への展望に些かなりとも資することとしたい。

先ず思い起こすのは在学時代のことである。学年が進むにつれて、魅力のある講義と、学的好奇心を一向にそそられない講義との相違がはっきりしてきたのであった。例えば、千田憲教授の萬葉とか、鶴藤幾太教授（本科23回）の宗教学、あるいは楚辞などの古典を講じて下さった近藤杢教授、新進では、近世文学の伊藤正雄教授、国文法や国語学の酒井秀夫教授などの、旺盛な研究心に裏付けされた講義は、それこそ一語も洩らさじと心を凝らして聴講したことであった。それにひきかえ、今一つの肝要な柱である神道関係の講義となると万年ノートの繰返しで、そのような時間には密かに文芸誌などを披いて時を過ごす者が少なくなかった。

後年のことであるが、足立巻一（本科47回）の春庭研究の端緒を開き、遂に芸術選奨の文部大臣賞にも輝いた大作『やちまた』を結実させて下さったのは、外ならぬ酒井先生であった。筆者も一夕学友と共に先生宅に参上し、「こういう本には蝋燭の明りが似合うのです」と仰言って、鈴木朖の『活語断続譜』の写本を播いて居られる姿に接した感動は今も鮮やかであるし、また伊藤先生のご指導により学生十数名で大和路の萬葉遺跡を訪ね、さらに文楽座の楽屋とか、「妹背山婦女庭訓」の舞台を見学したことも忘れ難い学恩である。鶴藤先生のお宅でプラグマティズム関係の参考書を拝借して、レポートにしたこともあった。先生は「世間話ではなく、学問の話ならば何時でも訪ねて来い」と常々学生に仰言っていたからである。千田先生は、再興後の大学にも来講されたので、二三子を誘って文庫の一室で「萬葉と続紀」の講義を数回拝聴したのが、最後のお別れとなった。近藤先生にはご隠栖の鈴鹿山麓に伺ったところ、先生畢生の大著『支那學藝大辭彙』をお見せ下さり、後日筆者の神宮奉仕に関わる七言絶句の半折をお送り下さったのは、望外の喜びであった。

以上、私事に亘ること共を敢えて書き連ねてきたのは他でもない。往年の師弟の絆がどのようなものであったか。その一端を書き留めておくことが、強ち無用の沙汰ではなかろうと信じるが故である。

次に、先輩後進の間柄であるが、入学式の折、森田實館長（本科3回）が「諸君は本日からゼントルマンであるから、その心得で振舞え」と告辞された一事で、当時の気風の凡そは想察されるであろう。精華寮は、二年生と一年生二人づつの四人部屋であったが、上級生に対して「先輩」などという呼び方はなかった。ましてや煙草の火を付けたり、使い走りをさせられることもなかった。筆者の属した弓道部でも、上級生をすべて「さん」付けで呼ぶ慣わしで、まことに紳士的な間柄を形成していたのは、すべてのクラブで同様であった。

卒業後も、先輩は後進を親身になって教導し啓発し、引立ててくださったことは言うまでもない。よく例にあげられるのは、「長谷学校」のことである。官幣大社多賀神社宮司時代の長谷外余男氏（本科10回）は、教育畑から転身されたばかりの三好筆太（本科17回）、満井成吉（同）、佐藤東（本科28回）氏等々を次々に同神社に採用し、それぞれ大社名社の宮司として大成される基礎を修得させられたのであった。

「親身」という言葉を図らずもここで用いたが、思い返すと恩師たちの教育活動も、また先輩と後進の間柄も、全てこの一語に尽きる、というのが筆者の体験してきた「皇學館」であった。この一語にこめられたあたたかい心を、将来にわたって是非とも活かしていただきたい。

朽邁に到って彌々切なる犬馬の戀を蕪辞に托すこと仍而如件。

略年譜及び著書

年　月	(満年齢)	
明治四二年一〇月		島根県那賀郡久佐村（現、浜田市金城町）村社八幡宮社掌櫻井勝茂・ヌイの長男として出生
昭和　二年　三月	(17)	県立濱田中学校卒業
六年　三月	(21)	神宮皇學館本科第一部（国語漢文科）卒業
七年　四月	(22)	久佐尋常小学校代用教員
八年　二月	(23)	国幣小社津島神社雇、同主典、国幣中社真清田神社主典、官幣大社多賀神社主典・禰宜
一九年　三月	(34)	補充兵隊海軍二等水兵
二〇年　八月	(35)	終戦を大竹で迎える
二〇年一〇月		別格官幣社菊池神社宮司
二一年　二月	(36)	宗教法人菊池神社となり、神社本庁より同神社宮司
二六年一二月	(42)	調停委員　二八年一二月、司法委員
二八年　七月	(43)	神社本庁講師（昭和三七年より兼教学委員）

二九年　四月（44）　神社本庁評議員（昭和四九年六月まで）
三〇年　一月（45）　『熊本県祭礼調』熊本県神社庁
三〇年　六月　神宮皇學館教諭兼教化局教導司
三一年　二月（46）　『伊勢の神宮』神宮司庁
三一年　六月　＊季刊誌『社会と伝承』（原田敏明代表）の発行に携わる
三二年　三月（47）　神宮禰宜（奉賛課長・庶務課長・総務部長歴任）
三五年　（50）　皇學館大学再興期成会の事務方として尽力
三八年　四月（53）　皇學館大学非常勤講師（祭祀概論、昭和五〇年三月まで）
四〇年　九月（55）　＊国際宗教学宗教史学会議並びに第一回神道研究国際会議出席及び宗教事情視察のため米国（カリフォルニア州クレアモント）及び欧州諸国を歴訪
四二年　三月（57）　『日本祭礼行事集成』（平凡社）全十巻編集責任者となる
四四年　五月（59）　『伊勢神宮』学生社
四八年　三月（63）　『伊勢の大神の宮』堀書店
四八年一〇月　第六十回神宮式年遷宮祭奉仕
四九年　六月（64）　神宮司庁教学研究員・教学研究室長
四九年　八月　神宮、依願退職

五〇年　一月（65）芦屋大学教授（日本文化論・日本文化研究。平成七年三月まで）
五〇年　六月　多賀大社権宮司
五〇年　九月　伊勢市政功労者として表彰せらる
五二年　三月（67）神職階位浄階、神職身分一級
五三年　八月（68）学校法人皇學館大學常任理事
五四年　八月（69）多賀大社宮司
五六年　二月（71）文部省宗教法人審議会委員（平成元年三月まで）
五七年　七月（72）世界連邦日本宗教委員会常任委員長
五七年　八月　学校法人皇學館大學副理事長
五八年　四月（73）『カミ・くに・人』多賀大社
五八年　四月　滋賀県神社庁長（平成元年七月まで）
五八年　六月　神社本庁副総長
五八年　八月　皇學館館友会会長（平成二年八月まで）
五九年　二月（74）神職身分特級
六〇年　四月（75）伊勢神宮式年遷宮委員会委員
六一年　五月（76）神社本庁副総長に再任。本庁庁舎建設事業に取り組む
六二年　五月（77）神社本庁総長。本庁機構改革に取り組む

六二年　六月　　　財団法人伊勢神宮式年遷宮奉賛会副会長・神宮崇敬会総代
六二年　七月　　　宗教法人神宮責任総代（平成元年七月まで）
六三年　四月（78）財団法人日本宗教連盟理事長
六四年　一月（79）＊昭和天皇、崩御。神社本庁総長として御代替りの諸問題の対処に尽力す
平成　元年　六月（79）神社本庁総長、任期満了で退任
　元年　七月　　　神社本庁顧問（死去まで）
元年　八月　　　神社本庁教学研究所教学顧問（死去まで）
二年　二月（80）神社本庁「長老」の称号を受け鳩杖を贈られる
二年　三月　　　学術博士（芦屋大学）（学位論文「伊勢神宮の祖型と展開」）
二年　三月　　　多賀大社名誉宮司
二年　四月　　　『柏葉』多賀大社
二年　八月　　　学校法人皇學館大學理事長（平成十年八月まで）
二年　九月　　　神宮式年造営庁参与
二年　九月　　　『日本神道論』共著・学生社
三年一一月（82）『神宮の祖型と展開』国書刊行会、同六年改訂再版
五年一二月（84）神道国際研究会（於京都市国際交流会館）実行委員長をつとめる
六年一一月（85）＊世界連邦日本宗教委員会「イスラエル訪問宗教使節団」代表としてイス

ラエル・トルコ訪問
七年　四月　遷宮基本問題検討委員会委員（平成一六年三月まで）
七年一一月（86）勲三等に叙し瑞宝章を授与される
七年一一月　『続　カミ・くに・人』多賀大社
八年一〇月（87）『聖恩は雨の如くに』神社新報ブックス10、神社新報社
九年　三月　＊「神道とエコロジー」シンポジウム（ハーバード大学世界宗教研究所主催）基調講演につき渡米
九年　三月　神宮崇敬者総代（平成一七年三月まで）
一〇年　五月（88）『神道研究ノート』国書刊行会
一〇年　六月　『次代に伝える神道』弘文堂
一〇年　九月　学校法人皇學館大学常任顧問（死去まで）
一七年　八月（95）『神道を学びなおす』神社新報ブックス14、神社新報社
一七年一二月二五日　死去　満九十六歳
二七年一二月　『新編　カミ・くに・人』神社新報社

編集後記

（編纂、発行の経緯）

神社本庁総長・学校法人皇學館大學理事長などを経歴し、斯界の大先達であった櫻井勝之進先生が平成十七年十二月二十五日に逝去されて十年を迎えるに際し、『新編　カミ・くに・人』と題する書を刊行することとなった。

ここに「新編」としたのは、すでに『カミ・くに・人』（昭和五十八年・多賀大社発行）と『続カミ・くに・人』（平成七年・多賀大社発行）の二冊が刊行されており、本書はそれらに収載された論説を取捨選択し、その後の論説を加えて、新たに再編集したことによる。前者は多賀大社宮司として昭和五十八年、滋賀県神社庁長就任に際して、後者は皇學館大學理事長在職中に勲三等瑞宝章拝受を記念してまとめられた。

元書名の「カミ・くに・人」の意図について同書まえがきで、次のように述べられている。

本書の書名に片仮名と平仮名と漢字の三種の文字を使いましたのは、いたずらに奇をてらったわけではありません。先ず、「カミ」というのはGodの訳語である「神」とは全く異質の概念であるということを、端的に示したつもりであります。次に、「くに」と表記しましたのは、「おくにはどちら」という場合のくに、すなわち郷土の意味と、日本国という場合の国との両者を一語で表わしたつもりであります。この両者が一つのくにという言葉で表現されてきたところに、日本の文化の特色を見ることもできます。そしてまた日本ではこの「くに」を離れては「カミ」はない、と考えられますので、両者を・で結びました。「カミ」は「くに」の威厳の根源として畏敬されてきたという、私の解釈の率直な表現でもあります。そして、カミを語り、くにを語るのも畢竟《ひっきょう》は人間の道の探求に外ならないという考えから、人の一字を加えたのであります。

これについて『続　カミ・くに・人』の編集委員会代表者岡田重精氏は、「これは先生の思想体系の根源を、端的に示された主題である」と指摘されている。

『カミ・くに・人』の収載内容は、「第一部「清澄のしらべ」にはご歴代の天皇・皇后さま方のお歌に拙い謹解を付したもの、第二部「大いなる秋祭」は伊勢の神宮式年遷宮に関するもので、ほとんど昭和四十七、八年に書いたもの。そのほか日本の文化などについて述べたものは一括して第三部「伝統を支えるもの」としました」（同書あとがき抄）とある。昭和二十年代から五十七年まで、新聞・雑誌等に収載された諸編の中から主題に沿うものを選んで四十四篇（第一部を除く）を収める。

また『続　カミ・くに・人』も同じ主旨のもとで、前書には収められず、またそれ以後平成七年に至るまでの諸編から択び、「第一部　いまを語る・第二部　贈ることば・第三部　すすめる詞・第四部　皇學館とともに・第五部　えにしかしこ・第六部　みちのり」の六部立てとし、百篇を収める。

（本書収載内容）

第一編「伝統を支えるもの　―神社・祭祀・神道ほか―」は、『カミ・くに・人』第一部収載論説を主に、その後の関連論説を追補した。第二編「神宮・遷宮」は、『カミ・くに・人』第二部収載の昭和四十八年度遷宮に際して執筆された論説を主に、その後の神宮関連論説を追補した。なお、『聖恩は雨の如くに』（神社新報ブックス10・平成八年）「第二編　遷宮奉賛の論理と倫理」と、『神道を学びなおす』（神社新報ブックス14・平成十七年）「第二編　神宮とは」所収論説も関連する。第三編「神社本庁のあり方」は、その設立からの歴史を踏まえて現在のあり方の課題を論じる。第四編「いまを語る」は、『続　カミ・くに・人』収載の、産経新聞平成七年に連載されたコラム二十六篇から、頁数の関係で適宜抜粋した。第五編「人生を省みて」は、『続　カミ・くに・人』第六部を追補した。計七十八篇となる。各編収録順は発表年月順を基本とした。なお収載年代は、昭和二十六年（四十一歳）から平成十七年（九十五歳）の五十年余にわたる。

　その著書（単行本）十三冊、論文・論説類は約六百篇に及ぶが、逝去五ヶ月前の平成十七年八月に最後の著書『神道を学びなおす』を、神社新報ブックス14として出版された。その「序に代えて」で、

　そもそも、わが国びとが古来、到る処に神社を奉斎しつづけてきた理由は何であったのか。神主とは如何なる使命を持つ存在であるか。（中略）等々数え上げてみると疑問符ばかりである。本書はこうした疑問に対して筆者が自問自答を繰り返した、その軌跡の一端をさまざまの機会に吐露したもの

であると記されているが、終生のモットーとされた「自彊不息」（自ら彊《つと》めて息《や》まず。自ら努め励み、怠ることはない。『易経』）のまま、九十六歳の最晩年まで神主としての「信・学・行」の道を一筋に

考え続けられた。

本書のもととなる『カミ・くに・人』と『続　カミ・くに・人』とは発行されて歳月を経、また配布先も限られており、本書によって改めてそれらを継受し、伝えることができるならばと願う。また、その生涯の概要は『戦後神道界の群像』（神社新報社・平成二十八年七月刊行予定）に収載予定の櫻井治男稿「櫻井勝之進」に記されることとなっている。

なお、一年祭の平成十八年十二月、櫻井勝之進大人命偲び草編集委員会発行の『惜陰』には、多くの写真・揮毫、縁りの人々の偲び草、年譜・著述目録などを収め、その一生を詳細に顧みることができる。

末尾ながら、本『新編　カミ・くに・人』の元版である『カミ・くに・人』と『続　カミ・くに・人』の発行所である多賀大社には、本書の刊行に当り格別の御高配を賜ったことを衷心より御礼申しあげます。


（編集者　牟禮　仁記）

新編　カミ・くに・人

（定　価　本体二、四〇〇円＋税）

平成二十七年十二月二十五日　発行

著　者　櫻井勝之進

発行所　神社新報社
東京都渋谷区代々木一―一―二
電話〇三（三三七九）八二一一

印刷・製本　中和印刷株式会社

落丁、乱丁本はお取替致します　Printed in japan

ISBN 978-4-908128-05-9 C3014